作者是我从青年時代看着他成長的有爲青年，执着鉆研趋势投資理论八十年，具有独到見解。值得投資者借鉴学习。

林廣兆

林广兆 题

香港中银国际控股有限公司副董事长、香港中华总商会永远荣誉会长

趋势投资的秘诀

我的快乐投资实践

胡总旗◎著

中国经济出版社
CHINA ECONOMIC PUBLISHING HOUSE
北 京

图书在版编目（CIP）数据

趋势投资的秘诀：我的快乐投资实践 / 胡总旗著
. -- 北京：中国经济出版社，2023. 3
ISBN 978-7-5136-7247-4
Ⅰ. ①趋… Ⅱ. ①胡… Ⅲ. ①投资－基本知识 Ⅳ. ①F830. 59
中国国家版本馆 CIP 数据核字（2023）第 034709 号

责任编辑 燕丽丽
责任印制 马小宾
封面设计 久品轩

出版发行 中国经济出版社
印 刷 者 北京富泰印刷有限责任公司
经 销 者 各地新华书店
开　　本 710mm × 1000mm 1/16
印　　张 15.75
字　　数 200千字
版　　次 2023年3月第1版
印　　次 2023年3月第1次
定　　价 68.00元
广告经营许可证 京西工商广字第8179号

中国经济出版社 **网址** www.economyph. com **社址** 北京市东城区安定门外大街58号 **邮编** 100011
本版图书如存在印装质量问题，请与本社销售中心联系调换（联系电话：010-57512564）

专家推荐

作者是我从青年时代看着他成长的有为青年，执着钻研趋势投资理论几十年，具有独到见解。值得投资者借鉴学习。

林广兆　香港中银国际控股有限公司副董事长

香港中华总商会永远荣誉会长

这是资本市场上多年未见的好书；是作者长期以来对资本市场的深刻研究，对投资趋势的准确把握，对实践经验的精辟总结；充分体现了他正确的投资理念，辩证的投资思维，超强的投资能力，务实的投资风格；具有很强的指导性、思想性、哲理性和可读性。我强烈推荐广大投资者认真阅读。

季文冠　上海市金融工作党委原书记

什么是好书？我认为就是好看好用！总旗先生将古今、中外理论科学地应用于实践，又将生动的成功实践提炼成通俗的科学的可操作性理论，这是本值得一读的好书！

王挺革　曾任浙江省国贸集团董事长　物产中大董事长

市场的波动很快，但人性的变化很慢，稳定的人性赋投资以规则、予市场以律动。如何洞悉人性，在繁杂的市场中把握时机？本书给出了趋势投资者的思考与实践，书中充满了有价值的见解和丰富的实战案例，顺势而为、乘势而上，作者以引人入胜的方式分享了趋势投资者的智慧，非常值得一读。

刘玉珍　北京大学光华管理学院金融学教授、博士生导师

北京大学金融发展研究中心主任

寻势、顺势、趁势，这是总旗兄这几年从实业转向股票投资，留给我印象最深的三个关键词。短短几年，他不仅取得了令人称奇的投资回报，还通过持续的学习领悟，时不时总结一些投资金句分享给朋友们，可谓在实战悟道方面大器晚成。这次他将成功的实战经验与理论感悟凝结成一本简练的投资书籍，特别值得股市投资人借鉴和时常玩味。

李　勍　原华安基金总经理，现任晶瑞电材、基明资本董事长

股票投资多种多样，亏钱的原因大体趋同：逆势而行。与之相对，顺势而为是赚钱的不二之门。胡总旗先生集三十多年中外市场投资成功经验，以心血探索出《趋势投资的秘诀》。本秘诀不失为一盏指引有志通过股票投资积累人生财富的人群前行的明灯。

袁丹旭　曾任长安基金总经理、平安银行财富管理总监

招商银行零售银行副总经理

序　言

善谋者谋势，不善谋者谋术，虽有智慧，不如乘势。

——《鬼谷子》

与趋势为友

我是趋势投资的探索者。可以这么说，对于趋势的研究改变了我的一生。请让趋势也成为你的朋友。

我本书生性格，自幼喜欢看书，尤其爱好读史。中华民族上下五千年悠久的历史和灿烂的文化，仿似一幅气势磅礴的画卷，令人百看不厌。中国历史上朝代更迭频仍，常遇外族入侵蹂躏，令人悲愤叹息。一个国家的历史背后是这个国家在时间长河里积攒起来的精气神，每当中华民族到了生死关头，总会涌现出一批民族的脊梁，支撑着这个民族艰难前行。只有这样悠久且充满血性的历史，才能激励一代代人充满豪情壮志，具有“苟利国家生死以，岂因祸福避趋之”的决心，才能让每一个中国人知道“天下兴亡，匹夫有责”，才能让中国成为四大文明古国唯一的幸存者。

大学时，我首次读到关于“趋势”的描述，就深深地被这个兼具形而上和形而下特征的名词所吸引，仿佛从浩瀚的历史长河中，发现了一些历史变迁的规律，自此对研究“趋势”产生了浓厚的兴趣。

趋势存在于人类生活的每一个层面，可以说是无处不在，无时不有。我们古典文化里有很多关于“势”的成语：人多势众、势如破竹、势不可挡、时移势易、势不两立、势穷力竭、见势不妙、审时度势、因势利导……不一而足，都体现了我们这个民族对“势”的理解、感悟。散落的事件本身看似各有复杂背景，细看静思却又好像有一根无形的脉络牵系其中，冥冥之中自有定数——看似偶然，实则必然。历史的潮流滚滚向前，并不以个人的意志为转移，此乃大势所趋，历史之必然规律。世间万物皆是按一定规律进行，人类便是学习与掌握了各种规律，才得以成就今天的繁荣与昌盛。时势造英雄，圣人常顺势而动，智者必因机而发。孟子说：“虽有智慧，不如乘势；虽有镃基，不如待时。”成功人士最善于从细微处洞察未来发展的脉络，审时度势，成就伟业。机之未至不可以先，机之已至不可以后。有大智者不与天争，不与势抗。强者造势，弱者借势！

天下熙熙为利而来，天下攘攘为利而往。无数能人志士都想脱颖而出，但大多数人都失败了，仅有少数人成为幸运的成功者，而成功者与失败者最大的区别就在于对趋势的掌握上。吴子说：“因形用权，则不劳而功举。”孙膑说：“凡兵之道四：曰阵，曰势，曰变，曰权。察此四者，所以破强敌，取猛将也。”所以，“善战者，因其势而利导之”。能掌握大趋势的人可以成就大事业，能掌握小趋势的人则可成就小事业，浑浑噩噩过日子的人自然只能是一事无成。伟人之所以能成为伟人，就在于他能预见趋势，进而抓住趋势，驾驭趋势，顺势而行，趁势而上！但凡大成功者，莫不出乎“道生之，德畜之，物形之，势成之”规律。

尺木竖于山巅之上，则势压参天大树。为什么呢？势也。“势”是孙子兵法核心的概念之一。“势”是力量的放大器。同样的资源，放在不同的“势”中，可以发挥出完全不同的效能。孙子说：“故善战者，求之于势，不责于人，故能择人而任势。任势者，其战人也，如转木石；木石之性，安则静，危则动，方则止，圆则行。故善战人之势，如转圆石于千仞之山者，势也。”关于“势”，孙子还有一个比喻：“激水之疾，至于漂石者，势也。”唐朝名将李靖说，“以弱胜强，必因势也”，“用兵任势如峻坂走丸，用力至微而成功甚博也”。由此可见，“势”就是外在的，不以人的意志为转移的战略趋势。成功人士之所以成功，就在于善于审时度势，能够寻势、顺势、趁势，从而令成功成为自然而然的事情，而且事半功倍。顺应趋势的人正如《荀子》所言：“上不失天时，下不失地利，中得人和，而百事不废。”

顺应时势

回顾商海浮沉 30 多年，我从事过多个行业，投资过房地产、酒店、保健品、互联网、酒厂、矿产以及基础设施建设，等等。非常遗憾，我大部分的项目是失败的，但仍然能够小有所成，主要得益于两个方面。一方面，我幸运地生活在中国崛起这个大环境中，商机层出不穷；另一方面，我有幸抓住了中国经济发展中出现的个别大趋势，做成了几个能够奠定我事业基础的项目，较早实现了财务自由。因此，我要感恩这个伟大时代！所有的红利都是趋势的红利。

故此，我深有体会：一个人一生的财富取决于极少数的大成功。财富取决于单次事件成功的幅度，而非频率。一个人一生成就有多大，就看他能否顺应时势，做成一两件轰轰烈烈的大事。屡战屡败不可耻，能够屡败屡战一役定江山才是真英雄！

股市没有新鲜事，投机像山岳一样古老，而人性也是亘古不变。市场是有规律的，市场的规律性源于不变的人性！“以史为鉴，可以知兴替。”我觉得不懂历史的人，很难有大格局，也不可能成为成功的投资家。金融市场的悲喜剧经常重复，先是喜剧，然后是悲剧。每次大家都觉得这次“不一样”，实质上每次剧本都大同小异，只是舞台不一样，演员不一样，因为人性不会变。金融市场的波动看似繁杂无序，实则也呈现出一定的规律性。在我看来，投资成功其实也很简单——做价值的挖掘者，趋势的追随者，顺势而行即可。

但为什么投资者感觉赚钱这么难呢？我说简单，是因为这个道理大家一听就懂。难在人性太复杂，人喜欢把简单的事情复杂化！所以我们要有空杯心态，务求把投资简单化。投资无非寻势破局、顺势而行、随势而动、趁势而上而已。寻势就是寻周期之势，寻全局之势，寻未来之势，确认上涨趋势而随之。而要取得大成功者，则必须在关键节点把握好趁势的威力。趁势也就是《孙子兵法》里反复强调的“任势”，利用“势”能把力量放大。成功人士都是借助于“任势”迅速壮大自己，而不会在枝节末梢的地方浪费时间。做人没事找事是不应该的，投资没势找势却是必须！“时来天地皆同力，运去英雄不自由。”

股市里最大的确定性就是永远存在不确定性！故投资无可避免地在某种意义上就是一种概率游戏。投资成功的关键不在于你看对还是看错，关键在于你看对趋势时有没有赚大钱的豪情，看错趋势时有没有亏小钱的勇气。善输，小错，大胜！这是所有投资管理的核心。事实上，我无论是投资实业还是炒股，90% 的盈利来自少于 10% 的正确交易。

抓住小趋势获得小发展，抓住大趋势则获得大发展。故一个人的成就大小决定于其是否能寻势、借势、造势、乘势。审时度势、顺势而行、随势而动、乘势而上，盖因“势”关成败！

目　录

第一章

股票市场的本源

我们已经走得太远，以至于我们忘记了为什么而出发。

——纪伯伦

经典价值投资理论认为：股票价格围绕“内在价值”上下波动，股票价格长期来看有向“内在价值”回归的趋势；当股票价格低于（高于）内在价值即股票被低估（高估）时，就出现了投资机会。

这段话有几个关键词：股票、价值、投资、价格、趋势。这几个词语字面意思很简单，少有人仔细琢磨它们的内涵，而这些恰恰是影响股价的核心要素。很多人只是抱着单纯的美好愿望想去股市里赚钱，但却不想花点心思琢磨股票到底是什么，这显然不是对金钱负责任的正确态度。要想通过股票赚钱，投资者必须追本溯源，实实在在地把这几个关键词琢磨透。否则，你不输钱谁输钱呢？

什么是股票?

教科书的定义

教科书是这样为股票下定义的："股票是股份公司为筹集资金而发行给股东作为持股凭证并借以取得股息和红利的一种有价证券。每股股票都代表股东对企业拥有一个基本单位的所有权，同时享有一定的经营管理上的权利与义务，并且承担公司的经营风险。"

而关于股份公司，马克思曾有如此表述：假如必须等待积累去使某些单个资本增长到能够修建铁路的程度，那么恐怕直到今天世界上还没有铁路，但是，集中公众资金通过股份公司转瞬之间就把这件事完成了。

也就是，众人拾柴火焰高，股票市场可以帮助企业募资发展，带来更高的经济效益和社会效益。

简单来说，股票是股份公司所有权的一部分，也是公司发行的所有权凭证，是股份公司为筹集资金而发行给各个股东作为持股凭证并借以取得股息和红利的一种有价证券。买股票的最终意义在于分享公司长期发展的好处（包括股票价格上涨和企业每年的分红）。但上市公司等于上市公司股票吗？招行股份、招商银行、招行股票（A、H 股）；宝钢股份、宝钢集团、宝钢股票是同义词吗？事实上，它们在不同层面上都有不同的含义。

股票的属性

股票代表上市公司的一分子。股票的诞生依赖于其所代表的企业的母体资产。但上市公司股票一经发行上市，它就已然脱离了母体，蜕变成了一种交易品，是一个鲜活的生命体。就像母亲孕育了胎儿，通过脐带血脉相连，但一旦出生，婴儿就有了自己独特的个性一样。

股票作为一种交易品，它具有流通性、波动性、投机性的特点。故此，我们对股票的正确理解应该是：股票有两种属性，一种是公司属性，与公司基本面密切相关，基于这一属性，我们主要赚的是公司未来的预期收益；另一种是市场属性，这与股票上市后成为一种交易品有关，基于这一属性，我们赚的是市场价格预期差。公司基本面要出现根本性变化比较慢，但人的情绪瞬息万变，故短期价格波动与基本面关联不大，而与人的认知有关。格雷厄姆说市场先生是一个患有狂躁症的老人。在我看来，市场先生是一个患有狂躁症的“渣男”，情绪变化无常且无底线，导致股票价格也是天天莫名波动。

所以，股市中交易的那只“股票”，与它背后的上市公司并不完全是一回事。诚然，企业的经营绩效会影响股价，但是，即便企业经营上没有任何变化，它的股票价格依然会巨幅波动——从天上到地下。2021 年 12 月开始，贵州茅台股价从 2200 元下跌约 27% 到 1600 元，6000 多亿元市值蒸发了，而其业绩保持优秀，茅台酒仍然供不应求。2007 年 10 月之后，不到一年招商银行股价下跌 65%；尤其是 2008 年 9 月 16 日和 17 日，股价连续两天跌停板，每天数百亿市值蒸发，但其实招商银行并没有什么改变。企业的业务照样开展，员工照样上班，公司照样盈利，客户们照样在那里存款贷款、办理中间业务。改变的只有人们的观点，可见市场先生变幻莫测。

投资者应该重点关注什么属性?

关于股票的成本又有多种说法，有人说等于企业重置成本、上市发行价、企业净资产、交易价、净现值等，这当然都各有其道理。但是，如果大股东无良，而政策又允许公司可以无限量增发的话，那么股票作为一个交易品，它就是一张纸，在极端情况下，它的成本就跟它的印刷成本区别不大。此外，由于股东们所处的层面不同，对于股票的成本和价值，大股东和小股东的看法可以有很大分别。大股东可以合法地从上市公司里拿钱，一家人吃喝拉撒都在公司开销，而小股东却不能，这就是大股东和小股东的本质区别。资本是血腥的，人性是自私的，不看清这点，我们就很难对市场运行的本质有清醒的认识。

现在市场上各大投研机构重点研究的都是股票的公司属性，也就是所谓的价值投资，却对股票的市场属性极少涉及，而这才是广大投资者最应该关心的事情。

什么是价值?

价值本身是一个哲学概念，也是一个经济学概念。每个人因为经历不同、受教育程度不同、性格不同、思维方式不同、所处环境不同，对价值的认知也是不一样的。在哲学体系中，价值属于关系范畴，是指客体能够满足主体需要的效益关系；而在经济学领域，价值通常用货币来衡量，代表的是交换利益。太平盛世时期，名人字画很值钱，战争年代则未必；水在平时不值钱，但对沙漠里饥渴的人则非常珍贵。

股票的内在价值

股票价值是虚拟资本的一种形式，主要体现在每股权益比率和对公司成长的预期上。经济学理论强调：一只股票有本身的内在价值，由其每股纯利、资产值、营业额、负债、企业前景所决定，长远而言必在股价上反映出来。当市场步入调整的时候，市场资金偏紧，股票的价格一般会低于其内在价值；当市场处于上升期的时候，市场资金充裕，股票的价格一般高于其内在价值。总之，股市中股票的价格是围绕股票的内在价值上下波动的。

那么，股票的内在价值到底如何确定呢？专家们又设计了5种主流的计算方法模型，即现金流贴现模型（巴菲特最推崇的一种模型，他老人家说，价值是一家企业在其余下的寿命中可以产生的现金流量折现的现值）、内部收益率模型、零增长模型、不变增长模型、市盈率估价模型，除此之外，还有重置法、市净率法以及专门针对成长股的PEG模型等。

使用以上模型之前，投资者先要分析企业的三大财务报表：资产负债表、利润表、现金流量表；然后，归纳分析企业的各项财务比率，如销售利润率、毛利率、营运利润率、资产报酬率、权益报酬率、投资回报率、应收账款周转率、存货周转率、固定资产周转率、总资产周转率、市盈率、股价账面价值比率、资产负债率……做完以上财务分析，再套用不同的模型，我们就可以知道现时股票价格相对其内在价值是偏低还是偏高。

如果真是那样，赚钱就实在是太容易了。任何一个正常智商的人花半年时间努力学习，都可以搞懂那几个财务数据的测算公式，从而成为模型大师。因为不难，门槛低，所以价值不大。此外，由于模型测算的假设性前提太多，而这些假设性前提又是未来若干相关变量的应变量，而未来若干相关变量又极具不确定性，这些变量之间或多或少是非独立的，诸变量有可能产生的共振效应，令计算出来的数值可以天差地别。同时，人是感官动物，因此，股票的估值与股价的变动具有反射性关系，两者会相互影响。再加上财务数据造假、基础数据失真等因素，上述模型所得结论难免失真。所以，内在价值的计算很有必要，可以增进我们对企业的了解，但又没有想象中那么重要。因为价值估算是一个很宽的区间，并不是一个精确值。这个区间可以有多宽呢？可以是 10 元到 100 元或者更宽。认识到这点，可以加深我们对价值和风险的理解。

股票的投资价值

分析一只股票的投资价值非常重要，因为人擅长框架思维，不对股票进行估值，人们就无法思考行动。但由于股票估值牵涉的变数太多，现在并没有科学的方法可以客观地获得结论。合理的估值是一个动态大幅波动的区间，唯有时间可以抚平估值的许多“皱纹”。故我们预测一家企业未来几年的利润时，应该尽量粗略，不要追求准确。越是追求准确，越是错误多。同样，在对企业进行估值时，我们应该力求模糊。当然，估值永远应该在对企业的质量和公司治理很满意的前提下进行。巴菲特说，我们应该在估值方面稍微将就一点，而在企业质量和前途方面尽量提高标准。巴菲特式价值投资的核心两要素就是护城河、安全边际。也就是说，我们所投资的企业必须有较好的质量加较大的估值优势。否则，我们容易堕入“价值投资陷阱”——看起来便宜而实际上不便宜的股票。它们有一个共同特点，就是让你亏了钱以后还不知道怎么亏的。股市中这样的例子比比皆是。

例如：融创中国（01918）的股价从30港元跌到2022年年中的4.58港元，市盈率只有0.56倍，市净率只有0.16倍，估值惨不忍睹！也就是说，依照融创之前的业绩，其不到一年的利润就可以再造一个融创！结果，账目如此光鲜的融创竟然说因为还不了到期债务需要停牌重组！相似的例子还有：中国恒大、龙光集团、中国有赞等。

2001年年中，美股Kmart获得众多机构关注，当价值投资者们用各种指标如净资产和营业收入等来证明其股价被严重低估，并踊跃买入时，2002年初它却破产了！股票不到半年就只有纪念价值了。安然公司曾经是世界上最大的能源、商品和服务公司之一，很长时间都是各大机构眼中的香饽饽，名列《财富》杂志“美国500强”的第七。然而，2001年12月2日，安然公司突然向纽约破产法院申请破产保护，该案成为美国历史上第二大企业破产案。

2007年，中国“最赚钱企业”中国石油上市时，股民情绪失控，机构亦被感染，一句“买了中石油，下辈子不用愁”，让其股价一度高达48.6元，其后10多年股价一直在6元左右徘徊。

曾荣膺“亚洲最佳分析师”的里昂证券分析师乐天虎（Scott Laprise）在2009年曾经给予比亚迪股份（01211）98.99港元的高估值。由于巴菲特入股效应，2010年该股一度高见88.4港元历史新高，2011年又一度跌到10港元左右，市场情绪趋于悲观。到2012年9月25日，同样是这位乐天虎，给予比亚迪股份最新的估值是：0.41港元！而比亚迪在2022年6月的价格高达

350 港元。可见所谓专家的估值，我们不用当回事儿。巴菲特以 8 港元 / 股入股比亚迪，且坚定长期持有，终于笑到了最后。

以下再简单列举一些机构投资者曾经热捧的股票，希望有助于提升大家对价值估算的认识。以 2022 年 2 月 11 日收盘价为基准：中国船舶，最高价 142 元，如今 21.68 元；云南铜业，最高价 97.72 元，如今 13.07 元；中科金财，最高价 185.9 元，如今 15.04 元；中国铝业，最高价 60.33 元，如今 6.15 元；三六零，最高价 66.39 元，如今 10.75 元；沪硅产业 –U，最高价 69 元，如今 22.19 元；生意宝，最高价 103.11 元，如今 16.64 元。

由以上案例可知，企业的“内在价值”是一个宽泛的概念。价值具有社会性、主体性、时间性、地域性、抽象性、主观性。企业的内在价值可能永远是个解不开的谜。如果真如专家所称，股票是“你所掌握的上市企业的份额”，那么为何它的价格在一天之内能够变动上百次呢？如果根据财务数据就能够计算出企业精确的价值，那么为什么同时在 A 股和港股上市的股票，其价格差距会那么大呢？从整体来看，140 多只 A+H 股，平均折价幅度大约为 46%，即所有 A+H 股，平均港股股价是 A 股的一半多一点。同股不应该同权吗?

企业的经营价值和交易价值

人没有空气和水，都将无法生存，但空气和水大多数时候都没有什么价值。故价值是投资者对客观事物的主观判断。价值是虚拟、内在的，价值就像“美”一样，每个人的看法都不一样。但价格的判断则相对简单，一目了然，因为价格是外部赋予的，非常客观。经济学的基本原理：价格由供求决定，而供求由市场资金面、市场情绪面和企业盈利面综合决定。一旦我们把研究的重心都放在供求上，那么呈现在眼前的就是另一幅图画。股票价格交易的基础往往是买家预期他们能以何种价位再度卖出自己的股票。

更重要的一点是，我们现在所计算的内在价值其实指的是企业的经营价值。一个企业的价值分为：经营价值和交易价值，就像我们说上市公司股票和上市公司是两个不同的概念一样。交易价值，说得直接一点就是市场价格，即成交的股价。现在价值投资者口头上、行动上研究的都是企业的经营价值，其实心里在乎的却是交易价值（股价），而这是两个截然不同的概念。经营价值的核心是“管理团队＋商业模式＋经营绩效”，交易价值的核心是“市场情绪＋资金流动性”。

中国股市作为一个新兴市场，是一个典型的由交易价值驱动的市场。作为一个新兴股票市场，非理性的波动较大是中国股市最大的特点。股市运行模式是以政策驱动和流动性为双引擎，以人性贪婪和恐惧的天性为催化剂，围绕价值中枢上下波动。由于政策和流动性属于外在因素，很难预测，加上贪婪与恐惧更难度量，这导致价值表面上可以科学化计算，实际则带有很大的主观性。把测不准原理用在股市上，我们可以得出：（1）短期而言，股价相对企业基本面的波动是不确定的，而企业的基本面却是确定的；（2）长期而言，股价反映企业基本面变化的趋势是比较确定的，但企业的基本面却变得不再确定。这是股价经常表现出非理性的主因。

由经营价值驱动的市场主要和经济趋势、经济周期挂钩，而由交易价值驱动的市场主要和大众情绪、市场资金量挂钩。故此，股市的走势经常会与经济趋势脱节。股价波动主要受制于两个周期，其一是情绪波动的周期，其二是政策调控的周期。在中国，这两个周期又相互影响，互为条件，共同主导股市的起起落落。

以我的经验而言，交易成功靠的不是精准预测，交易更不是简单的预测，交易是对预测的管理。

什么是价格?

价格是以货币表现出来的商品的价值，其水平由市场供需关系决定。在现代市场经济学中，价格由供给与需求决定；在古典经济学以及马克思主义经济学中，价格是商品的内在价值的外在体现。事实上，这两种说法辩证地存在，共同在生产活动中起作用。股票价格，则是指股票在证券市场上买卖时的价格。股票本身没有价值，仅是一种凭证。其有价格的原因是它能给其持有者带来股利收入，故买卖股票实际上是购买或出售一种领取股利收入的凭证。

理论价格和市场价格

股票价格分为理论价格与市场价格。理论价格是公司在存续期间所能收到的现金流之和的折现值，或者简化为市盈率乘以利润，由此，价格变化无非来源于两个因素，一个是市盈率的变化，另一个是利润的变化。市盈率属于估值层面，变化可以很快，因为市场情绪变幻莫测；利润变化则较慢。股票的理论价格大部分时间不等于股票的市场价格，两者甚至有相当大的差距，这个巨大的差距主要源于估值的波动。但是，股票的理论价格为预测股票市场价格的变动趋势提供了重要的依据，也是股票市场价格形成的一个基础性因素。

价格本身具备十分重要的信息，因为它是由需求与供给两方决定的。股市一般先有价格才有新闻，新闻几乎永远滞后于价格走势所揭示的最小阻力方向。价格会在价值的附近上下波动，而一种证券的价格就像一个静止的时钟——每天只有两个时点是正确的，大部分的时段都是错误的。

股票在流通市场上实际成交的价格，才是完全意义上的股票的市场价格，一般称为股票市价。股票市价表现为开盘价、收盘价、最高价、最低价等形式（见图 1–1）。切记，价格就是现实！价格是我们最想要观察的东西，因为市场所知道的每一件事都会反映在价格上，所有的基本面都包含在价格中，包括供给和需求。价格涨跌客观地解读了市场是如何看待股票的基本矛盾的，这正是市场分析如此诱人的原因。价格说明了一切！

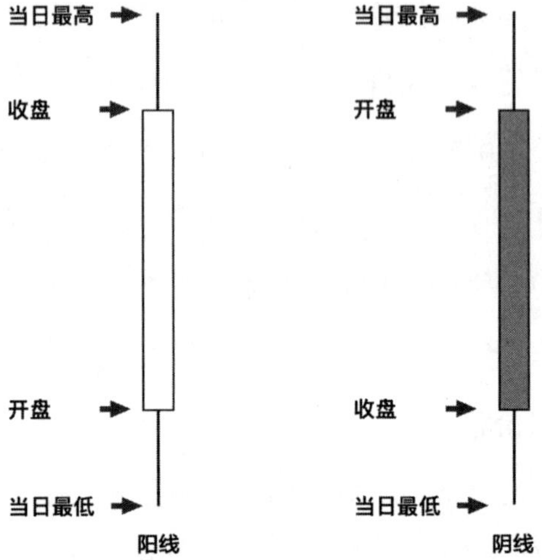

图 1–1　股票价格的表现形式

股价涨跌的本质，是供需不平衡。无论股价以什么原因上涨，本质上都是因为在当前价格上买的人多、卖的人少，买入的人需要出更高价才能买入；反之，无论股价以什么原因下跌，本质上都是因为在当前价格上卖出的人多、买入的人少，卖出的人需要出更低价才能卖出。我们不必关注股价涨跌的原因，只关注结果就行了，供需格局就是结果。这才是股价运行的核心逻辑。我们的交易体系，都要建立在这个基础逻辑之上。

每天我们从交易图上可以看到以下几个值得关注的价格。

开盘价：是股票当日开市集合竞价后产生的第一笔成交的价格，这个价格反映的是交易者消化完所有此前的消息后的结果，可以对当天的价格是趋于悲观还是乐观提供一些启示。如与前天收盘价相比，开盘价上涨，则说明人气足，抢筹欲望强，市场看好。

收盘价：是股票当日收盘集合竞价后产生的最后一笔成交的价格，这是当天所有交易者消化完所有信息，用真金白银博弈后的结果。每一天的股票交易都是一场战役，收盘价是股市当天对股票价值的最后评判，代表多方或空方最终取得了胜利。收盘价是投资者最应该重视的价格。

最高价：是当日成交的最高价格，反映的是股票交易当天交易者最兴奋的程度。

最低价：是当日成交的最低价格，反映的是股票交易当天交易者最悲观的程度。

开盘价、收盘价、最高价和最低价都会表现在股票交易软件的 K 线蜡烛图上（见图 1–1）。

情绪对价格的影响

资产定价，既有价值的部分，也有情绪的部分。情绪的波动有时候会很极致，这是人性的贪婪和恐惧造成的。趋势下跌的时候，悲观情绪被放大，各种负面的逻辑和故事层出不穷，大家对于基本面的解读也容易滑落到较为悲观的情形，同样的基本面在不同时点得出的估值就会出现较大的分歧。价格是市场群体的指路明灯，它非常真实客观，是市场意志的集中体现，决定了交易者财富的变化。

行情图是展示市场群体心理的一个窗口。当你分析行情图时，也是在分析交易者的行为。每一笔成交价都是所有市场参与者当时所达成的共识的货币表现。行情图上的每一根小柱子反映的都是多空双方的战斗结果。当多方强烈看多时，他们会更为急切地买入，结果推动市场上涨；当空方强烈看空时，他们会更为积极地抛售，结果推动市场下跌。所有参与者都不是打嘴炮，你得用真金白银来说话，来不得半点虚情假意，所以价格是真实可靠的。现价代表了所有交易者在某个时点对价值的一致认同。个股走势是你判断价格走向最重要的线索。技术分析被用于社会心理学是因为其更为客观，可以识别群体行为的趋势和变化，以便做出明智的交易决策。记住，市场永远不会错，市场永远是对的；如果有错，肯定是你自己的错！

经济学理论告诉我们，价格由供求决定，也就是市场里是股票多还是钱多。股票是往下压的重力，金钱是往上拱的动力。红 K 线是用银子堆上去的，绿K线是用股票打下来的。每一条均线为一匹马，如果往上跑的马多，马力自然大，跑起来快又稳。K线会在关键时刻，连续透露反转信息。均线的力道要比K线的力道大。K线适合抓转折，均线却能指出趋势的方向。如果你问交易者价格为什么会涨，他们大多数可能会告诉你，那是因为买的人比卖的人多。事实并非如此。在任何市场上，交易的买卖数量都是相等的。价格涨跌是因为买卖双方贪婪和恐惧的程度发生了变化。当趋势向上时，多方觉得乐观，他们害怕买不到足够的股票，不在乎出更高的价格买入，他们的贪婪推高了股价。同时，部分持股的投资者却害怕到手的利润有可能失去，愿意以现在的“高价”卖出。当贪婪和乐观的多方遇到恐惧和警惕的空方时，市场就会上涨。股价的涨速和高度取决于买方贪婪的程度。如果买方的情绪只是比卖方激烈一点点，那么市场就会缓慢上涨；当买方的情绪远比卖方激烈时，市场就会快速上涨。涨速反映在上涨趋势的斜率上。只要多方的贪婪比空方的恐惧力量大，上涨就能持续。市场上涨时，如果卖空者害怕被逼空，则上涨速度有可能加快。恐惧比贪婪来得更猛烈，由空方平仓引发的上涨尤其迅猛。股票下跌运行原理亦是如此。多空双方供求大致平衡时，股价则呈现震荡整理格局。一只股票并不知道谁拥有它。在它起起落落的过程中，你可能会有这样的感觉，但股票没有这样的感觉。趋势分析研究的就是市场的力量，什么时候买方更强势，什么时候他们的能量开始枯竭。

市场上有太多的情绪化行为，只有极少数交易者的行为完全理性。大多数市场参与者都受到群体行为影响——恐惧和贪婪的人性导致理性缺失，往往在该恐惧的时候却贪婪，该贪婪时却恐惧了，由此上演一幕幕悲喜剧。

投资风险有两种，一种是感知的风险，另一种是真实的风险。股票暴涨后，真实的风险上升，感受到的风险却在下降，因为当时市场气氛高涨。当上证指数身处6000点，股市最危险的时候，大家感受到的都是歌舞升平，认为赚钱很容易。而股票暴跌后，真实的风险下降，投资者感受到的风险却在上升，大家普遍认为赚钱很难！在上证指数身处2000多点，股市相对处于低谷时，人们感受到的都是凄风苦雨，经济一片萧条惨淡。此时股市估值很低，但市场购买欲望却更低。西方谚语有言：小麦涨时没有小麦，小麦跌时没有人买小麦。

价值对价格的意义

中国的普洱茶界流传着“金融茶”的故事：一帮普洱茶炒家在交易一款古董茶饼。每次交易，都有另一方以更高的价钱从对方手中买进这批古董茶饼，不断交易下来，大家都赚了不少钱。有一天，其中一位决定打开一饼茶喝喝看，了解一下为什么一饼茶要卖这么高的价钱。结果他发现这饼茶味道普普通通，甚至有点霉味，他以此指责对方卖假货。对方回答说：“谁要你打开喝的？这饼茶是用来交易的，不是用来喝的！”

股票就像天气，永远都在变化且捉摸不定、难以把握；而企业价值则是气候，始终在缓慢而有规律地变化，而且在相当大程度上可预测。尽管在短期内，抓住我们眼球、决定环境的似乎是天气；但就长期而言，真正决定一个地区环境的还是气候。股价集中反映的是人性情绪的变化，是投资者贪婪与恐惧的平衡点，而人性的特点是急功近利，像天气一样变化莫测。股市是一个投资与投机博弈的地方，投资价值与投机价值的交替影响主导了股价的变化。

投资者要谨防陷入消费者逻辑

精明的投资者必须永远记住我们在买卖股票时，真正交易的是人，而不是股票。太多的市场新手没有意识到这一点。他们总是为价格的非理性感到懊恼。了解价值再看价格，便会看得比别人多。投资的铁律就是正确认识供求关系。如果你想成为一个成功的投资者，就要摆脱价格偏见，要重点考虑价格的趋势，而不是绝对价格。你在什么位置买入股票并不重要，重要的是你在买入股票后，如何判断股价运行趋势。

股价何谓“高”，何谓“低”，其实很难定义。上市公司众多，小股民大量进行跟踪和估值也有很大困难。并且估值和价格偏离的时间往往超过人们的耐性。“昂贵”是一个与股票真实价格毫不相关的词语。如果你买入的股票出现大幅下跌，那么它就是昂贵的。股价运行的特征之一就是矫枉过正，既可以从偏低到极度偏低，也可以从偏高到极度偏高。你把消费者逻辑注入投资决策中，这是错误的做法。你并不是股票的消费者，可以把低价看作“便宜”，把高价看作“昂贵”。庄家为什么喜欢把股价大幅炒高后再批发打折卖给小股民？就是因为他知道小股民都喜欢贪便宜。因此，不要沦落为这种消费者逻辑的牺牲品。

鬼谷子曰：“将欲动变，必先养志，伏意以视间。知其固实者，自养也。让己者，养人也。故神存兵亡，乃为之形势。”捭阖术成功的关键在于能够审时度势，谋定而后动。股票投资成功的关键在于能够认清股价涨跌的内在逻辑，从而正确地交易。

什么是投资？

投资就是一场修行！路漫漫其修远兮，吾将上下而求索。韩寒的电影《后会无期》里有一句经典台词：听过很多大道理，却依然过不好这一生。这句话用在投资中依然适合：懂得那么多大道理，却依然做不好投资。

大师们对投资的解读

投资是货币转化为资本的过程，目的是保值、增值。证券投资是指投资者购买股票、债券、基金等有价证券及其衍生品以获取红利、利息以及资本利得的投资行为和投资过程。投资并非一个智商为 160 的人就一定能击败智商为 130 的人的游戏。巴菲特说：“投资成功不需要高智商。你如果投资，且智商高达 160，就把 30 点智商卖掉吧。你不需要那么高的智商。你需要正确的投资方法，你需要好的性格。”巴菲特发现，几乎在任何领域，专业人员取得的成就都明显高于门外汉，但在金钱管理上往往并非如此。因此，投资是一门“令人沮丧的科学”，比起科学，它更像是一门艺术！价值投资者都认同，股价涨上去的是风险，跌下来的是机会。但没有人会真的喜欢下跌，因此投资是反人性的，注定只有少数人能够成功。我们需要做的是提升自己的思维和认知，投资本质上是认知的变现，在一个又一个艰难时刻做出正确的选择。

格雷厄姆是这样定义投资的：“投资是一种通过认真分析研究，有指望保本并能获得满意收益的行为，不满足这些条件的行为就被称为投机。”“投资是建立在敏锐与数量分析的基础上，而投机则是建立在突发的念头或是臆测上。”人们普遍怀有偏见，认为“投资者”是一个褒义词，而“投机者”是一个彻头彻尾的贬义词。其实交易行为本身是没有道德品格高下之分的，投资与投机都只是一些中性名词而已。在中国文化里，以可敬的方式做错事往往要好于因错误的原因做对事。一位英国炒家则是这么说的：“我年轻时人们称我是投机客，赚了钱后人们称我是投资家，再后敬我是银行家，今天我被称为慈善家。但这几十年来，我从头到尾做的是同样的事……”

投资的本质是什么呢？在经过了很多年的市场磨炼，并支付了无数的学费后，我终于对投资有了深刻的认识——大道至简，繁在人心。

投资难在人性的复杂

投资其实很简单，就是寻势、顺势、趁势而已。投资又很难，难在人性太复杂！能够预测未来的人有两种，无知的人以及不知道自己无知的人。在股市里赔钱的人也有两种，一无所知的人，以及以为自己无所不知的人。在股市赚钱的人则只有一种，具有敏锐的洞察力、高度的自律精神和极强的学习能力。投资是科学与艺术的结合，所谓科学，是有基本面支撑的，是可以客观计算评估的；而艺术就体现在不是纯粹靠计算推演出来的，有的时候面对同样的基本面，市场表现却很难一致。大名鼎鼎的牛顿在投机失败后曾经说：“我能计算出天体运行的轨迹，却难以预料人们疯狂的程度！”股市反映赤裸裸的人性，在市场博弈的过程中，人性的弱点被无限放大，贪婪与恐惧如过山车般此起彼伏。要解决这个问题，关键就是提高命中率与准确度——投资者应该在花园里寻找鲜花而非在沙漠中迷茫。

金融行业直接跟金钱打交道，遍布尔虞我诈和谎言，是一个刺激的投机场所。金融游戏的本质就是锦上添花，绝不会雪中送炭。金融游戏就是专业人士以法律和会计为手段，从公司结构和财务结构着手，进行整合、并购。公司可以融资，可以实现增值发展，但也可能做局把投资者口袋里的钱“变”走。所以我常说，炒股赚钱很容易，做到不亏钱很难。炒股门槛很低，每个炒股的人都经历过轻松赚钱的好时光，但最终却总是不能保住胜利的果实，逃不出“小赚大赔”的怪圈。即便如此，我们仍然要学习投资，因为你投资可能输钱，也可能赢钱，但不投资却一定输钱，核心原因就是货币超发。过去 30 多年，中国广义货币供应量 M2 年均增长 15% 以上，即现金类资产以每年 15% 以上的速度在贬值。股民如果掌握了必要的技巧，通过炒股实现财富自由仍然具有可能性。

投资需要有概率思维

投资其实是“失败者”的游戏！交易的本质就是犯错，犯错伴随着我们成长。投资获利的喜悦和亏损的痛苦都是真实的，但如果你没有损失，你就没有冒风险；如果你不冒风险，你就不会成长，更不要说取得成功！投资亏损本质上是做交易的费用，是迈向成功的踏脚石！学会宽容自己的错误，同时把每一次错误变成自己的经验。投资取胜之道不在于你看对或看错，而在于你看对时有没有赚大钱，看错时有没有亏小钱！投资成功的法则是：“善输、小错、大胜。”投资者通常不知道交易实际上是一个“失败者”的游戏，那些最善于输的人最终会赢。成功总是偏心于那些输得少的人、善于输的人。

智者，不是从已知求已知，而是从未知鉴已知，再从已知悟未知。投资主要是预测未来，而未来不可预测。我们面对的是一个概率事件，所以在投资中需要预留安全边际来应对不确定性。交易的本质就是一种概率游戏。股市的制胜之道就是：掌握大概率事件并重锤出击！投资路上，投资者唯一能够确定的就是存在不确定性，成功交易者的眼里只有概率。这叫客观——没有因为你害怕什么会发生或什么不会发生而导致观点倾斜，或扭曲。努力寻找确定性将注定是一个会产生挫折和失望的徒劳之举。

我们发现太多的投资者企图在市场上寻找确定性，这些天真的人总是想要成为预言家或占卜者。他们不明白投资不是确定性的游戏，而是一场概率游戏，我们唯一能够做的就是通过大量的研究，提高赢的概率。投资者如果学会概率思维，会对自己整体成功很有信心，因为他们决心做好符合优势定义的每一项交易。

股市和人生一样，失败的理由有千千万万，但长久的成功却只在于你做了对你有利而且发生概率很高的事情。成功的投资者从概率角度思考问题。他们认为概率有“很小的可能性”“可能的”以及“较高的可能性”三种情况。比起很小的可能性，他们更愿意在可能性高的交易上进行投资，这样他们就掌握了某种优势。

没人能100%准确预测市场会往哪里去，但是专业人士确实懂得如何应对。这些术业有专攻的圈内人，明白投资只是一种概率游戏，凡事皆有可能。虽然他们出手前也做了大量功课，但当市场往相反方向走时，他们不会与市场较劲，他们会停下来反思，看看自己是不是哪里错了。懂得概率使得你能够保持平和的心境，概率的思维与确定的思维截然不同。通过概率的思维，你就可以在纷繁复杂的指标和信息中审时度势，去伪存真。

想要成功绝对离不开概率学知识。随着阅历的丰富，面对一幕幕投资市场里的悲喜剧，我的内心多了一份淡然，对人性的认识越来越深刻，对市场的理解也不断加深。每个立志成为成功投资者的人，都需要不断提高内心的修为，才能有质的飞跃。

投资是孤独者的游戏，从众者难以盈利

曾经有人问巴菲特："你的投资如此成功，是否有一个强大的决策团队支持？"巴菲特答道："投资就是个人的行为，如果靠集体决策，我就该选择退休。在股票市场上，你将会为令人愉快的大众共识付出高额代价。和大量其他聪明的人做相同的投资选择，这几乎确保了你在错误的时间做错误的事情，因为证券价格已经反映了这些共识群体的集体行动，这就是相反理论的真谛。"

股市里一个悲哀的现实就是"七亏二平一盈"，这说明从众者难以盈利。投资者在群体性事件中的盲目、癫狂、非理性，一次次上演，从未有过要停歇的意思。远到17世纪发生在荷兰的郁金香泡沫，近到2000年发生在我们身边的互联网泡沫，上演了一幕幕悲喜剧。2021年2月，快手顶着"短视频第一股"的名号在港交所鸣锣上市。快手IPO定价115港元，获得了超过1200倍的超额认购，上市后股价迅速上涨到417.8港元。然而不到半年，快手从"新贵"到"新跪"，股价跌到60港元附近，接近招股价腰斩水平。泡沫过后，大众往往才如梦初醒，后悔已晚。

投资，绝大多数时间，都是在信息不完全的情况下做决定。只有那些敢于试错的人，才能在漆黑一片的时候，比别人更早地摸索出一条赚钱的路。投资要看趋势，不要看走势。短期价格变化走势具有极大的偶然性，而中长期价格变化趋势则有一定的必然性。赌博赚钱主要靠运气和天赋，而投资成功则主要靠知识和经验技巧。

投资是一项激动人心的事业，我始终怀着敬畏之心来做投资这件事。随着投资阅历越来越丰富，我越做越如履薄冰，越做越有敬畏之心。成功的投资人都拥有一个难得的品质，即非凡的理性与耐心。成功的投资人必须拥有：

（1）在纷繁复杂的市场环境中发现投资机会的能力；（2）在市场悲观绝望的时候发现微光的能力；（3）敢于追随微光艰难前行的勇气。股市交易里面那种铭心刻骨的纠结、无助、狂喜和绝望，都是外人无法体会到的。我们很清楚地知道，“煎”和“熬”都是可以变出美味的方式。每个人都需要经历无数次煎熬才会建立自己的投资体系。成功的投资体系需要多维度的认知支撑。

投资是孤独者的游戏，因为只有敢于孤独且甘于孤独的人，才可能脱离大众思维模式，也只有这种人，才有可能达到那种“泰山崩于前而色不变”的最高境界。孤独有时候确实价值连城。

什么是趋势?

智者始于悟，终于谐；愚者始于乐，终于哀。万物皆有其道，道，就是规律。

趋势的含义

趋势这个名词确实太玄了！盖因趋势是一个广义的概念，对于趋势，不同的角度可得到不同的描述，不同的描述又可得到不同的认识与理解。严格来讲，要给趋势下定义，其实就像给爱情下定义一样。当我们见到她的时候，我们知道“就是她”。但是，我们却很难事先把那种感觉精确描述出来。趋势的定义不像“1+1=2”的算术题那样直白，但我们也可以尝试将趋势的定义简单化。

“趋”代表事物运动的方向。“趋”是表象，属于形而下的概念，比较容易理解。“势”代表事物运动的力度或能量大小。“势”是“内涵”，是一个意蕴精微、含义丰富的抽象词，属于偏形而上的概念，充分理解主要在于悟。“势”在不同语境中亦可分别解释为形势、权力、地位、威力、规律和运动趋向等。

趋势描述的是一种渐进的、连续发生的线性规律，是一种有方向性的自我组织运动，是随机特性中具有偏向性的表现。趋势是事物明确的、可预见的发展方向。世间万物都是按照一定的规律变化的，研究趋势是发现一系列连续发生的事件，从中归纳出线性的发展方向。而预测趋势则是分析未来某段时间，某个趋势将会产生什么样的方向性变化。我们每天都生活在各种规律中，受惠于各种趋势预测带来的好处，例如一年四季的气候变化、数字化经济的蓬勃发展、产业转型升级、人口的老龄化等，数不胜数。股票市场也毫不例外，到处可以看见趋势的作用，而且有很多人在做趋势预测工作。最典型的就是股票分析师评估企业季度盈余：这个季度业绩如何，下个季度预计盈余多少，股票的目标价怎么样，投资评级又是怎么样，等等，这些都是趋势预测的结果。

中国传统文化中的趋势

趋势犹如宇宙间的万有引力，我们只有迎合它，和它做朋友，才能比别人取得更大的优势。就像我们要发射飞船，先要计算重力、引力对它的影响，然后研究如何用最小的代价让飞船抵达目的地。孙中山名言“天下大势，浩浩荡荡，顺之者昌，逆之者亡”，说的就是这个道理。当历史的车轮滚滚向前时，任何妄想以一己之力阻挡或改变大势发展的人，注定只能成为笑谈。

“势力”，有势才有力，没有“势”的依托，任何“力”都不可持久。无势不尊，无智非达。历史上“权大欺主”的事屡见不鲜。赵高只是一个卑微的阉臣，却能够玩弄秦二世于股掌之中；楚成王儿子商臣，逼迫成王自杀；吴国公子光派专诸刺杀王僚；西汉末年有王莽篡汉；三国时期有曹操、司马昭擅权；晋有“八王之乱”；隋有杨广弑父杀兄；唐有李世民“玄武门之变”；宋有赵匡胤“黄袍加身”；明有朱棣“靖难之变”；等等。

《左传》云：“故王臣公，公臣大夫，大夫臣士，士臣皂，皂臣舆，舆臣隶，隶臣僚，僚臣仆，仆臣台。”这句话，清晰地勾勒出权力社会的基本结构。其主要特征是“一级压一级”，形成一种压力稳定结构。整个系统的稳定，取决于压力的梯度，越往上，压力越大，权越重。根据韩非子的学说，处于这种压力结构最上端的君王，必须具有一种强大的“势”（以势压人），君王一旦失去其“势”，整个压力系统就会崩溃。

鲁哀公愚蠢迂腐，但孔圣人亦不得不匍匐拜倒在其脚下。为什么呢？盖因智者因无势而落魄，愚者因借势而强大。

“贤人而诎于不肖者，则权轻位卑也；不肖而能服于贤者，则权重位尊也。”“凡人君之所以为君者，势也。故人君失势，则臣制之矣。势在下，则君制于臣矣；势在上，则臣制于君矣；故君臣之易位，势在下也。”“时来天地皆同力，运去英雄不自由。”

“势”也是动态变化的。我们有一个名词叫顶端优势，当一棵大树中心干上的分枝高过中心干时，其生长势会强于中心干，最终取而代之。这是因为“生长势”的对比发生了变化，终于成为“强枝弱干”。在帝国的朝堂上，当帝王与臣下“权势”的对比发生变化时，也会发生“取而代之”的情势。自然界与人类社会一样，对优势地位的竞争无时不有、无处不在。“势”与人们的生存、生活息息相关。有权力的人要“造势”“用势”“驭势”，无权力的人要“度势”“借势”“附势”，富贵之人担心“失势”，平民百姓期盼“得势”。可以说，“势”是非常重要的，只是人们把它看得过于抽象和高深，这才会望而却步。

“形”是“势”的基础和前提，“势”是对“形”的运用和深化。形、势相随，不离前后，我们看猛鹰之击，恶虎之搏，先敛其翼，后踞其身，这就是形，一旦完成准备动作，测定了强弱虚实，飞跃而出，一击中的，这就是势！张飞在长坂坡布疑阵之形，展巨嗓之势，吓退曹操数千大军，这就是兵家对形势妙用的最好注解。“若决积水于千仞之溪者，形也；如转圆石于千仞之山者，势也。”

趋势存在于我们生活中的方方面面，能否从容地度势、谋势、乘势、导势、借势、蓄势、造势和转势，需要大量的生活历练、深入的理论研究以及悟性。

《道德经》曰：“天下莫柔弱于水，而攻坚强者莫之能胜，以其无以易之。弱之胜强，柔之胜刚，天下莫不知，莫能行。”林采宜在散文集《肆无忌惮》中说：“水没有方向，遇上礁石绕过去，遇上石壁折回来，不执着也不痴缠，因势顺流。世间万物没有一样东西比水更懂得‘顺势’的含义，更具有变通的能力，水具备智者的性格。知道什么时候可以进，也知道什么时候应该退。”

《周易》曰：“一阴一阳之谓道。”阴阳五行思想是中国传统文化的基本哲理,它既是辩证法,也是唯物论。其本质上是自然界各种规律的总结大成,统摄了万物万象对立的两个方面。阴阳在这种互相依存、互相转化、此消彼长的变化中，推动着世间万物的变化和发展。在这种思想的长期熏陶下，中国人比较能够从变化发展的角度来看待客观事物。例如，针对自然现象有“日中则昃，月盈则食”之说；针对人生经历有“人有悲欢离合，月有阴晴圆缺”之言。中国人通过阴阳交替认识到事物向对立面转化的必然性，进而认识到“驾驭阴阳”“抓住机遇”的关键在于把握转化的契机与苗头。因此强调“几者，动之微”，讲“月晕知风，础润知雨”，讲“风起于青蘋之末”，说“千里之堤，溃于蚁穴”；要求人们能够“以小见大，见微知著”，善于“洞烛机先”，以恰当的措施来适应变化乃至利用变化。仔细琢磨领悟中国传统文化的精髓，再看看中国股市近年来的大起大落，不禁让我有醍醐灌顶之感！世间万事万物的许多规律都是有共性的，军事、政治、社会、投资的趋势发展如出一辙。如果我们真能掌握中国传统文化的精髓，那么必将大大有助于我们对于证券市场的趋势研判。

股市真经不多，只是趋势、转折而已

趋势分析在证券市场的应用亦非常广泛。可以说，古今中外所有的投资大师虽然投资风格各有不同，但根子里都是趋势分析高手。巴菲特致力于企业盈利长期增长趋势的分析，罗杰斯则侧重于产业发展趋势的分析。通俗来讲，他们都是抓大放小、赚大钱亏小钱的高手，殊途同归。走势都是波动，不可持久；趋势有生命力，才是我们应该重点关注的。诚如《道德箴言录》的作者拉罗什富科所言："过于关注小事情的人，往往对大事情一无所知。"

为有利于趋势投资理论在证券市场的应用，我们可以进一步将趋势的定义简单化。股市里的趋势就是单位时间内股票价格运动的轨迹。趋势的判定方法有多种，可以用道氏理论，可以用均线理论，可以用一把直尺丈量图表，或更简单的就是用目测法。趋势可以看作是价格的波动方向，或者说是证券市场的运动方向。在通常情况下，市场不会朝任何方向直来直去，市场运动的特征就是曲折蜿蜒，它的轨迹酷似一系列前赴后继的波浪，具有相当明显的峰和谷。所谓市场趋势正是这些波峰和波谷一次上升或者下降的方向所构成的。无论这些峰和谷是依次上升，还是依次下降，或者横向延伸，其方向就构成了市场的趋势，所以我们把上升趋势定义为一系列上升的峰和谷，把下降趋势定义为一系列依次下降的峰和谷，把横向延伸趋势定义为一系列依次横向伸展的峰和谷。

一切物体都具有惯性，惯性是物体的物理属性。股价的波动规律同样适用于牛顿第一定律。也就是，任何一个物体在不受外力或受平衡力的作用时，总是保持静止状态或匀速直线运动状态，直到有作用在它上面的外力迫使它改变这种状态为止。故在没有受到强大外力的干扰下，股价的上涨趋势一旦形成，大概率延续原有方向运行。下跌的倾向于继续下跌，上涨的倾向于继续上涨。趋势运行顺畅，其内生的动力往往令趋势呈加速运行状态。一个超强的运行趋势需要依靠信念支持，趋势越强，惯性运行的动力越强，但基础也越脆弱。一旦信念产生动摇，则趋势反向运行的压力变大，趋势随时崩溃。这就是中国哲学里常讲的物极必反、阴阳调和之理。故股市老前辈反复教导：旺市不估顶，淡市不估底！股市真经不多，只是趋势、转折而已。投资者要做的就是寻势、顺势而已。炒股如做人，强势常怀宽恕之心，弱势则不减坚韧之志。有智慧不如趁势，小智借钱，大智借势！

做人不能太势利，但在投资方面，请务必做一个“势利”之徒。

第二章

漫谈价值投资

我们要依据逻辑行动，而非感情用事；要依赖定量分析，而非主观感受；要独立思考，而无视其他投资者的言行；并且，要根据其对金融市场运作的深刻理解，系统、有序地开展投资业务。

——约翰·邓普顿

如何进行价值投资?

世界千变万变，但人性不变。价值投资的真谛，2000多年前司马迁在《史记》中已经写得非常清楚，“贵上极则反贱，贱下极则反贵；贵出如粪土，贱取如珠玉”。

买股票就是买好公司

孙子曰：“知彼知己，百战不殆。”投资跟打仗一样，要时刻知道自己在做什么，才能做好投资。“工欲善其事，必先利其器。”彼得·林奇说：“永远不要投资于你不了解其财务状况的公司。买股票最大的损失来自那些财务状况不佳的公司。仔细研究公司的财务报表，确认公司不会破产。你必须知道你买的是什么以及为什么要买它，‘这孩子肯定能长大成人’之类的话不可靠。”从长期衡量，企业的股价一定会反映企业的内在价值。时间是优秀企业的朋友，是低劣欺诈企业的敌人。

价值投资的基本原理是很简单清晰的，买股票就是买好公司，投资公司就是为了获得公司的未来自由现金流，享受公司成长的红利。价值投资的4个核心要素就是：好的行业、好的管理层、能力圈以及安全边际（好的价钱）。巴菲特的投资哲学就是：寻找并利用企业内在价值与其股票价格之间的差异获利。做价值投资潜在的前提是：他们是在投资一家企业，他们对待投资过程就像购买企业本身。要从最微观的角度发现投资价值，用最简单的方法感悟市场理性，用最平和的心态捕捉盈利机会，这3个“最”字也是巴菲特的价值投资秘诀。巴菲特崇尚长期投资，他说：“我们不知道事情发生的时间，也不会去猜想。我们考虑的是事情会不会发生。”

安全边际

投资不可能不犯错误，故巴菲特尤其强调投资需要有充足的安全边际，也就是为判断不准确、运气不佳或者未知的黑天鹅事件留足空间。预测一家公司在今后几年的发展并不是一门精确的科学，企业经营过程存在很多变数，企业价值的推理也基于很多假设前提。安全边际可以在以下3个方面为价值投资者提供重要帮助：（1）为企业估值时可能出现的高估值提供缓冲地带；（2）较低的买入成本可以提高投资回报；（3）当企业的实际增长高于预期时，投资者会同时在经营性回报和市场性回报两个方面获得收益，也就是能够获得“戴维斯双击”。巴菲特针对安全边际曾给出一个形象的描述："安全边际意味着不要试图在一座限重 10000 磅的桥上驾驶一辆 9800 磅的卡车。取而代之应是再往前走上一座限重 15000 磅的桥去驶过。"要想成功地仿效巴菲特的投资操作，内在超越是外在模仿的必要前提。内在超越要求投资者至少要做到以下几点：专注、理性、独立、坚守与深谙风险。

资本市场总是周期性地因忘记安全边际而付出惨重代价。就 A 股市场来说，无论是 2007 年那波牛市中追逐市场热点如银行、煤炭、石油等大型蓝筹股，还是 2015 年那波牛市中狂炒手游、影视等小市值公司，抑或 2000 年席卷全球的互联网狂潮，投资者均付出了惨重的代价。历史不断重演，古今中外都一样，因为人性不会变。2020 年美国的中概股狂潮，更是把人性的贪婪演绎到极致，其时股民只要投身其中皆能轻松赚钱。不过，一年多后，这些投资人就尝到了股价腰斩再腰斩的苦果。

我对价值投资的理解

我是金融科班出身，也是一个理性的人，价值投资理念深嵌在我的心里。我对价值投资的理解是，企业价值是其生命周期内所有自由现金流的折现，必须用长期思维来看待。这个长期有多长？我的看法是投资周期最少是 10 年甚至更长，大牛股苹果、微软、辉瑞、英特尔都有 10 年股价不涨的煎熬期。事实上，巴菲特投资比亚迪获得百亿收益也熬了快 10 年。如果你的投资周期是以周算、以月算，那么如何奢谈价值投资？根本就不在一个维度上。股市从来不缺价值股，也不缺发现价值的眼睛，缺的是坚守价值的心。此外，大家一定要清楚，估值是一个很宽的区间，受到很多不确定性因素和市场环境的影响，可以有 10 倍的差距，这也是巴菲特尤其注重安全边际的原因。就如凯恩斯所说："我宁愿对得迷迷糊糊，也不愿错得清清楚楚。"

1. 从财报入手，判断投资价值

对于任何一家股权可用于交易的公司来说，对其价值的评定都包含 3 个方面：市场价值、账面价值以及内在价值。账面价值是会计学名词，记录了资本与积累盈余的财务投入；内在价值则是经济学名词，是估计未来现金流入的折现值。投资者应当清楚公司的市场价值、账面价值和内在价值之间的区别。价格是你付出的，价值是你得到的。

我们要了解一个企业的投资价值，最直接的就是先审视企业发布的三大财务报表：资产负债表、利润表和现金流量表。这三张表涵盖了一个企业大部分的财务信息。一般而言，董事长报告书很重要；上市公司年报最前面几页的数据很重要；上市公司年报中找不到的数据更重要；上市公司年报中本应找得到，但管理层千方百计不想让你知道的数据最重要。大部分投资者习惯于查阅公司的每股收益、净利润增长率、每股净资产、净资产收益率等少数指标，对财务报表不做深入研究。实际上，如果公司有粉饰报表的动机，这些指标都很可能被操纵。中国的商业道德规范和公司治理结构仍有待进一步提高，报表操纵、欺诈层出不穷！由于资本玩家贪婪自私的本性，市场盛产财报“化妆师”，甚至财报造假师。财报坑人大法古今中外都有，美股有安然、世通、美国在线、瑞幸咖啡；A 股有乐视网、康得新、康美药业、德隆、蓝田股份、獐子岛、宜华生物、银广夏以及绿大地等；港股有辉山乳业、中国高精密、中国森林控股、天合化工、汉能薄膜发电、洪良国际以及金盾控股等。欺诈手法五花八门，无所不用其极，投资者不可不防！

上市公司的财务报表，在证券公司软件上或证券交易所的网站上都可下载。报表按时间分为年报、半年报和季报。投资者应以年报、半年报和季报分析为主，同时以合并财务报告为主要分析对象。财务报表，通过抽象的财务语言能够大概还原企业的经营行为、经营成果和发展趋势。阅读和发现财报中的重大纰漏，可以帮助我们排除存在较高风险的企业，避免重大损失。为更好地判断公司状况，投资者可利用简单的财务指标倒推财务可信度，用常识为投资排雷。我们将该企业的几个重要比率分析指标与同类型企业进行比较就可以大概了解其行业地位。重要的比率分析指标有：盈利能力比率、营运比率、收益率等。专业投资者可以更细致地用财务比率分析法、期间分析法、表间分析法、公司 / 行业间比较法等进行交叉论证。如果一个上市公司的报表“好到失真”，则我们须加倍小心。投资者通过大量的财报阅读和分析，不断训练自己对数据的敏感度，不断训练自己抓住主要矛盾的能力，久而久之价值投资的能力就会大大提高！

2. 通过估值衡量便宜与否

垃圾企业不投，看不懂的企业不投。价值投资是大原则、大前提，根本无须刻意标榜。价值投资强调要买入便宜的好公司，那么什么样的公司又好又便宜呢？便宜是怎么衡量的？这就要通过估值来判断。在选择个股的时候，估值是大家最关注的。一般来说估值方法通常分为两类：一类是相对估值法，它的特点是比较简便，比方说 PE 估值法、PB 估值法、EV/EBITDA 估值法、PEG 估值法、市销率估值法等；另一类是绝对估值法，如股利贴现模型、自由现金流模型等。这些估值方法各有优胜之处，不同的行业应该用不同的估值模型，以适应其行业特征。例如，银行股、地产股可以考虑市净率 PB 估值方法，工业股可用市盈率 PE 估值方法，科技股可以用自由现金流贴现 DCF 模型或成长股 PEG 模型，公用事业股可以用股利模型。不同类型的企业可以用不同的估值模型（见表 2–1）。

表 2-1　不同估值方法的优缺点及其适用范围

类型	名称	模型	优点	缺点	简介及适用范围
相对估值法	市盈率模型	PE=P/EPS	计算简便；考虑了公司的经营风险和未来收益预期，以及公司、行业的成长性	EPS受会计报表编制和企业生命周期的影响较大；盈利为负的企业无法使用	适用于盈利相对稳定且受周期影响小的行业，如食品行业、工业、公共服务业、道路运输业；不适用于强周期性行业，如煤炭、钢铁等
	市净率模型	PB=P/B	每股净资产通常为正且相对每股收益更稳定，具备底线思维，容易比较	无法准确衡量无形资产的价值；不适用于净资产规模小的企业；不适用于测算公司成长性	适用于固定资产数量较大且账面价值较为稳定的企业，或在企业盈利状况不稳定时使用；适用银行、地产等
	市销率模型	PS=P/Sale 在这里P代表企业市值	营业收入指标不会为负值，适用范围较广；销售收入相对净利润和净资产精确度更高	营收不能反映企业创造价值的能力；对于成本波动较大的企业的预测精度较低	适用于尚未盈利但企业营业收入稳定、持续增长的企业，处于成长期、业务规模正在扩张的企业，如互联网、创新型高科技企业
	PEG模型	PEG=PE/G G代表成长率	更好地考虑了企业的成长性；可以优化对高市盈率企业的估值；很好地补充了PB和PE估值法	忽视企业当前的盈利能力；不能对净利润为负的企业进行估值；企业未来增长率存在不确定性	G一般采用企业未来3~5年收益复合增长率，适用于盈利能力较好且成长性较高的企业，如互联网、创新型高科技企业
	企业价值倍数	EV/EBITDA	排除了折旧摊销、税率和资本结构的影响；更注重主营业务收入	不适用于固定资产变化快的企业；计算较为复杂；忽略了企业的成长性	EBITDA相对净利润扣除费用项目较少，基本为正数，适用于资本密集型、折旧摊销费用占比较大的企业，如基础设施、核电行业等

续表

类型	名称	模型	优点	缺点	简介及适用范围
绝对估值法	股利贴现模型（DDM）		理论非常完善，模型设定也很简便，在数据精确时模型解释力很强	现实中股利和公司内在价值的关联性不确定，部分公司常年不发放股利，成长性好的公司可能会减少股利，增加留存收益用于扩大投资	股利贴现模型通过预测上市公司未来盈利能力，将未来股利按确定的投资回报率折现得到公司价值，适用于股利发放稳定或规律的公司，如收益稳定的公共事业股票
	自由现金流贴现模型（DCF）		现金流是现代公司经营中关注的重点，通过自由现金流量估值避免了股利带来的问题	现金流和加权平均资本成本的估计都可能会有误差，长期来看贴现率的偏差会对估值产生较大的影响	自由现金流贴现模型是先根据公司的财务数据对未来的自由现金流量进行估计，再根据确定的加权平均资本成本折现求和，即为公司价值，适用于现金流稳定的行业，如白酒、食品等

3. 学会综合分析方能获取成功

价值投资充满理性思维，易懂且易于接受，古往今来，投身于价值投资的人不计其数，但为什么只有巴菲特、彼得·林奇等少数人获取成功了呢？我想很多投资者进行价值投资受创，主要是投资周期、人性急功近利的弱点以及对企业动态变化掌握不足等所致。我对价值投资的切身体会是，企业的经营是动态的，企业本身的品质永远应该放在第一位，而决定企业品质的关键因素，是这家企业所处的行业和其行业地位，以及大股东和管理层的能力和道德水平。投资者不应孤立地看待一只股票，而要把一个公司放到行业的上下游产业链和行业竞争格局的大背景中分析，重点搞清：公司对上下游的议价权、与竞争对手的比较优势、行业对潜在进入者的门槛以及盈利模式的持续性。对行业格局的分析和对公司核心竞争力的理解是“道”，财务分析只是“术”，但是后者对前者起着验证和把关的作用。所以我们应该优先选择好的企业、好的企业家，然后才是进行静态的估值。投资中应该遵循的核心标准是好行业、好公司、好价格。好行业和好公司是前提，好价格是根本，这三者一个都不能少。另外，确定性比成长性更重要，成长性比低估更重要，商业模式比财报更重要，现金流比利润更重要，净资产收益率比每股收益率更重要。

我们必须把握投资中的变与不变。变的是开放包容的胸怀和机动灵活的技巧，以应对瞬息万变的金融市场；不变的是投资的本质，即以价值投资为王道，以不变的本质去应对变化的现象。

价格与价值

上帝，请赐予我平静，去接受我无法改变的；请赐予我勇气，去改变我能改变的；请赐予我智慧，分辨这两者的区别。

——尼布尔

很多人说股市是经济的温度计，但从过去30多年股市的发展演变来看，股市无法反映当前的经济状况，也预测不了未来经济的发展趋势。最典型的是2020年新冠肺炎疫情肆虐全球，大部分经济体都出现经济负增长，但全球股市却是活生生的大牛市。

长远来看，经济与股市同向，企业股价必将反映企业的内在价值，但这一过程受宏观环境、市场情绪等因素影响，股价偏差的时间往往超过人的耐性！正义一定会来，价值早晚回归，但价值投资者可能已倒在了黎明前的黑暗中。惨痛的教训告诉人们，价值和价格往往是两回事，两者偏离的时间和区间经常超过人们的容忍极限！

机构为何会失败？

机构投资者大都自称价值投资者，不但熟悉贝塔策略，而且精通阿尔法策略，有能力通过好的选股策略取得超过市场平均水平的收益。因为大众普遍有这样一种认知：价值投资是正道，即便输钱也可以输得冠冕堂皇；其他投资方法都是歪门邪道，即使赚钱也不可持续。于是机构便宣称自己是阿尔法的创造者，这样散户就愿意膜拜、掏钱，机构可以借机收取更高的管理费。现在不少专业投资者在股市里赚钱了，就说自己在做价值投资，价值完胜；亏钱了，就强调要做时间的朋友，要有长期主义精神。但是，理想很丰满，现实很骨感。残酷的现实是，即使以长周期看，大部分投资机构既跑不赢贝塔基准，更谈不上什么阿尔法超额收益。这也是为什么巴菲特建议普通投资者最好长期投资指数基金，最起码投资收益可以基本与大盘同步。近一年，很多基金净值回撤都超过 50%，甚至有的回撤 70%~80%。那么，投资者要煎熬多少年才能看到投资收成呢？我认为，机构失败的核心是，它们搞不清楚价值和价格的关系，也不知道如何正确计算价值。

股市不涨的原因

根据 Wind 资讯提供的数据，在 2007 年 3 月 13 日，上证综指的 PE（市盈率）、PB（市净率）分别是 42.9 倍、3.8 倍，而到了 2022 年 4 月 28 日则分别是 11.5 倍、1.2 倍，在这 15 年里分别下降了 73.2%、68.4%，CAGR（复合年均增长率）分别为 –8.3%、–7.2%。同期，上证综指的股息率则从 0.6% 上涨到 2.3%。根据以上的价格和估值数据，我们不难计算出，在这 15 年里，上证综指所对应的净利润、净资产、股息，分别上涨了 272.7%、208.6%、269.6%，折合年均增长率分别为 9.1%、7.7%、9.0%。在 2007 和 2022 年的这两个时间点，上证综指表面上虽然没有多少上涨，但是，在这样的表象之下，股票所代表的企业股权盈利却实实在在增长了不少。股市不涨的奥秘，在于上证综指估值的变动。上市公司盈利出现持续增长，企业的内在价值提升了，但企业的估值下降了，而企业的估值下降速度比盈利增长速度快，抵消了基本面增长。这个估值的下跌幅度约 70% 左右，导致比较优秀的基本面增长，被估值下跌完全掩盖，这就是上证指数 15 年不涨甚至下跌的根本原因。如果单论上证综指内在的基本面增长，它的年化增长速度大约为 8%~9%，可以称得上比较优秀的大类资产增长速度。投资者理解了这点，就能够正确理解价值与价格的关系。

价格不停在变，价值也不是永恒不变的，我们对价值的判断也必须与时俱进。外部环境、国家政策以及产业变革等都会对企业价值产生影响。中国股市估值之所以下跌了 70%，其中一个重要原因就是上市公司大量增加，改变了市场的供求关系。按照经济学理论，供求决定价格，股票多了，价格自然就下来了，逻辑就这么简单。所以，股票注册制导致股市快速扩容，对专业投资者是好事，可提供更多的优质投资标的选择，但对散户而言绝对是一场灾难。美国股市约 230 年历史，2022 年有上市公司 4878 家；中国股市仅有 30 年历史，现有上市公司 4600 多家！ 30 年发行的股票很快就将超过美国 230 年的股票数量，这就是中国股市一直不涨的原因之一。2007 年中国股市 3000 点时，A 股只有 1000 多只股票；现在中国股市又回到 3000 点，则有 4600 只股票，此 3000 点非彼 3000 点，因为外部环境已经发生了翻天覆地的变化。过去 30 年美国平均每年退市 380 只股票，而中国股市 30 年历史，总共只退市 125 只股票，平均一年退市 4 只。

投资者要明晰价值与价格的关系

中国股市作为一个新兴市场，尚处于发展阶段，股价波动比较大。股市大部分时间都是情绪主导价格，只有少数时间是理性主导价格。市场永远有一些所谓价值投资者自以为“我是价值投资者我怕谁”，其实是不自量力地与市场对抗，是典型的博傻行为，未见其利，先见其害。盖因股价的疯狂程度往往超出人们的想象，股价的低迷时间也往往超出人们的耐性！事实上，大部分的价值投机者在博反弹的过程中就葬身股海，只有极少数有远见兼具超强耐心的真正价值投资者获得了最后的成功！

投资股票，给出的是价格，获得的是价值。价值是投资者对特定时点的客观事实的主观判断，是虚拟的；价格是股价在特定时点的客观反映，是真实的。实践是检验真理的唯一标准，市场是检验股价的唯一平台。股价的涨跌跟预期有关，而与价值并非正相关。故此，企业盈利上升，但股价可能下跌，因未符合市场预期；企业亏损加大，但股价仍然上涨，因比市场预期亏得少，或者市场认为其最坏情况已过去。因此，股票交易的基础往往是买家预期他们能以何种价位再度卖出自己的股票。股灾本质上是供求失衡的结果，跟价值无直接关联。市场是群体反应的产物，恐惧放大了风险，而恐惧比贪婪更有爆发力！这也是股价上涨很慢、下跌很快的主要原因。

价值投资者的困惑

夫以铜为镜，可以正衣冠；以史为镜，可以知兴替；以人为镜，可以明得失。

——吴兢《贞观政要》

价值投资的核心思想是发现好企业，在其价值被低估时买入，长期持有，以实现稳定收益。巴菲特教导我们：好企业，任何时候买入都是正确的。但是，现实是什么情况呢？

你也许买到了好企业，但仍将泪流满面

1. 招商银行

招商银行是中国公认的最佳商业银行，招行的利润从 2007 年开始算一直以双位数速度持续高增长，企业的净资产值也大幅提高，专家们预测招行利润持续高增长，事后亦被证实是正确的。遗憾的是，招行的股价从2007年的31.38元，一路下降到2012年9月20日的9.74元，下跌幅度高达69%！招行在年年赚大钱的背景下，股价一直到2017年才突破2007年高点，走出10年的痛苦煎熬期。投资者如果恰巧在高点买入，又有多少人可以熬过10年低谷，最终见到盈利的曙光呢？

2. 比亚迪

巴菲特2008年以每股8港元入股比亚迪，持股至今盈利过百亿元，被视为投资神话，但其实比亚迪的股价一直到2020年之后才开始大放异彩，从40港元迅速上升到300港元。在巴菲特持有的12年中，比亚迪股价遭遇6次腰斩：

第一次，从82港元跌到12港元，跌幅约85%；第二次，从56港元跌至17港元，跌幅约70%；第三次，从61港元跌至25港元，跌幅约59%；第四次，从60港元跌至33港元，跌幅45%；第五次，从83港元跌至39港元，跌幅约53%；第六次，从278港元跌至195港元，跌幅约30%。但是，正因为12年的坚守，巴菲特赚得盆满钵满。试问，有多少投资人能够持股12年，且能够在股价巨幅波动中坦然处之？

在港股市场，2009年之前如果你自称价值投资者，而自己的投资组合里竟然没有汇丰银行，所有人都会耻笑你！因为它是必买股！汇丰银行对于传统中国香港人来说，不只是一家银行，还有着难以割舍的特殊情感。汇丰银行的兴衰起落，似乎也是中国香港这个东方之珠的缩影。在中国香港，你如果说已到退休年龄或属于投资保守稳健派，则几乎所有专家都会推荐你买汇丰控股，因它规模最大、经营管理保守、派息最慷慨（过去30年平均派息4%），而且股价最抗跌，上市以来股价大部分时间都在稳步前进！40年前，投资者如果买入汇丰银行然后持有至2009年，则投资收益超过100倍，投资成绩不亚于巴菲特；但2009年前的10年内，你在任何时候、任何价位买入汇丰银行然后持有至今，则你的投资收益都是亏损的，亏损额高达 50% 以上。2008 年下半年受美国次贷危机影响，汇丰的股价从 150 港元开始下跌。2009 年 3 月 9 日是惊心动魄的一天，在交易时段汇丰股价继续惯性下跌，但在集合竞价收盘时段，股价却突然从 37.4 港元暴跌到 33 港元，全日大跌 24.14%，短短 5 个交易日下跌 42%，创下 15 年新低。港股名嘴胡孟青当时在主持电视节目，其目睹这难以置信的下跌时忍不住当众流泪。中国香港人的感情受到严重伤害！汇丰银行绝对是好企业，但你买入持有 10 年仍可能换来泪流满面，由此可见投资时机的重要性！

3. 思科公司

思科公司是世界领先的 IT 运营商，也是美国较成功的公司之一。思科公司从 1986 年生产第一台路由器以来，在其进入的每一个领域都名列前茅，成为市场的领导者。1990—2000 年，思科营业收入从 6900 万美元上升到 190 亿美元，2000 年利润 26.7 亿美元；股票市值从 3.5 亿美元上升到 4500 亿美元。其后，互联网泡沫破裂，思科的市值从 4500 亿美元跌到 2002 年最低只有 100 多亿美元。2021 年，思科的营业收入和利润上涨到 498 亿美元和 105.9 亿美元，分别比 2000 年上涨了约 163% 和 297%，思科经营业绩依然非常优秀，但市值却只有 1800 亿美元，较 2000 年低盈利时下跌了 60%，远远没有回到当年的最高点。从思科的例子可以看到，狂热的时候，透支的股价可能在你有生之年也回不去了。如果你在不恰当的时点参与其中，必然是赔了时间又赔了金钱。

并非特例，而是系统性问题

现在黄金投资渐趋流行，很多人认为是不错的投资品种。但你如果在 1980 年 1 月金价 850 元 / 盎司时入市，则要到 2007 年 10 月发生国际金融危机之后才能打平，历时 27 年。

类似的例子还有很多，在成熟的资本市场亦不断出现。从 2000 年到 2012

年，股价不涨的蓝筹股包括世界上最大的药厂辉瑞制药（Pfizer），最大的芯片制造商英特尔（Intel），最大的工业集团通用电气（General Electric），最大的软件商微软（Microsoft）和最大的生物科技公司安进（Amgen），软件巨人甲骨文公司，最大的医疗设备生产商美敦力。甚至巴菲特的最爱可口可乐，1997 年至 2007 年，持有 10 年亦没有回报。你会发现，其实这些股价上的输家正是不同行业的佼佼者，但在长达 10 多年的时间里却是股票市场的行尸走肉，可谓名副其实的僵尸股，虽然它们中的大部分股票每年盈利已大大超过 10 年前。

如果说这些个股仍然都只是特例，我们再看看中美股市近 2 年的整体表现：2020 年，美国纳斯达克指数仅 9000 点左右，现在上涨到 13800 点左右，上涨超过 50%；美国道琼斯指数 28600 左右，现在上涨到 35000 点左右，上涨约 22%，双双创出危机后新高！而美国的经济在这 2 年饱受打击，新冠肺炎疫情肆虐全国，死亡人数超过 60 万人。反观中国，由于疫情得到迅速遏制，在这两年成为全球难得继续增长的超大经济体，但上证指数却始终在 3000 点上下震荡。中美股市的表现明显与两国经济表现不成正比。

我们回望 2006 年和 2007 年，“坚定做多中国”是一个主线贯穿所有券商的投资策略报告。“买 A 股有风险，不买 A 股风险更大”“十年黄金牛市”等口号风行市场。伴随 2007 年 A 股的大幅调整，自以为理性的价值投资者发现了价值投资的大好机会，提出了“牛市下半场”的新概念！事实上，2008 年所有机构预测的共同点是：牛市将继续在高估值下运行，创历史新高是必然！价值投资者在下跌过程中不断抄底，结果越抄越低，层层被套，段段蟹民！——这个抄底的过程持续了 7 年之久！“时间的玫瑰”早已如昙花般枯萎凋零。遗憾的是，几乎同样的剧情在 2018 年的 A 股再次上演，专业投资机构投资净值普跌 30% 以上。这真是价值投资者之殇！

从 2015 年开始的中国 A 股市场可以说精彩纷呈，中国政府越来越重视资本市场对经济的带动作用。随着市场规模的迅速扩大，市场波动也越来越大，政府监管的频繁出手和不成熟，又导致市场频频走出过山车行情。2015 年，主动去杠杆，市场出现历时一周的大跌；2016 年，熔断机制触发市场大面积熔断；2017 年，打击“妖精”“害人精”之说令市场风声鹤唳；2018 年，金融去杠杆，社融飞流直下，市场出现无米之炊的情况。2019 年出现中美贸易摩擦；2020 年新冠肺炎疫情肆虐全球；2021 年行业严监管、地产去杠杆、医药集采，中概股、教育股、互联网股巨幅调整。

其间，2019—2020 年是价值投资者的甜蜜之年。整个市场的环境处在一个比较好的阶段，居民储蓄借助基金参与股票市场的趋势越来越明显，中国资本市场逐渐机构化，爆款基金不断涌现，宏观基本面存在经济转型、产业升级和新旧动能转换等机会。在这个阶段，诞生了一批优秀的企业家，也诞生了一批公司治理健全、具有竞争力的龙头企业。此时，机构普遍出现“抱团拥抱核心资产”的倾向。他们认为，投资就是下注国运，就必须选择代表中国国运上升趋势的头部公司，与伟大的公司一起成长、一起变富。由于他们认为自己是在投资一个伟大的事业，估值高低就显得不是那么重要了。基于预期一致，机构配置的股票就会出现比较大的雷同，太多的资金一起买爆了所谓优质赛道的优质资产，结果互联网、消费、医疗、白酒、高端制造、新能源等赛道股尽皆大涨，散户亦受到鼓舞参与其中。众人拾柴火焰高，这是一个皆大欢喜的嘉年华会。大家好像都领悟到了价值投资的真谛，信心满满。

常言道，莫羡上流风便好，好风也有卸帆时。资金堆砌的泡沫终有破裂之时。2021 年开始可以说是价值投资者的灾难之年，上证指数从年初的 3473 点上涨到 3639 点，全年上涨了 4.78%，但大部分投资者都赔钱了！这是一个让大部分投资者都赔钱的升市，连一众明星基金经理都遭遇滑铁卢。2022 年 2 月，《每日经济新闻》报道，私募大佬但斌旗下合计超过 50 只产品净值跌破 0.8 元的警戒线，6 只产品净值跌破 0.7 元的传统止损线。其他明星基金如张坤、葛兰、刘彦春、曲扬等管理的基金皆亏损严重。

踏入 2022 年，专家们几乎一致认定，在中国经济不断增长、经济质量不断提高、经济结构逐渐转型、经济基本面逐步向好的大背景下，中国的权益市场大概率会延续比较繁荣的状态，核心资产由于自身基本面向好，也会继续受到市场的认可和投资者的青睐。愿望是美好的，但现实却极其残酷！不只是中国，2022 年，全球其他股市也直接展开了史诗般的下跌行情。很多明星热门股在短短一年多时间调整幅度高达 80% 以上。

有数据统计显示，若不计入 2022 年新成立的基金，2022 年前 4 个月权益类基金整体亏损了 18.39%。其中普通股票型基金下跌了 22.5%，偏股混合型基金下跌了 21.98%。截至 2022 年 5 月 5 日，合计有超过 800 只私募产品净值低于 0.7 元，即已低于传统的私募产品清盘线。考虑到大部分基金都是在高光时刻迅速扩大规模，可知大部分高位才入市的股民必然亏损严重。之前有多么辉煌，此刻就有多么彷徨。

中国专业机构表现惨淡，美国投资者同样不能幸免。彭博社数据显示，老虎环球公司在 2022 年前 4 个月遭受了约 170 亿美元的损失，其主要基金下跌了 44%。老虎环球基金中做多基金的跌幅更大，仅 4 月就下跌了 25%，前 4 个月已累计亏损 52%。同样，2022 年 5 月 12 日，孙正义在日本东京公布了软银集团最新财报：截至 3 月 31 日，软银集团 2021 财年净亏损为 1.7 万亿日元（约合人民币 900 亿元）。更加刺目的是，愿景基金 2021 财年净亏损高达 2.64 万亿日元（约合人民币 1400 亿元）。孙正义的投资神话受到艰巨考验。

踏入 2022 年，被称为“女版巴菲特”的木头姐创立的 ARK 创新 ETF 从高点下来，跌幅 77%。据基金分析公司晨星计算，木头姐的旗舰基金方舟创新 ETF（ARKK）成立 7 年多以来，已让该基金的投资者损失了约 40 亿美元。自 2014 年该基金成立以来，投资者已投入了约 157 亿美元，而现在的总资产只有 116 亿美元。尽管 ARKK 的股价自 2014 年以来最高上涨了 270%，过去两年上涨了约 50%，但投资者的亏损仍是事实。这是因为在早期该基金上涨之前，投资者的投入相对较少，而在 2020 年的峰值附近，也就是崩跌之前，投资者投入了大量资金，这意味着大部分木头姐的追随者遭受了亏损。如果在木头姐受到追捧后的 2021 年高点买入，持有到现在浮亏超 75%，腰斩再腰斩。

本轮全球股市调整，我最大的体会是：在美联储加息周期和股市向下的双重打击下，投资人一定要果断回避此前热门的成长股，尤其是未盈利的成长股！此时，成长股最大的风险正是来自企业前景不确定的大幅折价和加息导致估值迅速降低，即“戴维斯双杀”。如果成长股的成长性不幸被阶段性证伪，将会迎来非常惨烈的“双杀”，即股民常说的杀估值和杀逻辑，下跌幅度往往超出人们的想象，所有企图贪便宜抄底的投资者都会被反复无情地蹂躏！哔哩哔哩、每日优鲜、金山云、容联云、SEA、高途、微盟集团、Zoom、ARK Innovation 等都是腰斩再腰斩，惨不忍睹！

投资市场风起云涌，最不缺的就是股市传奇，总有传奇横空出世，然后遭受重创，传奇变成传说，故事变成事故，成为吃瓜群众唏嘘之余的闲谈话题。资本市场没有永远的王者，不管是投资大佬还是小散，都有严重被套的可能。即使价值投资方向正确，你选择做时间的朋友，你也必须做好在漫长的岁月里苦苦煎熬的思想准备。股市赚钱很容易，做到不亏钱很难！

股市浮沉似梦，来无影，去无踪，泪湿心头无言中。

价值投资的挑战

不识庐山真面目，只缘身在此山中。

挑战一：和时间做朋友

有人问巴菲特：“你的投资体系这么简单，为什么别人不做和你一样的事情？”巴菲特回答：“因为没有人愿意慢慢变富。”这一句话道尽了人性的弱点，也是价值投资最具挑战性之处。短期股价会在“应该如何”和“现状如何”之间产生“现实落差”，人们难以做出短期预测，需要在更长的时间框架下去理解和实施才行。所以，在一个很短的周期内检验价值，基本就是思维黑洞。以日观年，天下大乱；以年观日，天下太平。

价值投资最大的挑战就是，即使你有眼光买中优质企业，你也必须长期投资，做时间的朋友，让时间的玫瑰慢慢绽放。股票价格长期来看有向“内在价值”回归的趋势，但股价短期反映的是投资人的情绪波动，长期才取决于内在价值，而这个时间周期往往是 10 年以上，这超出了大部分投资人的耐性。很遗憾，90% 的投资人都是急功近利的，他们的投资周期是以日、周、月为单位的。因此，人性的弱点让价值投资很容易成为一场笑话。

巴菲特说：“你如果不打算持有一家公司股份十年以上，就十分钟都不要拥有它。成功的投资需要时间和耐心。即使你付出再大的努力，有再高的天赋，有些事情没有时间的沉淀也不会发生。”这道出了价值投资的真谛，长期持有优质企业，价格早晚会体现价值——因为买股票就是买公司未来现金流的折现。对一个优秀的企业来说，时间是朋友；但是对于一个平庸的企业来说，时间就是敌人。巴菲特的很多经典投资案例如可口可乐、比亚迪，投资周期都超过 10 年，而这 10 年中，所买股份也一度处于亏损状态。这种煎熬，是普通人难以承受的。巴菲特做到了，所以成为“股神”。

毫无疑问，奈飞、亚马逊和谷歌、苹果、微软都是过去 20 年中最成功的公司。它们的产品深刻地改变了我们的生活方式，如果它们的股东能够长期坚持持有股票，这些股东们将获得数十倍、数百倍的投资收益。但这期间，这些明星股的股价也在剧烈波动，大部分投资人都是赚了波段上涨的钱，在波动中提早出局。

自 1997 年首次上市以来，亚马逊股价涨幅高达 38600%，相当于年复合收益率达 35.5%。这意味着初始 1000 美元的投资到今天将变为 387000 美元。但实际上在过去 20 多年中，要真的将这 1000 美元变为 387000 美元的难度不容小觑。历史上，亚马逊的股价曾有 3 次跌幅超过 50%。第一次是从 1999 年 12 月到 2001 年 10 月，它就跌去了 95%的市值。在那段时间内，初始假设的 1000 美元投资将会从 54433 美元的高位下跌至 3045 美元，损失 51388 美元。每一次暴跌都是那么惊心动魄，让人难以置信。

另一家革命性的公司奈飞，自 2002 年 5 月上市以来的复合收益率为 38%。但实现这个收益也几乎超出了正常人所能承受的投资压力。奈飞的股价曾有 4 次跌幅超过 50%，单日跌幅超过 10% 的走势不下数十次。其在 2011 年 7 月至 2012 年 9 月跌幅甚至超过 82%。这相当于初始投资的 1000 美元涨到 36792 美元，然后萎缩到 6629 美元。投资者真的能够忍受他们的初始投资经常大幅回撤吗？特别是 500% 的收益在短短 14 个月内烟消云散！

价值投资的代表人物就是股神巴菲特。巴菲特投资之所以能够实现回报上万倍，那是因为他有超人的产业前瞻性，又具有无比的耐性——眼光和耐性缺一不可。因为投资复利需要眼光，需要时间积累，更需要有足够的耐心。

挑战二：价值陷阱

当今世界不确定性越来越多，黑天鹅事件频发。在长期坚守价值投资时，如果不能强化风险管理，也可能掉进价值陷阱，进而前功尽弃。大家都知道，财富积累需要依靠复利效应，而复利效应始终面临着乘数“0”——无论之前盈利多少倍，遇到一次乘数“0”，结果就是 0。

关于复利，有两个小故事，可以帮助大家理解价值投资。

一个爱下象棋的国王棋艺高超，从未遇到过敌手。为了找到对手，他下了一份诏书，说不管是谁，只要下棋赢了国王，国王就会答应他任何一个要求。

一个年轻人来到皇宫，要求与国王下棋。激战过后，年轻人赢了国王，国王问这个年轻人要什么奖赏，年轻人说他只要一点小奖赏：就是在他们下棋的棋盘上放上麦子，棋盘的第一个格子中放上一粒麦子，第二个格子中放进前一个格子数量一倍的麦子，接下来每一个格子中放的麦子数量都是前一个格子中的一倍，直到将棋盘每一个格子都摆满。

国王没有仔细思考，就欣然同意了。但很快国王就发现，即使将自己国库所有的粮食都给他，也远远不够。因为从表面上看，年轻人的要求起点十分低，从一粒麦子开始，但是经过很多次的翻倍，就迅速变成庞大的天文数字——摆满棋盘需要高达4611亿吨粮食。

有一个农民工听了上面的故事后深受鼓舞。他跑去跟老板说："我以后给你干活，第一天只要一粒米，第二天要两粒米，第三天要4粒米，每天的报酬是前一天的两倍，以此类推。"老板听了非常高兴，农民工心里也非常高兴。他想，如果到了第三十天后，他就可以拥有非常多的粮食，富可敌国了。然而，现实是到了第七天，他就饿死了，没有实现复利的效应，也没有等来复利的结果。

这个故事完美地诠释了价值投资对许多人是没有价值的，因为你等不起。即使你克服了绝大部分人急功近利的人性弱点，你还必须有眼光，还要有一定的实力，才能等到收成的季节。毕竟，能够像巴菲特一样通过拥有一家保险公司，从而获得源源不断现金的人是极少数。

挑战三：有违金融交易的止损法则

在价值投资理念被日益了解的今天，寻找被低估股票的难度已经不亚于大海捞针。何况A股只有极少部分公司是价值创造者，很多公司是价值毁灭者，大家要拥有火眼金睛才有机会找到优质股票，而这些宝贵的机会，往往出现在股市大跌之后。只可惜那些可怜的价值投资者在此过程中早已被消灭殆尽，面对遍地黄金只能徒呼奈何！

价值投资没有解决何时买进、何时卖出、持有多少等基本问题。价值投资者一旦被套就"长期持有"，这完全违反金融交易的基本法则之一，即"止损法则”。

资本市场上的价格波动范围是如此之大，足以让所谓的“价格围绕价值上下波动”成为一句代价高昂的废话。“遛狗理论”是对这一现象的精妙概括：公司股价可能高于也可能低于其内在价值，这就像宠物狗（价格）总是追随在主人（价值）左右，忽而超前，忽而落后，但一般不会离主人过远。当两方超过一定距离时，必定有一方会缩短这个距离。换言之，不是狗找到主人，就是主人找到狗。假设狗和主人的距离通常保持在 200 米以内，人们对这一现象会慢慢“习惯”。可是有一天，狗忽然因为不甚清楚的原因（也许它玩性大发吧），突然超前或落后主人 2 公里开外（这并不罕见），而且迟迟没有回到主人身边（就此走失也完全可能）。小概率事件就这样发生了！于是，主人只能输得两手空空。

当今世界越来越复杂多变，黑天鹅事件发生的频率越来越高，价值投资者如果不能与时俱进，一着不慎全军覆没的概率趋于上升。价值投资最大的危害，就是模糊了交易者对市场残酷本质的认识，使他们陷入温情主义的幻想中，以为“我是价值投资者我不怕”，从而导致他们一次性破产或接近破产。反观趋势投资者所做的事就简单而且聪明多了：他们只需要紧跟那条狗，这样无论狗跑到哪里，都不会走失了。

基于以上分析，我们可以总结如下：

第一，价值投资不是简单地指买入大型蓝筹股然后长期持有即可。事实上，投资大型蓝筹股如果选股不慎，也有可能血本无归。自 1896 年以来，美国道琼斯指数成分股幸存至今的只剩通用电气一家。香港恒生指数成分股能够保留至今的也不到 1/3！

第二，遇到好股票，投资时机不对，你也有可能亏大钱。即使你买入的确实是好股票，但如果你没有超强的耐性，你大概率也会倒在黎明前的黑暗中。股价低迷的时间远远超过你的耐性！高成长性的纳斯达克指数 2000 年高点到2015年才打破，历时15年。日本股市、中国台湾股市历经30年也没有收复失地。故我将价值投资理论修正为：以偏低的价钱买入好股，然后长期持有，直到成长趋势改变！

第三，价值投资的逻辑从长周期来看是有效的，比如10年以上。首先你要有巴菲特的眼光发现真正的价值股，其次以无比的耐性等待时间的玫瑰绽放，从长周期来看价值投资是可以绽放的。

第四，股价短期的变动主要是受估值的影响，而不是受企业盈利的影响。盈利变化很慢，估值却可以变化很快。巴菲特说，模糊的正确胜于精确的错误。我们要做的只是“两门功课”，一门是如何评估企业的价值，另一门是如何思考市场的价格。其他的信息都不是我们所要关心的。

要认清股市里的专家和“砖家”

真真假假，假假真真，真亦假时假亦真。

每年1月，各大机构专家都会例行公事，预测当年股市将升多少，或者吹嘘一下自己本年度的“十大金股”“十大预测”。但很奇怪，可能是因为人类乐观的天性，我好像没有看过专家预测当年将会下跌多少，或者预测“十大熊股”。2022年上半年股市暴跌，年初有哪家机构预测股市下跌多少呢？乐观是人类的天性，人人都喜欢听好话。牛市来了，人人都可以自夸为股神；但当熊市骤至，则大部分都变成了牛鬼蛇神。股市上涨，所有人都是数学家；股市下跌，所有人都是哲学家。何况牛市熊市机会各占一半，猜中机会高达50%，再说也没有哪位投资者会记得上一年各位专家发表过什么“高论”。股市升跌自有其内在规律，并不以人们的意志为转移。但人们总是喜欢寻找解释，通过解释寻求内心的安慰。于是，各类专家也好，“砖家”也好，都各适其适地寻找到了立身之地。

虽然股票专家的分析一错再错，但每次预测股市，仍然有不少信徒。勇于认错、永不改过是大部分专家的特点。他们会随着形势改变，不断修正自己的看法，以求在变幻莫测的股市中生存，但很少公开承认自己错看市场而改过。反正今年上半年如果股市不如预期，那么下半年有机会反弹，不然就是明年一季度复苏。总之希望永远在明天，而看好者永远都受人欢迎。专家们总能为行情上涨找到原因，因为经济面从来便不是全黑或全白的。如果无法说明当前的经济现状，那就用未来的正面发展来解释上涨趋势。至于下跌，理由当然可以找到一大堆，最重要的当然就是归咎于市场的不理性。问题是市场何曾理性过？在一个非理性的市场讨论理性，其本身就是一个笑话！

股市专家天天在电台、电视台、报章、网络教人发财，实际上十之八九都是空口说大话。股市专家的工作只是出售观点，以撰写分析报告赚取生活费，许多应景之作纯属职业需要。市场评论员是靠发表见解为生的，他们不是财经专家，而是财经演员，纯粹是为了娱乐大众存在而已。资讯太多，让人震耳欲聋，眼花缭乱，是祸不是福也。皆因市场里滥竽充数的空话分析家太多、财经演员太多、套话太多、空想理论家太多，真知灼见者太少！投资者如听到谣言就入市，缺乏独立判断，就算有再多钱也不够输！

10 多年前，中国香港瑞银研究策略部主管陆东曾一度以预测神准而声名鹊起，风头一时无两。2008 年初，他自信满满地预测该年恒生指数合理目标为 32000 点，最乐观见 42000 点；后来见形势不妙，又“保守”地将全年合理目标降至 28500 点，最乐观目标降至 37400 点。结果，2008 年恒生指数以 27632.2 点开盘，年底收盘 14387.48 点，下跌 48.27%。江山代有才人出，各领风骚数百年。

2021 年初，几乎全部内地投资机构专家都一致看好港股市场表现，抢夺港股定价权之说甚嚣尘上，南下港股资金汹涌而至。看好的理由非常充分：（1）港股基本面已发生质变，聚集了中国新经济领域的核心资产；传统核心资产是全球的估值洼地，恒生 AH 股溢价指数高达 132.88，有估值优势。在欧美复苏的背景下，全球投资风格有利于盈利驱动和价值股重估。所以 2021 年港股行情是价值重估和新经济成长双轮驱动。（2）中国香港政经形势日趋稳定，中央支持力度加大。（3）内地金融开放步伐加快，境内外资本双向流动更加便利。弱势美元周期开启，人民币汇率持续升值；全球货币宽松，资产泡沫化。（4）美国强化监管，倒逼中概股回归，内地新经济体集中上市，内地资金会对内地企业更加熟悉，有天然的优势。

专家认为，过去港股定价权长期被海外投行主导，QDII 基金开闸、深港通和沪港通开通后，内地资金持续南下，成为港股市场最重要的增量资金，话语权也随之提升，港股定价权逐步从外资转向内资，未来南下资金将重现过去数年北上资金影响 A 股的历程。港股利好因素何其多也。但结果是，港股高光时刻即巅峰时刻，从 2021 年一路下跌，迄今未知何时止跌。

回顾历史，内地资金已是第三次进军香港，争夺港股定价权。第一次是 2015 年上半年那轮轰轰烈烈的牛市，A 股大涨后，资金大举南下，但恒生指数在 2015 年 4 月底见顶，比 A 股还要早一个多月，抢筹资金只得折戟而归。第二次是 2018 年初，内地资金持续流入港股，夺回港股定价权呼声再起，结果大家应该都还记得，中美贸易摩擦升级，A 股和港股全面走熊，港股当年跌了 13.6%，创下 7 年来最大跌幅。

前两次都不太顺利，每次内地资金爆炒港股后，结局都是一地鸡毛，专家说“这次不一样”！殊不知“这次不一样”是最贵的一句话！魔咒再现，港股恒生指数 2021 年初 27231 点，收盘仅 23397 点，下跌 14%，跌幅比 2018 年还要大！进入 2022 年，港股市场更是接连发生股灾式下跌，到了 3 月中旬跌破 20000 点，进入 8 月，依旧在 20000 点苦苦挣扎徘徊，接近 2020 年 3 月新冠肺炎疫情时的底部。香港恒生指数市盈率跌破 10 倍，市净率跌破 1，成为名副其实的价值投资者绞肉机。

价值投资和趋势投资

价值投资是寻求长期股价趋势的确定性；趋势投资是寻求某个相对短的时间内股价的运行趋势。这里没有谁对谁错的问题，而是大家的假设交易前提不一样，投资周期不一样。价值投资能让你走得更远，长期生存下来；而趋势投资能让你走得更顺。股票投资有个特点，就是收益的非线性，比如我们投资了 1 年，可能赚的钱主要来自收益率最高的 10 个交易日，但我们很难预测这 10 个交易日到底出现在 1 年当中具体哪个时间点，这就要求我们必须以长期视角看待投资，同时密切关注时机节点的变化，方能早得先机，提高回报率。多年的投资实践告诉我：投资者要做价值的挖掘者、趋势的跟随者。

趋势投资与价值投资的对比

价值投资假设市场有效论，着重于微观的企业价值分析。故价值投资信徒强调买入价值被低估的股票，卖出价值被高估的股票。但基本面信息来自公司内部，而公司总是试图隐藏自己的真实信息，以使竞争对手不能充分了解自己的优势和弱点；而且任何企业的估值都是在一系列前提假设下得出的，带有一定程度的猜测。外围环境和企业情况瞬息万变，一些敏感性参数一旦变化，估值就会出现较大的波动。

股市投资是一门艺术，不是一门科学。价值只是影响股票价格的因素之一，两者可能偏离的时间往往较人们的耐性为长。否则由两位诺贝尔经济学奖得主主持的长期资本管理公司就不会倒闭。价值投资最大的风险在于，即使前面做对了无数次，一旦重仓看错一次就有可能血本无归。由于价值投资者做了大量功课，具有坚定的信念，强调长期投资，坚持做时间的朋友，越低越买的结果可能就是越套越多。所以有人说，价值投资者是最大的赌徒，一旦看错，全军覆没。趋势投资者把交易风险时刻放在第一位，强调止损策略的必要性，因此每一次错误最大的损失是有限的。所以，从这个意义上看，价值投资的风险比趋势投资更大，因为价值投资缺乏自我纠错的功能。投资两大要务，控制回撤率和增加胜率。价值投资在增加胜率方面帮助较大，但面对错综复杂的环境，对控制回撤率常常无能为力。

趋势投资理念所遵循的同样是买股票就是买企业。趋势投资者先用价值投资法选取股票，避免投资陷阱；然后着重于趋势分析及宏观分析，取其长补其短。世间万物都是按照一定的规律变化的。趋势是众多规律的一种表现方式。研究趋势是去发现一系列连续发生的事件，从中归纳出线性的发展方向。股价包含了一切市场因素。趋势投资者就像踏浪者，跟着海浪的节奏进出，顺势而行。

价值投资者股价越低越买，因为标的价格越低越有安全边际。趋势投资者在上涨趋势形成确定后以高价买入，顺势得利，在趋势改变时以更高价卖出；在自以为低价买入时，如发现下跌趋势形成，则果断以更低价卖出止损，避免全盘皆输。故趋势投资者反复强调：斩掉亏损，让利润往前跑！散户的致命伤就是赚小钱亏大钱。

趋势投资根据技术分析的逻辑进行判断，着重研究股价、时间、交易量之间的相互关系，结合基础分析进行决策。技术分析是建立在市场参与者心理之上的，股价图形显示的是市场共同参与者的心理变化。我们不要将两种分析完全分割开，它们其实是互相关联的。我们在技术分析中看到的股价、交易量和时间的互动关系其实反映了投资者对公司经营现状和未来的看法。他们用自己的资金为该公司的前景投票。看趋势炒股不一定都对，但不容易深套。市场温度低了，趋势没了，趋势投资者会离场，所以套不深。但是，看估值（比如市盈率）炒股比较容易深套，因为估值是相对的，而且流动性对估值的影响常常超出价值投资者的认知。

更重要的是估值是动态的，业绩最好的时候估值低（市盈率低），但此时往往是业绩顶点；而业绩差的时候市盈率高，但往往业绩拐点将出现。所以，价值投资者虽然非常清楚股价趋势向下，但他们往往固执己见，何况估值也不高，大都选择坚守，于是被深套……2021—2022 年一众明星基金遭受重创就是因为基金经理们认定市场估值偏低，太低了，结果……

我认为，价值投资属于战略范畴，趋势投资属于战术范畴。两种投资风格迥异，但异曲同工。价值投资理念容易被人理解接受，因其符合人性；趋势投资理念无法被一般人接受，因其违背了人性、直觉和惯性思维，这亦解释了为什么股市里总是少数人赚钱。

趋势投资理论基本上是在行为金融学的理论基础上发展起来的，认为股票的价格趋势或企业成长的趋势在一段时间内可延续，现时股票对这些趋势反应不足，因投资者对股价和盈利的预期都是慢慢调升的。让我们回顾 2015 年 A 股大牛市，投资者从畏惧上证指数 2500 点，到上看 3000 点，进而大胆上看 4000 点“天顶”，至上涨到 5000 点视为 10 年黄金大牛市的中继，高呼 10000 点不是梦。投资者情绪是不断转强并自我强化的。又如本轮美股大牛市持续了 10 多年，纳斯达克指数从 2010 年 1300 多点上涨超过 10 倍，道琼斯指数上涨 5 倍，标普指数上涨 6 倍，投资者只要参与其中皆可获取大利。指数的上涨与人们的期望是递进演变的，这个过程形成了一个明显的大趋势。投资者如能顺势而行，当可获取暴利，跷跷脚退休了。

现行专业投资者开口闭口都自称价值投资的信徒，故明显低估的股票不会轻易让你觅得。投资趋势最大的好处是随时都有适合的投资时点，投资风险亦较低。全世界公认的价值投资鼻祖巴菲特其实亦非常看重趋势分析。2006 年 4 月，巴菲特旗舰 Berkshire Hathway 曾向投资者出售总值 140 亿美元的指数认沽期权合约，年期长达 20 年。这代表他极度看好全球股市的长远前景，只为单一上涨趋势下巨注，与看淡股市长期前景的投资者对赌。由此可见，巴菲特是全世界最大的趋势投资者。从事后看，巴菲特因为看对了美股的上涨大趋势，从而在这个指数认沽期权合约上大获全胜！

做价值的挖掘者、趋势的跟随者

我们要做价值的挖掘者，必须坚持价值投资的原因有：第一，人没有氧气无法生存，企业没有盈利无法成长。投资者要坚持价值投资，寻找确定因素，增加胜算。第二，长期来看，优质资产是不断向上运行的，是金子总会发光的。价值投资可以跨越牛熊市场周期。第三，熊市末期、牛市初期价格往往被严重低估，价值投资者更能大展拳脚。

但同时，我们必须善用趋势投资，做趋势的跟随者，原因有：第一，投资者对企业的真实价值存在认知上的缺陷，趋势投资具有自我纠错功能，可以使每一次最大损失在有限的范围内。第二，人性普遍急功近利，好股票被忽视的时间长度往往超过投资者的耐性，趋势投资更适合中短线投资者。第三，市场里仍存在太多财务“化妆师”。第四，一般投资人没有精力和能力对交易对象全部的信息（过去的、现在的、即时的信息）进行处理，最终厘定交易对象的真实价值，并与现在公众认可的价值进行比较。第五，趋势运行往往会矫枉过正，熊市跌过头，牛市又涨过头，趋势投资可以在择时方面提供借鉴。

《孙子兵法》强调“守正出奇”制胜，“凡战者，以正合，以奇胜”。总体方略就是：恪守正义，出奇制胜。恪守正义是道，出奇制胜是术。将此方略应用于投资方面就是：“守正”是在战略上坚持做正确的事情，而“出奇”则要求在战术上灵活应变。战略上正确的事情就是依据价值选股：基于深度基本面研究的价值投资——守正；战术上的关键要素就是股价趋势研判：基于细致技术面研究的趋势投资——出奇。

第三章

趋势投资之快乐投资法

找到清晰赛道，奔跑方不徒劳。

——物产中大原董事长　王挺革

快乐投资法

视工作为一种乐趣，人生就是天堂；视工作为一种义务，人生就是地狱。著名的犹太金融巨头、超级巨富 J. P. 摩根说："金钱对我来说并不重要，而赚钱的过程，即不断地接受挑战才是乐趣。不仅仅是为了赚钱，而是要享受赚钱的过程，看着钱滚钱才是最有意义的。"我崇尚快乐投资、快乐生活。快乐地赚钱比赚钱本身更为重要，所以我研发了一套适合自己的快乐投资法。

要做好投资，必须一切从投资的本源出发，专注于寻找优秀的企业；而要一切从赚钱的角度出发，就必须专注于股价趋势跟踪，这是快乐投资的最大基础。正确地去投资，轻松地去赚钱，这才叫快乐投资。

价值投资＋趋势投资＋自律能力＝快乐投资

如何才能快乐生活？快乐生活必须具备三大要素：一是有老本（健康、金钱）可吃；二是有老伴相陪；三是有老友常聚。财务自由以及精神自由是快乐生活的前提，如此才能体会到“若无心事在心头，便是人间好时节”的淡然。

对于中国资本市场来说，从一个长周期来看，股市与经济表现基本同步，股市的回报也不错。事实上，股民都有从股市赚钱的好日子，但股民亏钱的重要原因是顺境时赚钱太慢，逆境时亏钱太快！看对时赚小钱，看错时亏大钱。所以，我们要想从股市里赚钱，就必须全面加快赚钱的速度，并降低亏钱的速度及比率。

投资的战略和战术

在投资领域，有的人喜欢价值，有的人喜欢趋势，它们其实各有优劣之处，因人而异。对于价值投资者而言，投资就是买入具有良好安全边际的价值股，跟随企业共同成长。对于趋势投资者而言，投资就是寻找趋势，顺势而行，随势而动，乘势而上。只要运用得当，不管是价值投资还是趋势投资，皆可成功。以我之见，成功的投资者要做价值的挖掘者，趋势的跟随者。如果你投资一家公司、两家公司，你可能投资对了，也可能投资错了，但你投资的是趋势的话，你一定会赢的。投资趋势，比投资公司更重要。

好股票具备三要素：好赛道、好公司、好价格。同时，投资好股票也要有好时机，否则，人性急功近利的弱点也会让一项好投资赚不到钱。价值投资解决了选股的问题，但没有解决投资时机这一关键问题。故我的投资哲学是：只对有价值的股票进行趋势投资。这样，上升有幻想，下跌空间小。价值分析决定投资标的，即买什么；趋势分析决定投资时机，即什么时候买、买多少、什么时候卖。两者相辅相成，并不矛盾。价值投资属于战略范畴，趋势投资属于战术范畴。只有战略正确才能抓住大趋势，同时，战术正确能确保战略的贯彻执行。战术正确能够帮助我们打赢很多战役，但只有战略正确，才能够帮助我们赢得一场战争。

经济学本质就是研究快乐的科学。投资应该是件快乐的事，人看到赚钱就会快乐，我们要把快乐留在身边。把赚钱的事当成个人的修行，是我们活在俗世最好的姿态。你买股票是为了赚钱，你看对了，你也赚钱了，你感到很快乐。进取者可以继续买入以加大快乐的力度，保守者也可以持股，顺势让利润往前跑，让快乐延续下去。我们最不应该做的是太快否定自己正确的决定。同理，你买入股票亏钱了，你很痛苦，你大概率做了一个错误的投资决定。虽然你认为你买入的股票是超级大牛股、估值绝对偏低的大牛股，但是你亏钱是事实，说明你肯定忽略了一些真相。事实就是事实，不要跟市场较劲。这个时候，你正确的做法就是减仓或持股观望，绝对不能摊平损失，错上加错，小亏变大亏。股价越低越买会加速你破产的速度，因为你不是巴菲特，你没有巴菲特的眼光和耐性，更没有巴菲特的资金实力。投资者要选择让自己有幸福感的投资策略，并且时时刻刻要对市场抱有敬畏之心。

快乐的前提是摆脱焦虑

投资是件快乐的事，但很多投资者却充满了焦虑。想要解决这个问题，我们可以反复问自己几个问题：（1）继续持股值博率高吗？（2）空仓的机会成本有多大？是给自己创造机会还是损失机会？须知这个时代最不缺乏的就是机会。只有拥有空仓的智慧，自己的炒股水平才会有质的飞跃。（3）预感到黑天鹅事件即将来临或形势不明朗时，我们是应该先避开还是赌博？我们走在马路上，突然有辆轿车横冲直撞而来，我们是先避到路边再重新上路，还是忽视被撞的风险呢？须知我们先避到路边并不会影响我们重新上路啊！

摆脱投资焦虑最简单的办法就是，把仓位降到即使行情逆转自己也没有压力的位置。进可攻退可守。

善于开头微笑，又能笑到最后，才是成功者，因为谁笑在最后，谁笑得最好。你买入股票，股价真的就如你所愿大涨了，这尚不足以证明你是成功的投资者。成败与否的关键区别在于你看对趋势时有没有倾注全力去获取大利，此其一；成功卖出比成功买入更难，因为对退出时机的把握决定了战役成果的大小，同时决定了你是一个杰出的投资者还是一个普通的投资者，此其二。

快乐投资的核心：抓住大趋势

投资取胜之道在于看对趋势时有赚大钱的豪情，看错趋势时有及早止损亏小钱的勇气。成功者与失败者的区别在于谁能及早发现趋势、顺应趋势、驾驭趋势，一“线”之差而已。投资者只要肯用眼去看，用耳去听，再用脑去想，能赚钱的大趋势真是无处不在也！一个经济大趋势往往套着很多小趋势，能抓住大趋势的人成大富，能抓住小趋势的人成小富！

现时社会迭代太快，节俭致富已成历史。赚钱的生意不辛苦，辛苦的生意却很难赚钱！投资者只要认清股市的本质，做足功课，投资股票绝对是低风险项目，起码比买房产或创业的风险低许多。

买卖股票的五项要诀是：忍、等、稳、准、狠。《孙子兵法》军争篇言：“其疾如风，其徐如林，侵掠如火，不动如山，难知如阴，动如雷震。”巴菲特说，每个人的一生都会有10到20个大机会，你只要抓住4~5个大机会就可以了。芒格也有类似说法，一生抓住少数几个机会，就够了。做投资的时候，胜算越大、成功的概率越高，你下的注就应该越大。当大机会来了，投资就是要杀鸡用牛刀，因为杀鸡用鸡刀不一定一刀毙命，反而容易伤到手。投资者必须集中精力深度调研，抓住大趋势赚大钱，力争一役定江山。

一部《孙子兵法》，可以说就是围绕着“取胜”而展开的。取胜之道在于知胜、先胜乃至于全胜。“知胜”是孙子取胜之道的前提。知彼知己胜不殆，知天知地胜可全。“先胜”是孙子取胜之道的基础。孙子强调“胜兵先胜而后求战”，“先为不可胜，以待敌之可胜”，故能成为胜败之关键。“全胜”是孙子取胜之道的终极目标。“全胜”的核心在于智胜、任势，在关键的取胜点上集结优势兵力，“并敌一向，千里杀将”，以较小的代价而实现利益最大化。在战争中，胜利属于懂得怎样在决定性的地点集中压倒性兵力的一方。人类的哲学智慧都是相通的，《孙子兵法》虽说是一本治国强军的偏军事奇书，但股场如战场，书中蕴含的大道理却完全可以应用到股票投资。这是所有股民必读的一本“炒股圣经”。每年读一次，你的感悟会不一样，你的投资水平必然也会再上一个台阶。我们需用一生的时间去完善自我的投资理论体系。

关于投资的哲学思考

投资成功需要大量的研究，更多的研究是为了更少的决策，只有在更少的、更重要的变量分析上持续做到最好，才是提高投资确定性与抓住大趋势的最简单、最朴素的方法。这种逻辑上的升维和决策上的降维无疑是对投资真谛的最好描述。随着投资者不断进阶，投资会上升到哲学的层次。从投资哲学讲，投资者通常会经历三个层次的嬗变。

第一层次：见山是山。这一阶段是表象世界，投资者直接通过耳闻目睹了解客观存在，总是很容易对某件事情做出判断，但仅仅停留在表象的世界，无法理解本质和内涵。这阶段的投资者最经典的投资行为就是追涨杀跌，一买就跌，一卖就涨。他不知道投资必须付学费，而且很少从经验中学习，经常犯相同的错误，直到被迫出局为止。投资者心情的波动往往比股价走势的波动还要剧烈。

第二层次：见山不是山。当投资者的经验逐步丰富起来时，他们开始以怀疑的眼光、辩证的思维方式审视市场乱象。这一阶段属于有意识阶段，但更多的是主观的投射。这一阶段的本质并不是虚幻而是怀疑，怀疑以往的认知，怀疑信息的真相，怀疑专家的观点，这些都是极为重要的探索过程，是为了获得真正的“知”。这个时期的投资者充满困惑，求知欲望很强，对市场充满敬畏之心。

第三层次：见山还是山。到了这一阶段，投资者终于可以冲破所有表象，完成对自我认知的升华，进入无意识状态。随着经验增加，投资者赚钱开始得心应手，现在他似乎花更短的时间就能赚更多的钱，因为他已经承受了迷茫期的痛苦，付了该付的学费。这一阶段，投资者会回归投资的本源，可以看清股市波动的本质，分清走势和趋势的关系，不为市场波动所扰。这个时候，投资者就进入了投资赢家的无意识阶段，就像绝世高手一样，应对错综复杂的生死决斗，出招都出于条件反射，无招胜有招。草木飞石皆可为剑，手中无剑，心中有剑。他不需要考虑赚钱这回事，只要根据融入血液里的投资法则，自然而然就能够赚钱。

将投资简单化

合抱之木，生于毫末；九层之台，起于累土；千里之行，始于足下。

——老子《道德经》

简单是快乐的源泉

奥卡姆剃刀原理认为，把事情变复杂很简单，把事情变简单很复杂。切勿用复杂的方法去做原本用较简单的方法同样可以做好的事情。简单其实是结果，没有什么事一开始就是简单的，都是做着做着发现这个事简单了，它是努力工作的结果。投资尤其如此，我们应该把投资简单化。投资大师之所以成功，不是因为他们善于解决难题，而是因为他们善于远离难题，只找简单的事做，把复杂的事情简单化。

王阳明的心学博大精深，但我们可以把它的核心思想简化为十个字、一句话。十个字是："心即理、知行合一、致良知。"四句话是："无善无恶心之体，有善有恶意之动，知善知恶是良知，为善去恶是格物。"《孙子兵法》论述包罗万象，博大精深，核心理论取胜之道却可以归纳为8个字，即寻势、借势、顺势、趁势。

看懂了《孙子兵法》，炒股其实很简单，无非寻势、借势、顺势、趁势而已。寻未来之势，寻周期之势，寻全局之势，寻市场之势，寻个股之势，确认上涨趋势而随之。顺势而行，随势而动，趁势而上！善谋者谋势，不善谋者谋子，谋势重于谋子，谋势为上，谋子为下。不知势，何以处世？何以为人？

小时候快乐是很简单的事，长大后简单是很快乐的事。人，一简单就快乐，但快乐的人寥寥无几；人，一复杂就痛苦，可痛苦的人却熙熙攘攘。人生，说到底，简单得只有"生死"两个字，但由于有了命运的浮沉，有了人世的冷暖，简单的过程往往变得跌宕起伏，纷繁复杂。

滴水穿石的故事大家都听过，水本身很柔弱，但水每次都滴在同一个地方，只要不停地滴下去，随着时间的推移就会越来越有力量。事物运行的规律都有共性，越简单、越纯粹，就越有力量。真理其实挺简单，关键在于人们不知道真理就这么简单。能够流传千古的大道理往往都是简单易懂的，股市投资也一样，简单易懂易执行才有价值。投资者只有把复杂投资简单化，才可能把生活品质化，从而进一步把品质生活容易化。

我的简单投资方法

真正做过投资的人都知道，最折磨人的不是费脑筋的分析，而是决策。所有投资决策都面临不确定性因素，因此都需要对未来不确定性因素进行各种假设。股票走势图，从右往左看，人人都是诸葛亮；从左往右看，很多人就变成了占卦师——嘴上振振有词，心里其实一点谱都没有。买入和卖出是很简单的动作，难的是每一次出手背后的逻辑思考！

趋势研究改变了我的一生，犹如投资路上的一盏明灯，让我在股海搏击中得心应手。炒股的方法其实并不复杂，坚持价值投资，挑选一批具有投资价值的潜力股建立股票池。价值投资是最基本的原则，无须自我标榜。先在具备投资价值的股票池里识别出上涨趋势最明显的股票，买入涨势最好的股票。然后顺势而行，随势而动，乘势而上。趋势不变我不变，持有涨势最好的股票，一直到上涨趋势改变才卖出，并买进新的领涨股。有怀疑就持现金，如此而已。

我崇尚快乐投资、快乐生活！我专注于买入一买入就赚钱的股票，那种感觉实在太棒啦！专注才会赚到钱。我的投资策略就是这么简单，简单易懂易掌握。我相信简单与重复的力量。简单的事重复做好它，你就是投资专家；重复的事用心做好它，你就是投资赢家。

人生是一道减法，何不让心灵海阔天空，远离市场的噪声！水静才能照清人影，心静方可看透事物。聪明的人把复杂的事情简单化，愚蠢的人常把简单的事情复杂化。在现实生活中，人们更倾向于把简单问题复杂化，把简单问题复杂化可以显得非常有学问，让人深怀敬意。凡事都有根源，大道至简，能以简驭繁才是正确的处世之道。

若有人跟你讲投资，需要用一堆希腊或拉丁字母来解说，甚至还搬出一堆艰涩难懂的数学公式，请赶紧转身离开。凡是有效判断趋势的工具，一定不是最复杂的。最有效的判断工具往往是最简单的。我从不使用一些复杂的技术指标来判断趋势。判断盘面，大部分情况我使用目测法，一目了然，最多参考一下股价、成交量、MACD（平滑异同移动平均线指标）、趋势线等少量指标。基本面方面主要是研究管理层、产业趋势、净利润、销售额和利润率、资产净值等。我主要判断股价趋势，如果趋势不好，即使基本面不错，我也不会买入。我认为没有趋势的所谓价值就是“耍流氓”，只有赚钱的投资才是有价值的。简单的法则能提高系统的稳定性，因为这样的法则能在各种各样的境况下发挥作用。

复杂的系统之所以变得这样复杂，一般是因为系统开发者们总想添加新的法则，充分利用他们所注意到的某些市场状况或行为。这样的法则越多，系统对特定市场状况或行为的依赖性就越高，这样一来，未来的市场不具备这些条件的可能性就越大。如此一来，复杂系统的应用者就会迷失在复杂的环境中。复杂会导致混乱，而简单则能使你拥有快速决断的能力，能够使你在出错时承认错误。优雅产生于简单。此外，有些专家还刻意把系统搞得艰涩难懂，以彰显自己的高深莫测，而这些往往是没有必要的。

伟大投资家的方法往往也是简单的方法

我们有幸知道的那些最伟大的投资者一直都在使用最简单的交易体系。他们描绘出简单的趋势，观察并且遵照简单的技术指标行事。他们反应敏捷，并且把这些归功于多年的知识积累。只有年轻的和没有实践经验的人才喜欢复杂。长久来看，简单的系统更有生命力。

公认的投资大师、美国麦哲伦基金管理人彼得·林奇的投资方法就很简单，就是人人皆知的“双 10%”原则：在目标股从底部上涨 10% 时买入，在从顶部下跌 10% 时卖出，结果其收益总是大大高于整天用各种技术分析方法去发掘买卖点的人。这就是经典的将投资简单化，且行之有效的投资管理方法。

建立自己的投资哲学

投资者应该拥有自己的投资哲学。做了正确的事而赔钱，比做了错误的事而赚钱还要好。做错误的事将使你踏上毁灭之途，做正确的事会确保你最终迈向成功。别为了赚钱而交易，你是为了赢得这场游戏而交易。这句话的重点是，别把重心放在钱上，而应该放在成功的交易上。专注于把事情做正确，金钱自然就会滚滚而来。这就是快乐投资的真谛。

在投资市场，投资者往往得到他应得的而非他想要的。如果你盲目投资，资金迟早离你而去；如果你精明理财，财务自由就是你应得的。思维模式的重要性远远大于方法的重要性。如果思维模式不正确，即便再努力，也只不过是在错误的方向上越走越远。炒股要看趋势不要看走势，看走势胆战心惊，看趋势则坦坦荡荡。千万不要心情波动比股价波动还厉害，这就失去了快乐投资、快乐生活的本意。钱是"坐"出来的，不是折腾出来的。

投资需要修行

交易不是一门精确的科学，它具有艺术的成分，由不断实践感悟培养出来的直觉所驱动。更多的时候，我们的操作就是源于直觉。直觉尽管很重要，但却非常个性化，无法被教授或传导给他人，这需要人生的阅历和格局。师父领进门，修行却在各人的造化。

台前一分钟，背后十年功。成功绝非侥幸。在看见别人挥洒自如的同时，我们不能对别人背后的努力视而不见。音乐家肖邦曾说："我每天练习十几个小时，世人却用天才二字总结我的所有汗水。"同理，巴菲特55年投资回报2.5万倍的投资传奇，背后是他超过55年的不懈努力。学会一种投资技巧，基本知识通常3个月便懂；但掌握一种投资技巧，则最少需要花上3年时间。至于达到出神入化的境界，则非10年以上不可。世上没有即学即会这回事，更没有投资天才之说。投资者必须明白，在3分钟内所做的正确投资决定，背后其实蕴藏着10年以上的功力。故此，学习投资其实是一场长期的修行，你必须喜欢它、信仰它，你才会长期坚持努力；你才会在长期投资之旅的羁绊磕碰中，不再感觉孤独、恐惧；你才会仿似拥有了充满激情与挑战的岁月。

上战场要把打胜仗作为一种信仰，进股市要把赚大钱作为一个目标。投资者要根据自己的性格、能力，找到适合自己的投资方法，坚定不移地持续学习、实践、感悟，逐渐把复杂的交易系统简单化，形成自己的投资哲学，并融入自己的血液里。当你的知识丰富起来，当你的技巧逐渐提高，当你反复使用这些知识和技巧而积累起经验时，它们就会变得越来越“自动化”，从你的意识中转移到你的潜意识中。你最终仿佛具有无意识能力，就像武侠小说中的一代宗师一样，看似无招胜有招。这是大师的境界，他只管行动，甚至他可能都不知道自己具体是怎么行动的。

大道至简。繁杂的交易技术往往导致交易决策与交易执行的困难与混乱。世界上最好的交易方式是把交易简单化，投资者只需要把简单的动作不断地正确重复即可！长此以往，你最终将达到快乐投资、快乐生活的境界。

学会聆听市场的声音

在现实生活中，噪声无处不在。当人们进行主观决策时，大量复杂而无效的信息就会成为“噪声”，从而对决策产生负面影响。我们需要从众多信息中筛选出真正有用的声音——真正会影响投资体系的声音，才是我们需要抓住的信息。股市是谣言最多的地方，谣言会引起臆测，臆测慢慢转化成看法，而所有看法又会形成某种偏见，偏见最终导致误判。我们要倾听的是市场对人们说的话，而非人们对市场的评论。股市也好，人生也好，其实都有规律可循。只要善于把握规律，做事符合逻辑，便会事半功倍，就容易成功。

学会静心，倾听市场

我小时候听过一个故事：有个父亲丢了块表，他抱怨着四处寻找，可怎么也找不到。等他出去了，儿子悄悄进屋，不一会就找到了表。父亲问：“你怎么找到的？”儿子说：“我就进屋安静地坐着，一会儿就听到了嘀嗒嘀嗒的声音，表就找到了。”这个故事给我们的启示是：每逢大事要学会静心。我们越是焦躁地寻找，越找不到自己想要的，只有平静下来，才能听到自己内心的声音。

股市行情变化多端，静下心来有利于看清走势，心静才能不妄动、不妄为。一个人需要做的只是观察市场正在告诉他什么，并对此做出反应。答案就在市场本身，挑战来自对呈现出来的事实做出正确的解释和行动。做交易的智慧就是：心定。《菜根谭》中有这样一句话："心安茅屋稳，性定菜根香。世事静方见，人情淡始长。”心若不安，性则难稳，性不稳则事不成。

做到静心，听懂了市场说的话，我们才可以了解市场运行的方向，从而进行趋势跟踪。作为一名趋势投资者，我并不能够预测趋势，我专注于趋势的跟踪和验证。如果我经过调研，非常看好一只股票，我会试探性买入，先“聆听市场”，以决定下一步怎么做。如果我的测试赚钱了，市场证明了我是正确的，我才会进一步增持建立头寸。如果我赔钱了，市场用事实告诉我错了，我会彻底退出。

关注当下，关注事实

股票投资家利弗莫尔说：“投资者不必知道市场未来的发展走势，而只要知道市场现在的表现就可以了。”投资大师欧奈尔也曾经讲过：“在股市长久获得丰厚回报的关键不在于对股市的预测，而在于知道市场正在做什么。要清楚地知道并理解过去几周内股市真实的情况，以及当前市场正在发生什么。”投资者要时刻记住，让市场来告诉你怎么走，而不是你的期望。很多自以为聪明的人，往往是因为自己拥有了股票才看多，因而选择性地去解读市场。我不允许让手上已有的头寸或者先入为主的成见为我做任何决策。个人的意见和观点并不重要，事实最重要。

投资者应该把精力集中在当前，及时了解市场所呈现出来的新情况。没有人的预测能够和市场真实的运行方向始终完全一致，而且，这对成为一名成功的投资者来讲，也是完全不必要的。事实上，试图预测市场成了投资者在股市亏损的首要原因。请仔细聆听市场，市场反馈很有价值，市场会通过触及你止损位的方法告诉你在犯错。市场提供的信息很有价值，因为它会向你实时证明，你所做的哪一个决策是错误的，以及哪一个决策是正确的，你必须有舍才有得。做股票交易，你仅须停留在当下，既不必为未来市场的运行忧心忡忡，也不要为过去所犯的错误而苦恼。萧伯纳说过：“聪明的人使自己适应世界，而不明智的人才会坚持要世界适应自己。”

是什么在影响市场?

投资者必须明白，会影响股市行情的，是投资大众对重大事件的反应，而非重大事件本身。客观的事实是以人们主观的理解来影响市场的。可以说，所有的信息都是中性的。宏观政策变化、公司业绩好坏，本身不会对股价有实质性的影响，实际影响市场的，往往是投资者对事件未来的预期，而不是事件本身。不是事件本身让股价上涨、下跌，而是人们对事件的态度、反应影响了市场。所以公司公布了极好的业绩，但股价却可能大幅下跌，因为市场有可能认为业绩拐点已现；公司公布了极差的业绩，但股价却可能大幅上涨，因为市场认为最坏的时候已经过去了。股价经常在公司盈利最美好的时候却到了顶点，那些等待盈利前景变得暗淡才选择卖出的投资者往往会蒙受巨大的损失，或者至少会损失很多应获得的利润。

市场有分歧，才会产生交易。每一次你卖股票，交易的另一面就有人从你这里买股票。同一件事，看多者和看空者往往有截然不同的解释——你看到的是你想看到的。股票市场最惹人发笑的事情是：同时买和同时卖的两个人都会自认为比对方聪明。投资交易最后能够达到什么样的程度和境界，并不取决于交易方法，而是取决于交易者内心的格局和修养。

人人都可以成为百万富翁

孟子曰："故天将降大任于是人也，必先苦其心志，劳其筋骨，饿其体肤，空乏其身，行拂乱其所为，所以动心忍性，曾益其所不能。"天上不会掉馅饼，一个人要想发家致富，必定要历经磨难，拥有极强的信念。成为百万富翁方法很简单，但很不容易！简单是人人皆可做，但绝大多数人做不到，因为缺乏耐性、急功近利，并缺乏必要的投资技巧。

投资成功的故事和中彩票的故事一样会误导大众。大众对于脚踏实地、集腋成裘的致富故事不感兴趣，而喜欢沉醉于一夜暴富的传奇。故传统武侠小说的套路都是一个穷小子幼时孤苦无依，受尽世人欺凌歧视，然后突遇奇缘打通全身经脉，练得旷世神功，之后携美人快意恩仇行走江湖，好不潇洒！现在流行的网络小说也大都套用这个桥段，穷小子一夜之间鱼跃龙门成巨富，然后就可以肆意报复当年瞧不起他的同学和亲戚，尤其是追到以前追不到手的美人，直把大众看得如痴如醉，深陷其中不能自拔。

我经常碰到有些人哀叹自己怀才不遇，有才干也肯干，但又缺后台，还缺机遇！事实上，机遇属于有准备、有思想、有决心的人。我们处在最好的时代，任何人都有施展抱负的机会。就以投资为例，只要你具备一定的投资技巧，稳扎稳打，即使以很少的本钱也可以创下一份不小的家业，这就是复利的力量！日拱一卒无有尽，功不唐捐终入海。

大家都知道复利堪称世界第八大奇迹，看似不起眼的收益，可以在时间的累积之下，呈现出巨额的惊人回报。但可能很少有人关注到，复利的威力要能够真正展现，是需要坚定的耐心持有作为基础的。当今社会，通货膨胀严重，致富之路，不在储蓄而在理财。我认为，"小富由俭"这句话，应改为“小富从懂得理财”开始。如果储蓄真的可以致富，全球最富有的国家早就应该是中国了，因为中国人储蓄率全世界最高。当今最富有的国家是储蓄率接近零的美国，由此可见致富之道不在储蓄而在投资理财。时间是投资成功的重要因素，因此理财要趁早。如果一个人从20岁开始投资，每年资本增长率如果能够达到20%，1万元起步，38年后便可有逾千万元，即58岁成千万富翁。如果你的每年投资回报可以达到25.8%，则阁下的财富就可以10年翻10倍，20年翻100倍，30年大概就是1000倍。以10万元为初始本金，投资年回报30%，如果持续30年，则本利为2.6亿元；持续40年，则本利为36亿元；持续50年，则本利为497亿元。不算不知道，算了吓一跳！这就是复利的威力！

大多数人高估了他们在一年内可以做的事情，却低估了他们在10年、20年内可以做的事情。在复利的数学公式中，本金和收益率还只是乘数，而时间是指数。将自己视为可以不断优化升值的资产，是复利公式的灵魂。大家都知道巴菲特55年投资回报2.5万倍的传奇故事，但总感觉55年实在遥远不可及、不可为。所以，你这辈子没有成为百万富翁、亿万富豪，肯定是自己能力不行，没有其他解释。

那么，我们要多少本金、多长时间才可以实现百万富翁的美梦呢？

“72法则”是最容易掌握的计算回报的方法，用72除以回报率，得出来的便是将本金翻一番所需要的时间。例如你将本金放在银行收取5%的利息，将72除以5，你需要14.4年才能令本金倍增；但如果用15%的回报率来计算，你的本金只需4.8年便可倍增。以此类推，20%的回报，你只需3.6年时间便可将本金倍增。作为投资者，我们不应该将投资回报目标定得太低，可以把年回报15%作为自己的目标。我们通常有30年的黄金时光，若你的投资能够保持15%的复式累进增长，30年后本金加回报是第一注本金的66倍。第一注本金以 10 万元计算，30 年后，本金加回报达到 662 万元。复利是一个十分可怕的东西。20 年或者 30 年下来，即使复合增长率的小小差距都可以带来财富的巨大差异。

从表 3–1 可见，每月投资 500 元，年投资回报只要 10%，不到 30 年即可成为百万富翁；年投资回报 15%，21 年后也可以成为百万富翁；年投资回报 20%，则只需 17 年即可成为百万富翁。每月投资 500 元，如果投资回报能够达到 20%，则 17 年后财富可高达 4000 多万元。从每个月 500 元开始就可成为百万富翁，很容易就可以办到，多有诱惑力！ 10000 个人看过后，10000 个人都会激动，但 9999 人美梦睡醒后也就忘在脑后了。办法总比困难多，就看你成为百万富翁的决心有多大。

表 3–1　不同回报率下 30 年投资的回报

30 年投资回报					
每年投资回报率		10%	15%	25%	30%
每月投资	300 元	68 万元	208 万元	2409 万元	8704 万元
	500 元	113 万元	346 万元	4015 万元	14506 万元
	1000 元	226 万元	692 万元	8030 万元	29013 万元
	2000 元	452 万元	1385 万元	16060 万元	58026 万元
	3000 元	678 万元	2077 万元	24091 万元	87039 万元
实现百万元回报的期限					
		回报率	期限	回报率	期限
每月投资	300 元	15%	25 年	20%	20 年
	500 元	15%	21 年	20%	17 年
	1000 元	15%	17 年	20%	14 年

投资者如果自己不擅长理财，可以考虑投资一只指数基金，也就是投资一个上市公司的集合。投资者只要坚持长期投资就可以穿越周期，忽略波动，

从而分享这个组合的平均收益。比如投资者可以投资上证50ETF（510050）或MSCIA股ETF（512990），这是一群中国经济体中的优胜者，它们的长期平均收益超过名义GDP或通货膨胀率是大概率事件。投资者只要能想通这一点，做出一个简单的选择，不需要很高的智商和额外的努力，就能让复利滚动起来。当然，投资者也可以考虑选择业绩稳定、信誉良好的基金进行定投。基金定投主要有以下几个好处：一是节省时间，手续简单；二是平滑投资成本；三是复利效果好；四是长期收益稳定；五是强制储蓄。

有智慧不如趁势，做人做事“三分努力，七分天意”。如果你连三分努力都不肯付出，便不要怨天尤人；反之如果你付出七分努力仍没有成就，此乃天意。因为谋事在人，成事在天，许多时候人生总是充满无奈。

这个世界很不公平，总有80%的穷人与20%的富人；这个世界又很公平，因为80%的人总是努力了80%就放弃了，故成了80%的穷人中的一员；另外20%的人总是不懈地把最后的20%坚持到底，故成了20%的富人中的一员。富人和穷人最基本的区别就是思维方式的不同。富人更勤于思考，而勤于思考是财富的源泉。一分耕耘，一分收获，原本就很公平，这也就怨不得80%的人只掌握了世上20%的财富，而20%的人则掌握了世上80%的财富。二八定律在生活中不断应验有其深刻的人生哲理。

财富如树林，最初由一颗种子开始，所谓“十年树木”，你必须努力灌溉10年，让种子变成一棵树开花结果。有一棵树为你提供果实与种子，你便有本钱将那棵树的种子再拿去栽种，再经过10年努力，你便拥有一个树林，甚至子孙后代都不愁衣食，除非天灾人祸将树林毁了。

20世纪伟大的科学家爱因斯坦曾经说过一句名言：“世界上最强大的力量是复利率，威力胜过原子弹。”复利公式里的一个个乘号，其实就是一个人连续不断努力的过程，是一个不断坚持、不断挑战、不断超越自我进化的过程。遗憾的是，明白这个道理的人不少，但真正能利用复利率积累财富的人却不多见，因世人大都急功近利，缺乏耐性！

我始终坚信我会富有，实现财务自由，对此我从不曾有过一丝一毫的怀疑，因为我付出了努力，更重要的是，我交足了学费。我相信：有志者，事竟成。

时机就是一切

四时有序，君子见机。

寒来暑往，秋收冬藏。从自然中我们感悟到，春天播种，夏天努力，秋天收割，冬天储藏。自然万物循规守时，投资也无非是适当的时候做适当的事情，时机很重要！买和卖是交易中最重要的两个时间节点，买是播种，卖就是收割。股票的质地固然重要，但有时，同样的标的，为何有人大赚、有人小赚、有人亏损呢？答案全在时机的把握！

以我自己的投资经历来说，我早期最成功的一次投资是 1987 年买了一只叫兴利科技的港股，很短时间就赚了 5 倍。股票涨势迅猛，还没等我反应过来，它已从 0.2 港元狂升至 1 港元，远超我的预期，极有可能因为过早出手而错失一只大牛股。这是我早期炒股糊里糊涂赚钱的真实经历。

2002 年，我曾以 3 港元 / 股买入东方海外（00316），后来上涨到 200 多港元；也曾以 2.5 港元 / 股买入伟易达（00303），后来上涨到近百元等。这些选股不可谓不准，但由于当年我对趋势理论未有足够认识，无一赚到大钱，都是获小利即出局。我当时虽然对东方海外充满信心，经仔细研究后认为其被严重低估，曾一度把手头所有资金重仓买入了 150 万股，但赚了不到 20% 就抛了。结果该股 5 年内升了 30 多倍，150 万股即可市值过亿！教训不可谓不深刻。买对卖错真正是捡了芝麻，丢了西瓜。核心问题其实是我缺乏赚大钱的勇气和智慧。

我 A 股投资最成功的是 2014 年 6 月在 12 元左右重仓买入了深天马（000050），然后在两个月后以 30 元左右卖出获取巨利，这是我首次真正在股票市场短平快赚到大钱。此次操盘，我在底部股价趋势出现即快速完成建仓，接近高位果断减仓，一气呵成。深天马多年后股价始终在 10 元左右晃荡，可见买卖时机之重要。深天马的投资成功让我信心倍增，恰巧 A 股迎来大牛市，我又在 2015 年 2 月在 15 元左右重仓买入了大族激光（002008），然后两个月后即在 30 元上方卖出。由于有了操作深天马盈利打下的基础，大族激光成为我首个单票盈利过亿元的操作。对这两只股票，我有多重仓呢？当时，我一不小心就成了两个上市公司的前十大流通股股东。我在实操中真正贯彻了自己的投资哲学：投资取胜之道不在于你看对或看错，而在于你看对趋势时有没有赚大钱的豪情，看错趋势时有没有亏小钱的勇气！在于你能否果断斩断亏损，潇洒地让利润往前跑！在于你有没有把握好时机。

福祸相依，在深天马和大族激光上的巨大成功让我更加激进，在疯狂大牛市和杠杆的双重助力下，我不到两年盈利即以 10 倍计。金钱使人疯狂，也使人迷失。2015 年 7 月，股市泡沫破裂后，由于我未能及时止损，所有的纸上富贵化为泡影。事后反思，我在这轮大牛市里 70% 的利润都是在 2015 年 3—6 月股市“大跃进”时赚取的，当时一天的利润在平时一年也难以赚到，那真是一个赚钱的好时光啊！所以投资者赚大钱必须“贪”，老天下金钱雨的时候你必须拿大桶去接。2015 年我如果太早看淡，我就有踏空的风险，那么那些事后消失的巨额财富也就不曾到过我的手里。牛市一旦形成，大的趋势中展现的赚钱效应往往裹挟着人类贪婪的天性，虹吸着社会上各种增量资金源源不断涌入市场，助推泡沫越变越大，股价从偏高转向极度偏高，趋势的特征就是矫枉过正。我此次的大起大落源于自己一再漠视 2015 年 6 月 12 日后的众多股市预警信号！操盘缺乏纪律，时机把握太差，只能怨自己水平不够。太早看淡是死罪，太迟看淡是活该。一念成佛，一念成魔。

因此，投资是一门易学难精的学问，关键是时机的把握，即要在正确的时间做正确的事。你不能在错误的时间追求对的人，你也不能在错误的时间爱上对的股票。时机很重要！在不恰当的年龄、时机遇到的真爱那不叫真爱；在最美好的年华与心仪的姑娘擦出心灵的火花，那样的人生才能美满，才能相互成就。在股市里，“对的人”就是价值投资的准则，“正确的时间”就是趋势投资的精髓。

令人感慨的是很多股市新手，总在牛市末期高点入场。概因股市泡沫只有扩张到一定程度后，赚钱效应才会愈加明显，普涨和暴富的消息散播到社会的每个角落，新闻媒体的狂轰滥炸更是吸引着各行各业不明就里的男女老少一头扎入股海。而此时的买入时机往往是最差的，很容易买在最高点。股市总会在行情的顶峰上给散户开出最昂贵的学费。

1972 年至 1973 年，恒生指数由 500 点大涨到 1700 点，然后又用了一年时间跌到 150 点。股灾后，中国香港便有了两个股票交易所，一个是香港证券联合交易所照常营业；新出现的一个在青山精神病院，一样门庭若市。当时很多香港人第一次经历股灾，精神濒临崩溃或彻底崩溃，青山精神病院人满为患、苦主云集。有些病人入院后仍沉迷在股海里无法自拔，为满足这些痴迷股民的需要，医院也办了一个虚拟股票交易所，热闹了一年多才关张。

历史不断在重复，先是喜剧然后是悲剧，因为人们认为这次跟以往不同。其实每次股灾轨迹都是一样的，因为人类贪婪与恐惧的天性永远不会变，变的唯有每次参与演出的人不同而已。中国香港第一次股灾后，很多人发誓永不炒股。但人是健忘的，1987 年中国香港另一个股市狂潮到来，香港人又是几乎全民皆股，看着股价天天涨啊涨，心里乐开了花。今天赚 5 万元，明天赚 10 万元，赚钱是多么容易的事，生活是多么美好啊！很多人辞职全身心炒股，然后突然间财富全蒸发了，化作南柯一梦。当时中国香港有一个著名的股评家叫麦嘉华，他从 1986 年初即开始看空港股。他认为港股泡沫严重，纯属炒作，在这点上他是对的，但错在不知人性的贪婪可令股价由偏高转向极度偏高。他发誓港股一日不崩盘，他一日不剪发。结果，港股泡沫顽强地坚持到 1987 年 10 月才爆破，麦先生如果守信，头发长度应可拖地。从事后看，麦先生最终看对了，但如果一早止盈出局，也就错过了赚钱最容易的美好时光。

价值投资派往往给我们传输长期持有、做时间的朋友的理念。就好像只要你买入一家值得尊重、质地优良的公司，给它足够的时间，你就可以“躺赢”。对于价值投资者而言，投资时机并没有那么重要，在任何一个时点你为股票支付的价格也不那么重要。为好的股票支付的任何价格都不算高。只要你买入一家值得尊重的公司，给它以足够的时间“增长”它的盈利，你将可以以比任何的买入价格都高的价格卖出你的股票。但是长期有多长呢？答案可能会让你感到吃惊，它可能比股票持有者中的寿星所希望的时间还要长，可能是 10 年，可能是 30 年。最具盛名的经济学家约翰·梅纳德·凯恩斯（John Maynard Keynes），在 1929 年大熊市中损失了数百万美元，其后差不多用了 20 年才回本。追溯历史数据，如果投资时机不对，要等多长时间才能达到盈亏平衡呢？请参考如下这些数据：

（1）道指在 1960 年达到底部的 566.05 点，在 1974 年又跌至 577.60 点，在 24 年中仅上涨了 11 点。

（2）1973 年 3 月恒指 1774 点的高位要到 1986 年联交所成立、外资重返中国香港后才再次打破，前后 13 年。

（3）日本、中国台湾 1990 年股灾，30 多年后距离回到当年高点仍然很遥远！同年中国台湾股市 PE 超过 100 倍，日本 PE 超过 80 倍。

（4）中国 A 股又如何？上证指数 2007 年即达到 6124 点，而 2022 年指数仍然在 3300 点附近晃荡。

好的开端是成功的一半，反之亦然。牛市中胜利属于较早买入较晚卖出的人。熊市中胜利属于较早卖出较晚买入的人。珍惜市场的波动起伏，正因如此，趋势投资者才有了大放异彩的机会。尝试学习和制定好的买入、卖出标准，一旦时机出现，我们就要果断采取行动。

巴菲特和彼得·林奇都是著名的价值投资者，倡导买入并持有优质股。但巴菲特在1969年股价狂飙时，曾一度把基金清盘，将现金全部还给他的合伙人；而林奇在他认为股价偏高时也会减持股份，大幅调高债券比例。林奇甚至制定了“林奇卖出信号”的条件：“一旦30年期国债收益率超过标准普尔500指数股票收益率6个百分点时，卖出股票，买入债券。”可见，巴菲特和林奇在股价偏高时，也都有卖出点，并不是简单、古板地一直持有股票。

形成自己的投资哲学

不要为了合群而放弃自己的思考

李敖说：“古往今来，多少仁人志士，最后都毁掉了，随波逐流，失去了自己。原因不在他们不优秀，而在他们怕孤立。为了怕孤立，该说的，他们不敢说；为了怕得罪人，该做的，他们不敢做。他们渴望活在同志里、群众里，名为合群，实为自丧，沦落到这种地步，自己就只会作秀，不会做人了。这种人，只是群居动物，不再是特立独行的人了。”

从幼年开始，家长和老师就都教导我们要合群，不要特立独行，否则会被孤立。长此以往，从众合群的思维方式就成为一种正常、合理的生存状态。这也是中国人普遍缺乏创新和冒险精神的根源之一。但股市交易的是金钱，是最残酷无情的，不可能讲究温良恭俭让，更不是像打架靠人多取胜。10个愚人集中到一起，决不会成为智者；10个智者凑到一起，又往往成为疯子。投资成功靠的是投资者自身的认知，靠的是勤奋钻研、自律、知行合一和前瞻性。认识改变现实；而现实又改变认识。普通的想法导致普通的结果。不加辨识便接受的观点往往导致糟糕的交易。

有一套核心哲学体系是长期交易成功的根本要素。一旦开始交易，我们就打开了风险的大门。交易在理论上似乎是很简单的。价值投资者买入好股票等待时间的玫瑰绽放；趋势投资者利用技术分析也能够找出清晰的买卖点。但是在实时交易中，人性贪婪和恐惧的弱点却成了投资的大敌。投资者总是该贪婪的时候畏缩，该恐惧的时候却贪婪。没有核心哲学，你就无法在真正的困难时期坚守你的立场或坚持你的交易计划。你必须彻底理解、坚决信奉并完全忠实于你的交易哲学。为了达到这样的精神状态，你必须要做大量的独立研究，学会独立思考。一种交易哲学不可能从一个人的身上传递到另一个人的身上，你只能用自己的时间和心血去得到它。一个人的投资哲学不会突然形成，你必须交大量的学费！

过分关注、信任宏观与预测毫无意义

宏观经济数据很多，极少数有用，大多数没用。数字的采集不准确，处理不恰当，发布时添油加醋，消费时又错误解读。查理·芒格说了一句更精准的话："宏观是我们必须接受的，微观才是我们可以有所作为的。"宏观好坏就像全球平均气温，你要是关心人类的命运，平均气温就有价值。但是你今天要出门办个事，它真没啥用。何况，财经界对宏观数据的预测，标准动作是在主流分析上加加减减，再做出个人的主观判断。不过，各分析员如是不断互相参照修订，久而久之也没有人知道，究竟最初的一个预测是如何创造出来的。故所谓预测只是为了满足散户的需要，及内部人用作自我陶醉而已。

中国的分析师普遍欠缺企业经营管理经验，未能真切体会其中的艰辛与复杂性，故他们对企业的估值分析往往也就直接简单、幼稚可爱。譬如"前期投入效能释放，公司业绩有望大幅回升"，就是简单假设只要你把钱投到水里，必能击起浪花。我经常惊讶于很多分析师能够把所分析企业今后

10年、20年的现金流算得如此仔细，今后3年、5年的每股盈利能够精确到小数点后三四位数。说实在的，我自己经营企业超过30年，我对自己企业明年的盈利也只能说个大概，更别提三五年后的盈利预测了，那是一点把握都没有。因为现在做企业，不确定性实在太多了。做实业，我们只能摸着石头过河，见步行步。做投资，我们也要学着在黑暗中前行。

没有自己的投资系统注定失败

大多数投资者都持有一大堆从他们所处的环境中吸收来的杂七杂八且常常相互矛盾的理念。市场噪声太多，由于他们的观念并非来自他们的思考，他们很容易根据市场的流行看法改变自己的投资理念。没有投资标准的投资人，总是会被自我怀疑所折磨。他的决策过程没有终点，因为他永远无法确定自己所做的是否是正确的。你必须忠诚于一个策略。弱水三千，只取一瓢饮。关键要知道，哪一瓢是你的菜。你与你的股票策略的关系就像一桩婚姻，如果你欺骗了你的配偶，并没有全身心投入，你认为你的婚姻会有多好？请找到一个对你有意义的系统——你相信的东西，并忠诚于它。

投资标准不完善或没有投资标准的投资者显然亦很难有自己的买卖策略，也不会有任何系统生成的目标或出售信号。他在犯了错误的时候也不会意识到他的错误，而认识到并纠正错误是投资成功的关键。利润和损失都会让他紧张。当一笔投资小有盈利时，他开始担心这些利润会化为泡影。为了消除压力，他脱手了。毕竟，专家们不是说“保住利润你就永远不会破产”吗？当然，他在往银行里存这些利润的时候感觉良好，尽管赚大钱的机会就在眼前，但他缺乏赚大钱的勇气。在面对损失的时候，他可能会告诉自己那只是账面损失——只要他不割肉，他就不会有实际亏损。他一直希望这只是暂时的调整，价格将很快反弹。如果损失越来越大，他可能对自己说，只要价格反弹到他的成本价他就抛出。当价格继续下跌，对持续下跌的恐惧最终取代了对价格反弹的期望，他终于绝望地全部抛出——往往是在最低价附近抛出的。这些投资者交易的失败，很大程度上来源于交易思路和逻辑的混乱，缺乏严谨的交易体系。此外，成功交易的必要条件，不是交易系统，而是交易者贯彻交易系统的能力。一句话说明白交易的核心，就是知行合一的能力。很多人努力在交易系统上找问题，殊不知，最核心的是执行交易系统的人。心态、情绪、自律，才是交易成功的关键。

投资大师犯的错误可能同任何投资者一样多，但由于他具备自己独特的投资哲学，他能够更快地发现它们，通常可以在它们造成太多损失之前纠正它们。由于保住资本是投资大师的第一目标，他们最重视的实际上是回避错误并纠正已经犯下的错误，盈利只是第二位的。即使一笔不符合他的标准的投资最终盈利，他也将它视为一个错误。一个傻瓜和一个聪明人的主要区别在于：聪明人能从错误中学到东西，傻瓜则永远不能。

投资策略无好坏，只有适合与否

到底哪一种投资策略最为有效，对此，投资界永远有无穷的争论，这些争论在我看来，虽有意义但却毫无必要。“有意义”是指，投资中的价值发现是一个用钱投票的过程，有说服力的投资逻辑会随着争论被更多投资者认可，让股价自我实现；“毫无必要”是指每一个投资逻辑只适用于对应的投资体系，赚自己该赚的钱。一样的米能够养出千样人，每个人的个性都不一样，所以每个人的投资策略也要跟自己的个性相符。

你不可能同时擅长于价值投资、成长投资、趋势交易和日内交易。术业有专攻，如果你试图做好所有这些，你最终可能只是一个平庸的交易者。要享受一个策略的好处，你必须牺牲其他策略。要想有所擅长，你必须专注和聚焦，必须避免“风格漂移”。如果你是价值投资者，那么你必须从骨子里真正信奉它。你不能投机成功了就说自己是趋势投资，投机亏钱了又说是价值投资，准备长期做股东。“风格漂移”来自模糊定义的投资策略和目标，在这种情况下，你将不会在顺境和逆境中都坚持自己的方法。

每个交易策略都有所长，也皆有所短。只要采用的方法符合交易的基本原理，而且适合自身特点，那么利会大于弊，得会大于失。但是如果试图兼收他人的风格和方法，通常的结局是，你可能会集各种方法的缺点、劣势于一身。扬长避短只是美好的愿望，实际上各种方法、风格无法兼容。采用他人的方法进行交易，或是跟从他人进行交易，所面临的问题是，你对这些交易会信心不足，而采用自己的方法，自行决策交易，你才会信心十足。因为坚持自行决策交易，你才会慢慢摸索出投资要领，从而培养出投资底气。

在投资市场中，没有体系根本谈不上成功，即便偶尔获利，也会亏回去。而即便有了体系，也不能保证成功，因为成功的另一半是“知行合一”。知道和做到，相差了十万八千里，故有“知易行难”之叹。急功近利是大多数失败投资者的通病！与投资哲学关系最密切的是：纪律、纪律、纪律！失败的投资者不理其因只问其果，成功的投资者知其因得其果！投资者要长期成功，必须远离群众，拥有一套自己的核心哲学体系。

第四章

我是趋势投资的探索者

做市场永远的学生

活到老，学到老，学费交到老。这就是人生！

与心灵对话的最佳方式就是写作——把自己的投资感悟记录下来。写作是深度思考的过程，它会把存储在大脑中不同区域的零散知识点调取出来，慢慢地这些有用无用的知识就会被组合成有深度的思想体系。日复一日，市场的呼吸和节奏慢慢会在你的脑海中留下印记，融入血液里，逐渐成为你投资哲学的一部分，直到形成交易直觉。投资的要义就在于不断调整自己的视觉高度，超越眼前所见所闻，克服大众的从众心理，发现机会，创造财富。一个人思考的深度和广度决定了他看事情的高度！心中有底气，行事自从容！

时时怀有感恩之心，未敢荒废学习之功；刻刻抱有敬畏之心，未敢淡忘谦逊之本。做市场永远的学生，不断学习、不断进步，这是一个知识创造财富的时代。不要与趋势对抗，不要与事实争辩，市场永远是对的。要说服市场你是对的，你就注定要付出惨重的代价。赚钱要赚得明明白白，否则迟早加倍偿还！牛市里傻乎乎赚钱杀伤力最大，心智未成熟者也会自以为是“股神”，殊不知涨潮时，垃圾也会浮起。

智者见利而思难，愚者见利而忘患。思难而难不至，忘患而患反生。面对投资失败，强者找原因，弱者找借口，智者找方法。成功的道路上只有曲线，没有直线。人在错误中成长，故曰失败乃成功之母。投资错误是可以谅解的，但一错再错就不可宽恕了！投资者要长期制胜，必须了解自己的错误，研究自己的错误，改正自己的错误。投资是一场长途赛，学习投资之途，不在乎距离目标多远，而在乎你每天愿意走多少路。投资犹如洗脸刷牙吃饭，要养成自律习惯，天天都要做！性格决定命运，习惯决定成败。风物长宜放眼量，日子有功，做难事必有所得，做苦事必有所获。

我们幸运地生活在一个伟大的时代，一个激动人心的时代，投资赚钱的机会实在是太多了。成功的捷径是与成功者为伍，站在巨人的肩膀上，矮子也可以傲视群雄。人生其实就是由一个又一个选择组成，每一个路口选择的方向，决定了你最终看到什么样的风景。在通往成功的道路上，选择与谁同行，比个人努力更重要。向成功者学习是成功的捷径，向投资大师学习则是投资成功的捷径。可见，要想投资成功很简单，那就是：向成功的投资人学习投资，而且要向尽可能多的杰出投资专家学习投资。

任何意义上的赚钱不过是认知的变现。成功投资有三部曲——第一步：学习、模仿；第二步：思考、实践、探索；第三步：悟！而学习，做市场永远的学生，则是迈向成功的第一步。

书中自有黄金屋

学而不思则罔，思而不学则殆。

稻盛和夫说："唯有读书和赚钱，才是一个人最好的修行，前者使人不惑，后者使人不屈。"德国诗人黑塞说："世界上任何书籍都不能带给你好运，但是它们能让你悄悄成为你自己。"

读书和不读书的人，看到的完全是两个不同的世界，格局大小有天壤之别。请一定相信：你的格局，藏在你读过的书里。要改变命运，只有通过读书蓄积力量，这是一个知识可以改变命运的时代。读书的终极目的：往小处说，就是改变个人的命运；往大处讲，就是为天地立心，为生民立命，为往圣继绝学，为万世开太平。

读书越多，在科学和思辨中浸润的时间越长，对世界和自身的理解便会越深刻，才能把经历转变为阅历。读书越多，心胸越大，视野越宽。那些看似无用的阅读体验，往往不知不觉改变了你的心性格局，决定了你一辈子的心胸和视野，让你不偏执、不狭隘，能以不同的目光审视世界，看到旁人看不到的风景。查理·芒格曾说："学习让你每天晚上睡觉的时候都比那天早上醒来时聪明一点点。"乔布斯总结自己的成功秘诀是："Stay Hungry，Stay Foolish."即求知若渴，虚心若愚。智慧的可积累性令读书的岁月弥足珍贵。智慧不是上天的恩赐，而是经验的结晶。

爱读书的人，独处也不会孤独。读书和旅行其实很相似，两者都追求独处，读书是一个人踏上旅程，旅行则是独自开始阅读。书读得多了，无形中就会帮我们披上一身铠甲，赋予我们前行的勇气。让我们在漫长的岁月里，历经沧桑，内心更加强大。著名作家梁晓声说："读书的目的，不在于取得多大的成就，而在于，当你被生活打回原形，陷入泥潭时，给你一种内在的力量。"

歌德说："经验丰富的人读书用两只眼睛，一只眼睛看到纸面上的话，另一只眼睛看到纸的背后。"所以看书除了要看懂纸面上的字，更要看懂纸面下字的内涵。须知信息不等于知识，知识也不等于智慧。只有通过大量阅读、思索，我们才能将阅读获得的信息，逐步升华到知识和智慧。

时间很宝贵，我们读书也一定要读好书。只有读一流的书才能做一流的人。不要只会"用功读书"，重要的是"要读对书"。读书真正对读者产生作用的时候，就是读者和真正的生命融会在一起的时候。一本好书除了可以让你心灵宁静，增加你的知识量，更重要的是加深你对世界的理解认识。阅读的核心目的是增进理解，这和为获得信息而阅读不同。两者之间的区别极为重要，而且我认为对投资者而言尤为重要。当你阅读的时候很轻松地感觉到"我知道了"的时候，你只是获得了一点信息。当你看完一篇文章，忍不住掩卷长叹、沉思、激动、复读的时候，你就进入了另一个世界。作者的思考就变成了你的想法，书中的智慧潜移默化就融入了你的血液里。我们要用求知的心态去阅读，用怀疑的目光去审视，用辩证的方法去思考。思考是智慧的土壤，是梦想的乐园，是成功的血液。未经思考的阅读，读得越多，反而知道得越少。你一旦停止思考，必将沉沦。

中国能够流传几千年的不朽著作都是言简意赅，寓意深远。如《道德经》原文 5000 多个字；《孙子兵法》全文仅有 6000 个字左右；《菜根谭》全文也才 10000 多个字，但后人解读却都汗牛充栋。它们都是中国传统文化遗产中的璀璨瑰宝，思想精邃富赡，逻辑缜密严谨，对我们的人生、投资、事业都有启迪。尤其是关于交易之道多有涉及，字字珠玑，值得我们反复研读。

关于投资取胜之道，《孙子兵法》指出投资必须做最好的准备，最坏的打算，即"交易之道，守不败之地，攻可赢之敌"，"昔之善战者，先为不可胜，以待敌之可胜。不可胜在己，可胜在敌"。《道德经》则强调投资千万不要与大趋势对抗，要顺势而为。亦即，交易之道，刚者易折。唯有至阴至柔，方可纵横天下。天下柔弱者莫如水，然上善若水。《菜根谭》则根据太极学说里的阴阳相克相生原理，推断出趋势演变物极必反，投资大智慧就是淡然处之，随势而动。也就是"粪虫至秽变为蝉，而饮露于秋风；腐草无光化为萤，而耀采于夏月。故知洁常自污出，明每从暗生也"。《明心宝鉴》中有一段话："心安茅屋稳，性定菜根香。世事静方见，人情淡始长。"毛主席也曾说："嚼得菜根，百事可做。"学会1/4《道德经》的智慧，就足以让你平平安安过好这一生；读懂半部《菜根谭》的精华，则可保你快快乐乐过好这一生；如果能够悟透《孙子兵法》全书的奥秘，则你可以纵横股市矣！

曾有人问过巴菲特成功的关键何在，当时他指着身边的一摞书说："我每天读书500页，知识总会发挥作用的。它也会不断累积，就像复利一样。这一点你们所有人都做得到，但我敢打赌，没有多少人真的会去做。"巴菲特将阅读的习惯培养到了极致——据说他刚开始投资生涯时，每天读书600到1000页，哪怕现在，每天也有大约80%时间是用来读书的。他总结道，没有大量阅读，你根本不可能成为一个成功的投资者。巴菲特的合作伙伴查理·芒格也把自己的成功归功于终身学习。他曾提到，阅读训练他的辩证思维和逆向思维，这样他就能每天进步。他们俩都认为阅读是投资回报最高的事情。这个世界没有不劳而获的事情，马斯克在被问及怎么学会造火箭时，他的回答是"我读书"。盖茨每年读书大约50本，平均下来大约每周1本。可以这么说，你看的每页书，其实都在悄然为你未来的黄金屋添砖加瓦。一个人脚下书本的厚度，孕育着他人生的高度。你在读书上花的任何时间，都会在未来某一个时刻得到回报。最是书香能致远，腹有诗书气自华。

三天不读书，说话便失去味道；一个月不读书，做人便失去方向；一年不读书，人生更失去意义。一个人的内心，是需要不断滋养的。而阅读，则是对精神世界最好的洗礼。阅读让自己的心灵不断得到浸润，才能在细碎烟火中活出诗意人生。我相信一个人一旦开始阅读，就会获得永远的自由。书读得多了，无形中就会帮我们赋能添力，赋予我们“宠辱不惊，闲看庭前花开花落；去留无意，漫随天外云卷云舒”的淡定和底气，让我们在漫长的岁月里，历经沧桑，内心更加强大。勤于思考，勤于实践，勤于总结，在事业上必有所成。

我自幼酷爱看书。我读大学放暑假时，经常一个星期都不出门，沉浸在书的海洋里。妈妈怕我得了自闭症，总是催我出去约小伙伴们玩。20 世纪 80 年代，当时最流行的课外书籍是中国的四大名著，以及金庸、古龙的武侠小说。本本经典，令人神往，一看入迷。后来我考入了香港中文大学商学院，接触了趋势和概率的理念，便深深为之着迷。我当时几乎把图书馆里所有相关的书都借来看了一遍。我在大学里读的那些商业知识，现在很多都已经记不住了，但趋势理论和概率思维却深深地嵌入了我的心里，并对我的工作、生活、投资各个方面产生了深远的影响。

要想在一生中获得投资成功，并不需要顶级的智商、超凡的商业头脑或内幕消息，而是需要一个稳妥的知识体系作为决策基础，并且有能力控制好自己的情绪，使其不会对这种体系造成侵蚀。投资是一门系统科学，也是一门艺术。你仅看经济学书籍是不够的，你必须也学习历史、心理学、工程学、哲学、数学、物理学和人类学等知识，从而完善自己的知识体系。投资世界的知识很多都是相融相通的。没有大量的广泛阅读，你根本不可能成为一个真正的成功投资者。投资需要大智慧，大智慧就是投资哲学。

我觉得做投资的人一定要多读历史，熟悉历史有一个好处，就是遇事内心能够笃定一些，因为很多事情当下看，感觉很重；但历史的坐标一拉长，其实都是小浪花。人类的心理常常有一种倾向，那就是把当下所遭遇的困境，当作历史上前所未有的挑战，因而每每夸大它的“重量”和“高度”。所以熟读历史可以让我们提高投资站位，具有历史大格局观。我们回头看 1997 年的亚洲金融危机、2007年的美国次贷危机，当时感觉都像是世界末日，现在看来也就是经济周期的一次波动而已，一笑而过。明白了这个道理，我们就能够很自信坦荡地应对市场的至暗时刻。我们能够往以前看多远，我们就能够往未来看多远。研究历史也能够帮助我们看清驱动同类事件发展的因果关系，就如同医生持续研究病例一样，要想办法弄清事物演变的共性和机理。一个人预测和应对未来的能力，取决于他对事物变化背后的因果关系的理解和研究。通过不断完善对因果关系的认识，直到自己可以用“如果这样……那么就会那样……”来应对决策中的困惑，这种看待事物的方式可以不断拓宽我们的视野，让我们淡定面对突发事件，也加速了我们的决策效率，从而化危为机。如果X发生了，那么我们就下注Y。久而久之，投资决策就变成了条件反射。历史发展是有一定趋势和规律的，股价运行也逃不出其客观规律！故大智者，以理为势，以势从理。赚钱赚得明明白白，亏钱也要亏得明明白白！

长风破浪会有时，直挂云帆济沧海。我们这代人特别幸运，生活在和平年代，又正逢中华民族伟大复兴的历史性时机。资本市场方兴未艾，知识可以改变命运，知识可以创造财富！我们当笃行致远，不负韶华！

做交易，不预测

空杯心态

北宋王安石所著的《老子注》说：“圣人，无我也。有我，则与物构，而物我相引矣。万物，敌我也，吾不与之敌，故后之。”即“得道”的人都必须达到“无我”的状态，否则，就会“与物构”，思维就会受到世俗的羁绊，就无法做正确的判断。《老子·第十三章》有言：“吾所以有大患者，为吾有身，及吾无身，吾有何患？”老子所说的“无身”，也就是“无我”。

老子认为，人一旦达到“无我”的境界，就没有什么忧患了。总结来说就是，人类被自己的各种欲望、情绪，外界的各种杂音困扰，对于变幻莫测的外部环境往往无所适从，只有忘我无我才可以客观面对。

未来不可预测

自认为能够预测未来的人有两种，无知的人以及不知道自己无知的人。在股市里赔钱的人也有两种，一无所知的人，以及以为自己无所不知的人。你真的懂，你能够从股市赚钱；你真的不懂，你也不会赔大钱；半懂不懂却自信心爆棚的人则可能亏大钱。事实上，无论对天气、选举、经济，还是对股市，人类都不是预测方面的专家。如果市场有什么是可以被预测的，那么就是周期将永远存在。在股市疯狂和股价高涨之后，严重的萧条和惨淡的股价通常就会接踵而至。先入为主对单边行情做线性的外推臆测，往往是投资中最危险的举动。人们热衷于预测，除了本能的驱使，还与固有的心理偏误有关。人们会记得自己投机成功、买入即大涨的案例，而忽略投机失败的案例。人们喜欢扮演先知的感觉。

我们生活在一个“测不准”的世界。德国物理学家海森堡研究提出“测不准定律”，引发物理学上的革命。这条定律冲破了牛顿力学中的死角，说明我们永远测不准一切。任何物体假如我们能完全测定它在任何一刻的位置，那在同一时间，它的动量（质量乘速度）就无法固定。对一般物体来说，动量不固定，就是速度不固定；既然速度不能固定，那也就无法完全预定这物体将来的路线了。从哲学上讲，“测不准定律”和老子所说的“道可道，非常道；名可名，非常名”的意思颇有符合之处，所以近代物理学有些看法，与中国太极和阴阳二元学说有相似的地方，如：阴盛阳衰，阳盛阴衰，物极必反。事物是在不断动态变化中的，任何事皆有可能发生。

而对于经济学来说，也有投资者认为证券市场是不可预测的，投资者没有必要去寻找股市涨跌的动因，不要对股市做长期预测，根据混沌理论股市自有其运行规律。所以，他们有时看好一只股票，他们反而先抛出这只股票，试试市场的反应。当市场证实抗压能力很强时，才反手大笔买入。他们不想主观预测市场，希望聆听市场的声音，然后沿着最小阻力线开始建仓。

应对式思维

为什么说高手过招无招胜有招，因为高手交易最后凭的就是一种感觉，手中有股，心中无股。交易成功之道不在于预测，而在于交易管理。交易者不要存有执念，要随势而动，顺势而行；不断吸纳股性，不断完善人性。我们做投资，当然需要做大量功课，不管你是以价值投资着手，又或者以技术分析操盘，你都需要在研究后形成一个观点，否则无论是看多还是看空，投资就没有方向。交易不预测的真正意思是投资者在形成一个主观判断后，要根据概率思维和回报率做出投资决策，然后一切交给市场验证，再依据形势变化不断修正自己的观点，不能存有执念认死理。华尔街有句名言：“一个好的操盘手是一个没有观点的操盘手。”即交易者要从概率角度考虑问题，不要试图做出正确的预测，唯有对大概率事件出击，你才能长期获利。空杯心态，客观跟随，投资者只是对股市的走势做出反应而已。明天股价是涨还是跌只有所谓的“专家”知道，扮先知的代价肯定是被大众耻笑！炒股之道其实很简单，交易不预测，顺势而行；上涨趋势形成时买进，下跌趋势形成时卖出。

交易不预测就像我们驾驶车辆时，使用的是应对式思维而不是预测式思维。应对式思维是“我看到了什么，接下来我要做什么”。老司机开车是不会一直去预测何时出现红绿灯的。老司机都是应对式思维，对各种突发情况如何应对都了然于胸，能够条件反射一般应对，不需要多余的思想斗争。开车老司机和交易老司机的心理状态是一样的，都是应对式思维。

概率思维

基本面分析是通过演绎法去判断市场走势，技术分析是通过归纳法去判断市场的走势。前者基于严格的逻辑推理，后者基于历史会重演等假设。但交易并非一门科学，所以基本面分析并不总是有效；同时，历史并非会简单重演，所以技术分析也并不总是有效。总之，两种分析方法的判断结果都只是一种概率。

精明的交易者时刻保持着概率思维，他们通过基本面分析找到了大概率事件，利用技术分析给出的明显信号来参与大概率事件；与此同时，为了防范小概率事件，他们懂得做好资金管理。为了表示对概率思维的尊重，当他们找到自认为的大概率事件时，并不是急于入场，而是耐心等待，等待着技术分析给出自己强烈的进场信号。交易的核心是概率思维，简单来说，就是在积极参与大概率事件的同时，努力防范小概率事件。

没有任何策略是万能的，没有任何神秘公式可以轻轻松松地创造财富，这些工具最多只能帮我们判断出趋势已经开始或已经结束的概率有多大。但对我们来说，这已经足够了，因为即使概率只是稍稍对我们有利，我们也能靠这种优势赚钱。

我们必须对金融市场存有敬畏之心，保持“虚己待物”的空杯心态，尽可能地跟随事实，依据事实交易，而不是自己的期望。在过去 30 多年的炒股生涯中，我在股票市场上所学到的最重要的事情是，认识到大多数人是那么无知，而且自己也是那么无知。幸运的是，我比别人早些认识到这一点。

为什么股价上涨很慢，下跌却很快？

关于股价变动，很多投资者留意到，股价上涨往往很慢，但下跌却很快。这导致很多投资者措手不及，辛辛苦苦好几年，一下回到“解放前”。中国 A 股上证综合指数由 2000 年的 1664 上升到 2007 年的 6124 点，共用了 7 年时间，但再跌到 1664 点只用了一年时间。2009 年上证指数从 3000 点上涨到

5178 点花了整 6 年时间，但跌回到 3000 点只用了不到 6 个月时间。从心理学层面来讲，这是由于恐惧比贪婪更有爆发力！

从物理力学层面来看，也有异曲同工的现象。你要爬上世界第一高楼哈利法塔可能需要几个小时，但从上面跳下来则不需要 1 分钟，即上坡很慢、很累；下坡却很快、很轻松。

贪婪与恐惧的人性弱点对股市波动的影响非常显著，演绎了一出出人生悲喜剧。炒股的人大都享受过赚钱的快乐时光，尤其在牛市蓬勃发展阶段。但当股市从牛转熊阶段，股价开始下跌了，他们往往抱着侥幸心理，希望股价再反弹回前期高点，他们不甘心“输”了他们已经赚到手的钱，从而选择坚守。当股价持续下跌时，他们心理所受到的惩罚就越来越重，自尊心亦严重受损。他们开始饱受金钱和感情损失的双重煎熬，食不安睡不宁。但大部分人在这个阶段仍然会选择“躺平”，他们有时甚至选择逃避，不愿意再听到股市的消息，刻意漠视股市呈现明显下跌趋势的事实。然而当股市下跌趋势形成后，股价下跌却往往成为“习惯”，更何况此时更是坏消息漫天飞。人是群体性动物，恐慌情绪最容易互相感染，快速蔓延，迅速发酵！终于有一天，股民们集体“熬”不住了，裹挟着机构投资者疯狂出逃，股市踩踏事件于是爆发。这也是 2022 年上半年全球股市暴跌时，连贵州茅台、腾讯、阿里巴巴、港交所等大盘蓝筹股在低位仍然出现连续暴跌的原因。至于 2015 年 7 月初的 A 股股灾，在高杠杆的助力下，更是出现了连日暴跌现象，把恐惧比贪婪更有爆发力的特点演绎到淋漓尽致！

借　势

荀子《劝学》有言：“登高而招，臂非加长也，而见者远；顺风而呼，声非加疾也，而闻者彰。假舆马者，非利足也，而致千里；假舟楫者，非能水也，而绝江河。君子生非异也，善假于物也。”意为君子的资质与一般人没有什么区别，君子之所以高于一般人，是因为他善于利用外物。善于利用已有的条件，是君子成功的一个重要途径。天生势，势生杰。人成事，事成名。贵贱之别，势也。

有些人平时看不显山不露水，数年之后竟好运连连，功成名就；而更多的人忙忙碌碌、东奔西跑，却一直没有出头的日子。其中的差别在于：前者重谋势，谋全局，谋长远，谋天时地利人和，在看似无心之中排兵布阵，为自己布下了一局棋势宏大、局面有利的棋；而后者谋的是事，谋眼前，谋琐事，谋微利，在看似有心之中心力交瘁。

一个人在爬到高位之前，纵使有惊天盖世之才，也只可以萤虫之亮昭以示人。否则，世俗之见足以把你扼杀于萌芽，盖因木秀于林，风必摧之。但如果你已获得举世瞩目的成就，你依然一如既往谦卑，则世人又将鄙视为虚伪、做作乃至轻狂！此所以做人难，难在如何采用中庸之道，根据形势的变化，不断调整自己的应对之策。势弱时，则收敛锋芒，自强不息，寻机借势、乘势。一根稻草，扔在街上就是垃圾；与白菜捆在一起就是白菜的价格，与大闸蟹绑在一起就是大闸蟹的价格。我们与谁捆绑在一起，这很重要。与有梦想的人在一起会被激发梦想，与优秀的人为伍就不会平庸，与勤奋的人在一起学不到懒惰，与阳光的人在一起学不会抱怨！“三人行，必有我师”里面最关键的是：你跟谁在一起往前走。

势存在于世事万物之中，对于事情的成败乃至人生的得失，起着至关重要的作用。古往今来，一切成大事者，莫不注重为自己造声势，让声势的浪头将自己推上事业的巅峰。一个人若想有所成，必须审时度势，因势关成败！强者造势，弱者借势！

要想通过谋势达到利益的最大化，理想的做法当然是先辨明强势、弱势，并辅以借势、造势与蓄势，然后乘势出击，以势不可挡之气势一举成就事业。

但世间之势，并非时时明朗。在局势混乱，难以做出精确的判断时，又该如何因势？又该向谁借势？和贤人为伍，其势自来，这是一条谋势的捷径。强者当然是一个不应放过的首选目标。与普通人相比，强者具有更加宽泛的资源可用以调动。强者能够拓展你的视野、格局和人脉，助力你登上一个更大的舞台。

具体的借势又是什么呢？借势其实就是用势，借助外力。把握事物发展的客观规律，因势利导，让事物发展，朝着我们有利的地方行进。如同弄潮儿，在海浪之上，让浪潮推你向前。诸葛亮借东风，草船借箭，大获全胜。狐假虎威，也是一种借势。刘备善于借势，他借诸葛亮的谋略，借五虎上将的忠勇，在三国时期打下了属于自己的一片江山；曹操善于借势，他借天子之威严，借百官之谋，号令天下；孙权善于借势，他内借谋士张昭，外借周瑜之势，奠定了霸业基础。大象能轻松过河，松鼠可以吗？凭自己，很难。但是，有种最简便的方法，就是松鼠站在大象肩膀上过河，就能走得更远。站在巨人的肩膀上，矮子也可以看得更远。这就是借势。

北宋名臣薛居正对"势"有很深的研究和心得，著有《势胜学》一书。他认为有权力的人要"造势—用势—驭势"，无权力的人要"度势—借势—附势"，有多大的舞台才能做多大的事。不知势，无以为人也。故此，贱者无助，必倚贵也。借于强，谀不可厌。战国时，秦王下令求贤纳士。卫国人商鞅深知自己人卑言微，要想得到秦王的重视与赏识，就得先借助一个秦王信得过的人力荐。于是他反复游说秦王宠臣景监，因此获得秦王 3 次破格见面，终于使得秦王下定决心变法强国。商鞅没有景监引荐，根本就见不到秦王，也就没机会走上政治舞台。没有政治舞台，一切抱负才学都将付诸东流！

有这样一则笑话。外国有一书商为了推销自己的新书，寄了一本给该国总统。该国总统看完后说："是一本好书。"书商便对外宣传说："总统说是一本好书。”结果该书非常畅销。第二次，书商故技重演，情知上当的总统看完书后故意说：“这是一本糟糕透顶的书。”书商于是对外宣传说：“总统说是一本糟糕透顶的书。”结果该书又是相当畅销。第三次，总统干脆说：“这本书简直读不下去！”然后这句话还是令书商大赚一笔。第四次，聪明的总统干脆闭住嘴巴，一言不发。但更加聪明的书商这一次的广告是“连总统都无法做出评价的书”，结果不言而喻。这当然是一个笑话，却真实地反映了一个善于借势的聪明人是如何巧妙地借助强者手里的资源的。

历史上的成功者都知道不能违背时势而率意妄动。倘若时机不成熟，便应甘于寂寞，静观其变。犹如姜太公闲钓于渭水，诸葛亮抱膝于隆中。一旦风云际会，时运骤至，就会愤然而起，趁势开创一番基业。势，莫大于时代之势。统观当今世界很多富豪就是借时代之势，快速发展起来的。微软计算机的比尔·盖茨、社交软件的马化腾、小米手机的雷军、搜索引擎的李彦宏、网上购物的马云……都是借时代之势，扶摇而上九万里，成为时代风口上翱翔的“猪”。

在企业竞争中，对“势”的把握和利用，同样是企业取胜的关键因素。在竞争中，最佳的取胜之道同样是因势利导，从而找到超常规发展的动力来源。借势有以下具体策略：借关联产品的势、借旺销产品的势、借消费者自身之势、借新闻事件的势、借名人效应的势。

特定的历史事件可以给企业带来极好的借势平台。如 1964 年日本东京奥运会，索尼一跃成为国际品牌；1988 年汉城奥运会，韩国的三星成为国际品牌；2008 年北京奥运会，李宁以火炬手的身份点燃开幕式的圣火，大大提高了李宁品牌的全球知名度。蒙牛刚刚创立时，只是全国 1000 多家乳企中不起眼的小企业，而伊利则是全国老大。牛根生却打出了这样的广告词：“向伊利学习，为民族工业争气，争创内蒙古乳业第二品牌。”人人都知道老大是伊利，但老二是谁大家不知道。蒙牛的“第二品牌战略”一下子使它借伊利之势，越过了众多的竞争对手。

善弈者，谋势不谋子。故孙子强调“求之于势”，“势者，因利而制权也”。股票市场上的势就是资金的流动，资金流动的强弱就是势的强弱，势是因为人们期待赚钱而产生的，期待越强，资金的流动性就越强，势就越强，其他人也会跟从这个势，所以也就加强了势。市场的动态是由势来决定和支配的，靠自己的力量无法造势的投资者只有跟从势，但必须跟着强势的股票。因为金融的属性，金钱会自然而然向强势的股票聚集。

所以我一直强调：做人不能太势利，买股一定要买强势股！交易并不是低买高卖，实际上，它是高买、更高卖，是强者更强、弱者更弱。强者恒强还有一个原因是：强者更容易得到大多数人的支持。所以不要留在势弱的一边。如果你对弱势股票有慈悲情怀，那么先要考虑你的资金是否足够输。要记住，股票永远不会因太高而不能买入，也永远不会因为太低而不能抛出。金钱游戏的本质决定了它只会锦上添花，而绝不会雪中送炭。作为中小投资者，我们不可能成为造势者，我们只能寻势、顺势、借势、乘势。抓住大趋势，取得大发展！

以交易为生

做一名快乐的交易者

关于股市投资，我成功的秘密武器就是我完全的、不掺假的对交易的爱。我感觉自己的血液里充满了交易的因子。从我拥有了炒股的本钱开始，我就把大部分时间都交给了交易。我感觉自己每天都在追逐乐趣之中，没有一刻在工作，时时刻刻都在愉悦的状态中。就像巴菲特所言：“我每天都跳着踢踏舞去上班，一直都很快乐，因为我从事着世界上最有趣的工作。”

尽管交易有时也有挫折，但我视之为娱乐的成本，非常享受交易过程中的跌宕起伏。我每天早晨醒来，就喜欢懒洋洋倚着床头，看看财经新闻，浏览一下股市盘面，这已成为我的生活习惯。没有交易的日子总让我若有所失，无所适从。我越来越相信，坚持一遍一遍地做让你有激情的事，并且乐在其中，那么成功只是时间问题。成功的交易者所享受的快乐是其他人无法想象的，他们视工作为娱乐。他们无须看人脸色，无须参加乏味无趣的应酬，工作与否完全看自己的心情。交易者只要有一部电脑或一部手机，他们就可以在世界上任何一个地方交易赚钱，他们有可能在短时间赚到别人一辈子都赚不到的钱。

交易者的好处在于你不需要对每个扔过来的球都挥棒。交易成功的诀窍就是坐在那里看着一个个扔来的球，并且等待可以打到最佳位置的那个。芒格投资成功的秘诀不在于买进卖出获得财富，而在于等待。芒格认为，如果你想赚大钱，你必须善于等待。宁愿看起来很傻，也不愿意没有耐心地随波逐流。芒格的投资智慧，其实并不是什么高深的道理，难的是认真执行和坚持。等待的过程是反人性的，很多人是做不到的。交易要善于“等待”，伟大都是熬出来的。交易者要耐得住寂寞，因为投资是孤独者的游戏。

很多所谓大师的理论对交易根本没用，他们都不是以交易为生的。实际上他们都是靠预测赚钱、靠宣传赚钱、靠兜售交易工具赚钱、靠出书赚钱、靠收取投资咨询费赚钱，但他们就是没能力靠交易赚钱。他们的方法似乎超级有用，可一旦进入实战，就会发现他们的投资业绩一塌糊涂。阅读所有的交易经典书籍是一回事，用真钱交易是另外一回事。成功的交易是一个累积的过程，需要你长期认真努力，这样才能从新手变成专业人士。这个进化的过程最少需要好几年，不是几个月。因此，我们根本没有捷径可走。成功的交易者必须充满激情和聚焦，这意味着交易就是你的一切，但绝大部分交易者不愿意做出这样的牺牲。交易是不确定性的游戏，但是人们总是在心理上想把不确定性变成确定性。交易者要谨记：市场永远是对的，股市永远用最好的方式讲述自己的故事。

投身交易实战

纸上得来终觉浅，绝知此事要躬行。德意志帝国“铁血宰相”俾斯麦说过，每个笨蛋都会从自己的经验中吸取教训。聪明的人则从别人的经验中吸取教训。一度大受欢迎的电视剧《搭错车》中有一句话：“人生没有捷径可以走，横着省下的路都会变成竖着的坑，早晚都要经过。”有一则广告的对白是这么说的：“我是在当了爸爸以后，才开始学习如何当爸爸的。”投资也是，进入了股票世界以后，你才会开始知道股票中的一些规律。这也解释了为什么很多模拟炒股比赛的冠军，到了实际操作时却一败涂地。交学费是交易不可避免的一部分。为了抓住一次重大的市场机遇，交易者损失一点小钱是无法避免的，也是可以接受的。因为你不入市就不可能感受到市场跳动的脉搏。只有跳进股海浮沉，你才可能敏锐地发现海浪运行的趋势。你是一流的输家，你也因此而成为一流的赢家。

我一直是价值投资理论的信徒，以价值原则选择个股为主，同时重视产业趋势的变化。我现在以主力资金操作时仍然以价值投资为指南，即战略上是用价值投资理论作指引，避免犯大错误；战术上则用趋势投资理论为指导，以追求利润最大化和损失最小化！两者相辅相成，相得益彰。基本面分析可增加胜算，是趋势投资的安全网。

耐心执行你的交易计划

我认为自己具备股市投资的天赋，盘感极好，能够敏锐发现股价演变趋势。我基本上每年阶段性的投资回报都超过 30%，但为什么不能每年回报都超过 30% 呢？因为自己做了太多类似“捡烟屁股”的无谓交易。我发现往往是那些持币观望，能等到恰当时机进行交易的人才赚到大钱。投资需忍耐、忍耐、再忍耐，这才是成功的关键。金钱投机游戏有时慢就是快！如果一个精明的交易者能把握好这一点的话，时间就是他最好的朋友。在股市上，时间不是金钱，时间就是时间，而金钱就是金钱。今后我需要在规避风险、提高胜率方面多下功夫！尽量减少似是而非的交易性投资，仅做确定性较大、趋势比较稳定的高胜算交易。为此，我必须：（1）寻找趋势明确的投资机会。（2）顺着市场的主要趋势方向进行交易。（3）在忍字诀上下大功夫。

生活就是简单地重复。以出世的心态做入世的事，用局外人的眼光来审视自己的判断。股市就是人生的一个缩影，自身不断循环，先是喜剧，然后是悲剧。大量历史证明，人没有预测能力，只有分析能力。用 90% 以上的时间去研究，用少于 1% 的时间去投资买卖。成功投资者的关键是要做很多的准备工作，而不是频繁的买卖决定。股市历来是智者开头，愚者结尾，先是价值推动，最后为投机所主宰！

时势造就股海英雄。所以，选股不如选时，选时不如选势。小胜在智，大胜在德；小智借钱，大智借势。在付出无数学费和心血后，我终于认识到，投资者要靠炒股赚钱，核心要领就只有一条：看对趋势的时候一定要赚大钱，全面加快赚钱的速度；看错趋势的时候一定只能亏小钱，尽力减慢亏钱的速度！其他所有的策略和操作技巧都只能围绕这一条转！股市、人生，成功皆在于趋大利，避大害。

交易前要做好交易计划，做到无计划不交易。《孙子兵法》云："夫未战而庙算胜者，得算多也；未战而庙算不胜者，得算少也。多算胜，少算不胜，而况于无算乎！"交易跟作战是一样的，手中的资金就是你的部队，对于一场战役，我们应该做好计划，尽量全面考虑利弊，从而增加胜算。每一笔交易都是一场战役，为金钱得失而战，我们要有为自己的财富负责任的态度。孙子曰："兵者，国之大事，死生之地，存亡之道，不可不察也。"

投资是一场修行

投资是一场长途的修行之旅，劳力劳心，亦知亦行。交易的策略、市场的判断可以学习，但一个人的心理、修养、境界无法简单复制。成功交易者的境界和修养的培养，是一个长期而艰难的过程，非一日之功。立志以交易为生者要学会不慌不忙不乱。不慌才不会瞎折腾，不忙才有时间做研究、思考，不乱是在行情迷茫时拥有定见、定力。定见+定力=财富滚滚而来。胸怀是委屈撑大的，格局是知识和经验积累出来的。投资需要有大格局。格局大，则虽远亦至；格局小，则虽近亦阻。

财富积累就是自己认知的变现过程。投资人一定要有个好心境、好家庭、好身体。身体是革命的本钱，家庭状况则会极大影响投资人的心境。投资到最后，反映的是个人的真实性情、知识结构和价值观。良好的心理素质可以使投资者发挥更强的思维能力和更高的效率，对基本面、技术面所发生的变化及时、客观、准确地做出分析和判断，制定较为科学合理的操作策略并严格执行。史上最伟大的投资传奇杰西·利弗莫尔之所以最后以悲剧收场，并不是他投资能力不强，而是他的家庭迭遭变故导致他心烦意乱，无法解脱。我热爱投资。它不只是一个嗜好或工作，而是已经融入了我的血液里。成功诚然需要运气和机遇的配合，但能否幸福地去做投资则掌握在每个人自己手中。我既然选择了以交易为生，就必须全身心投入其中。战胜市场是唯一目的，只有实实在在赚钱，才能到达快乐投资、快乐生活的最高境界！

弱冠前爱与诸雄争锋，好满屏画线；中年时，大巧不工，随势而线，恃之横行天下。自此精修，渐进于无线胜有线，眼中唯有趋势，自诩趋势投资的探索者。古人云："志为心志，气为血气。"志之所在而气从之。人生一世，草木一秋，来如微尘，去似朝露。人生最重要的事就是以自己喜欢的方式潇洒活一回！

第五章

止损的智慧

人谁无过？过而能改，善莫大焉。

——《左传》

止损的重要性

为什么必须有止损设置？从哲学上讲就是主观必须服从客观，客观决定主观。若想做好投资与交易，必须使主观符合客观。人性很奇怪，在可以获取巨利的时候，会规避风险，缺乏赚钱的豪情；而在应该避免损失的时候，却会甘愿冒险，失去了止损的勇气。投资市场风险很大，投资者要时刻抱有敬畏之心。如果你不能控制风险，风险迟早会控制你。投资也好，人生也罢，成功皆在于趋大利，避大害。

止损是投资的大智慧

《孙子兵法》军形篇曰："昔之善战者，先为不可胜，以待敌之可胜。不可胜在己，可胜在敌。故善战者，能为不可胜，不能使敌之必可胜。故曰：胜可知，而不可为（胜利是可以预见的，却不可以强求）。"把这个逻辑运用于股市投资就是：投资者首要应关心把事情做正确，在市场中存活下来，而不是光想着赚钱。止损是投资者可以控制的，利润则由市场控制。事情做对了，赚钱是自然而然的事。

止损是一种艺术，更是一种投资大智慧！司马迁纵观3000年的历史，得出结论，"智者千虑，必有一失；愚者千虑，必有一得"，然而，得失一时，荣辱千载。所以，智者在每一瞬间都要慎之又慎。在交易中，永远有你想不到的事情，会让你亏损。判断止损的最简单方法就是问自己一个问题：假设现在还没有建立仓位，你是否还愿意在此价位买进？答案如果是否定的，你该如何应对也就很清楚了。世间没有必胜的投资，但有成功投资的策略！

投资的目的是财富的保值增值，不受通胀贬值侵害。投资者应当时刻牢记一条——最重要的衡量标准不是所取得的回报，而是相对于承担风险所取得的回报。对投资者而言，晚上睡个安稳觉比什么都重要。故此，安全边际和投资风控非常重要。2022年，中国约有2000只私募基金悄然死亡，还有大量的私募基金跌至清盘线附近。有些机构把惨淡的业绩归咎于新冠、俄乌冲突、美联储缩表加息和政府加强监管所叠加起来的不佳投资环境，言下之意自己一点责任都没有，业绩差是因为大环境太差！他们没有反思自己为过分追求高收益而忘记安全边际这一严重问题！投资决策一定要满足最低安全标准，用强韧的投资组合来应付随时可能到来的"黑天鹅"考验。投资的应有之义就是要为这类事件提前做好准备——预测下雨并不重要，重要的是建造方舟。

关于止损的重要性，专业人士常用鳄鱼法则来说明。鳄鱼法则的原意是：假定一只鳄鱼咬住你的脚，如果你试图用手帮你挣脱，鳄鱼便会同时咬住你的脚与手。你愈挣扎愈危险。所以，万一鳄鱼咬住你的脚，你唯一的选择就是牺牲一只脚。在股市里，鳄鱼法则就是：当你发现自己的交易背离了市场的方向，必须立即止损，不得有任何延误，不得存有任何侥幸。鳄鱼吃人听起来太残酷，但股市其实就是一个残酷的地方，每天都有人被它吞噬。俗话说得好："留得青山在，不怕没柴烧。"止损的意义就是保证你能在市场中长久地生存下来。及时忍痛壮士断腕，好过全军覆没。

盯住止损——这是你可以控制的事情

投机市场的游戏就是一个管理和控制风险的游戏，而不是追求利润的游戏，估计会有很多人不同意我这样的看法，但这是我的理解，拥有这样的理念可以确保我很安全！盯住止损，止损是自己控制的；不考虑利润，因为利润是由市场控制的！在投资市场，我们可以输掉无数战役，但不能输掉一场战争。投资成功的秘诀之一是，迅速斩断亏损，让利润往前跑！我们追求的是金钱的复利，而不是错误的复利。止损不是总是正确的，止损的成本就像交保险费，经常是多余的，但可以让你长久地在市场里生存下来。

大地及日月，时至皆归尽。未曾有一事，不被无常吞。我们可以输掉无数的战役，但不可输掉一场战争。投资就是要做最好的准备，最坏的打算。盯住止损，是投资的底线。

投机教父维克多·尼德霍夫是华尔街的传奇人物，曾出版了《投机教父尼德霍夫回忆录》和《华尔街赌局》等书。尼德霍夫的投机记录令人叹服，从 1982 年到 1996 年投资回报率高达 30%，名列全球十大基金经理。但 1997 年亚洲金融危机一役，尼德霍夫由于没有及时止损，旗下基金被爆仓清盘，投资者 1 亿多美元的资产损失一空。他几十年的风光都在这一天灰飞烟灭，从投资传奇变身为业内笑话，身败名裂。其后，尼德霍夫重整旗鼓成立了斗牛士基金，并连续在 2004 年和 2005 年获得 CTA 最佳表现基金奖。可惜好日子不长，2007 年年中，美国次贷危机爆发，斗牛士基金遭受重创，损失高达

75%，收益又一次一朝殆尽，于 2007 年 9 月清盘。从此，在投机江湖上，只留下了尼德霍夫曾经的传说。

另一位投资传奇比尔·米勒，他与彼得·林奇、约翰·聂夫被誉为美国共同基金三剑客，是唯一连续 15 年击败标准普尔 500 指数的基金经理。2008—2009 年全球金融危机，米勒认为市场反应过度了。他逆势抄底，企图摊平损失。但这一次，幸运女神不再眷顾他。他的 Value Trust fund 发生连续巨额亏损，投资者大规模赎回，导致短短一年间资产规模从 165 亿美元大幅缩水至 43 亿美元，基金亏损高达 58%，在晨星公司的同类基金业绩排行榜上排名垫底。米勒在辉煌了 15 年之后晚节不保，在第十六年把前 15 年的超额收益悉数退还给市场。

从这两位投资大佬传奇一般的经历中，我们能得到的启示就是，作为投资者，一定要盯住止损，这就是“昔之善战者，先为不可胜，以待敌之可胜。不可胜在己，可胜在敌”在投资中的运用。

及时止损是为了更好的将来

我认为投资的第一课就是止损策略的运用。止损不都是正确的，但可以让投资者在市场活得更长久。2004 年中国航油（新加坡）股份有限公司投机石油期货，一开始仅仅出现 580 万美元的亏损，但由于管理层“赢”惯了，承受不了亏损的事实，抱着侥幸心态一再延误战机，最终以亏损 5.5 亿美元的悲剧收场。小亏变大亏，令国家遭受重大损失！交易者所犯的最严重的错误，是任由小损失演变成大损失，而这种低级错误对于专业投资者来说是绝对不能原谅的！

所谓舍得，有舍才有得，在股票投资上就意味着要懂得止损，现在退一步是为了将来进两步。止损不代表宣布失败，代表投资在逆境时适时而退，以赢得将来东山再起的机会。

投资领域有一个令人感到悲哀的事实：20% 的亏损需要 25% 的盈利来达

到盈亏平衡，而亏损 50% 以上就需要 100% 以上的盈利才能平衡，输掉一半后追回一半，你仍输掉 25%。所以，避免小亏变大亏是重中之重。对损失的管理就是成功者和失败者之间的最大差别。请大家不要做无可奈何的投资者！股市的“底”是你认为跌无可跌，然后再跌一半。明明是下跌趋势，但你偏要跟大趋势作对，你不是傻子，那谁是傻子？你不输钱，谁输钱？希望与侥幸是投资的大敌！

行为金融学对止损的解释

人们在面对亏损和盈利时，会有不同的心理感受。行为金融学有心理账户的概念，这个账户与现实中的投资账户不一致，投资者的买卖行为往往会受心理账户的影响。在心理账户中，只要股票不卖出，就不算亏损；只有当股票卖出时，人们才会感到亏损的痛苦或盈利的快乐。这解释了为什么投资者总倾向于留下亏损的股票，卖出盈利的股票，尽管亏损的股票很有可能会继续亏损。这其实就是典型的阿 Q 精神。投资是逐利的游戏，金钱倾向于锦上添花多过于雪中送炭。根据趋势运行的规律，股价上涨的股票继续上涨的概率大于股价下跌的股票，但基于心理账户的原因，许多投资者会继续持有一只收益很低的烂股票，从而错过更好的投资机会。止损可以让自己避免小亏变大亏，卸掉包袱，轻装上阵。

诺贝尔经济学奖获得者丹尼尔·卡尼曼说：“当你卖掉一个失败的投资品时，你不仅承受了经济的损失，而且还承认了自己的失误，这会给你带来心理上的损失。当你抛售时，你是在惩罚自己。”大多数会计师、医生之所以成为糟糕的投资者，不是他们智商不够高，而是他们很少承认错误，因为在他们的职业中，承认错误就代表名誉扫地。

要在每个头寸上建立止损

巴菲特特别强调在股市生存的重要性，对不要亏损的重视远超获利，而这也是他所有投资策略的基石。他的投资理念有两条：第一条，永远不亏损；

第二条，永远记住第一条。巴菲特说："投资人只要能避免犯大错，就不必做多少事。"投资承担风险，无可指摘，但要记住千万不能孤注一掷。在市场里存活下来永远是第一位的。人生中90%的不幸，都是因为不甘心，这是很多人不懂得及时止损的原因。比坚持更重要的是懂得及时止损。

对于任何股票来讲，不论以何种方法买入，最重要的是在每个头寸上建立止损。伯纳德·巴鲁克（投机大师，人们更愿意称他为"在股市大崩溃前抛出的人"）曾说，要想赚大钱，投资者不必在所有时间内操作正确，而是在一些时间内操作正确，只要他能够充分利用自己的头寸，在处于正确状态时让交易持续下去，并且在出现错误时快速止损。你应该对损失采取一种短期视角，并对获利保持长期视角。

成功的投资者和不成功的投资者的区别在于他们如何应对失败的股票。犯错误不是问题，问题是不肯接受错误，问题是知错不改。如何控制亏损是区分平庸和伟大的决定性因素，事先不决定好止损点或不进行风险管理比其他任何错误的代价都高。风险控制是让你在股市中持续成功的最重要的基石。没有止损机制，就像徒手攀岩，就算之前拼命爬得再高，倘若失手就会粉身碎骨，再也没有从头再来的机会。

在股市里要做好止损，一定要善于两个忘记。第一是忘记买入价。不管你是在什么价位买进的，买进后都要立即忘掉自己的买入价，只根据市场本身来决定什么时候应该止损，不要让主观感觉与情绪影响自己对市场的客观判断。止损是一个持续、动态的过程。第二是忘记止损价，就是做出止损之后立即就当自己没买过这只股票，不要一朝被蛇咬，十年怕井绳。当发现这只股票有新的买进信号后，就毫不犹豫地再次买进。每一场战斗都是全新的、独立的战斗，不要让过去的失败影响自己的决策。

止损并不总是正确的，有时你刚刚止损，股价却迅即反弹。这说明不了什么，止损支出就像我们支付的保险费，经常是多余的。这是我们应对市场不确定性应付的代价。

任正非 43 岁创业，张忠谋 56 岁才创业，双双成为所处行业的霸主。普京 42 岁才是圣彼得堡市副市长，6 年后就当了总统；刘邦 47 岁开始创业，7 年后就当了皇帝。所以，做正确的事永远都不会太晚！投资尤其如此，正确地执行止损，不管付出多大的代价，事后看都是最小的代价。

止损的方法论

《大学》第一章开宗明义说道："知止而后有定，定而后能静，静而后能安，安而后能虑，虑而后能得。"这正是交易者应具备的素养——知所进退，控制风险，终有所得。

止损的具体方法

1. 比例止损法

这是最简单的止损方法，它是指将亏损额设置为一个固定的比例，一旦下跌大于该比例就及时平仓。止损比例的设定是使用该方法的关键。在建仓初期，我一般把 10% 亏损列为止损点。自己精挑细选的大概率上涨的个股竟然出乎意料地下跌了，说明我对股价运行趋势可能判断出错。出局后，如重新证明趋势上行，可再入场。这里尤其要注意的是，我们需要动态止损，根据股价变动的趋势不断调整自己的止损点。一旦你的股票为你赚取了巨额利润，永远不要让一笔可观的利润变成亏损。否则不仅证明了自己的无能，更应该为之感到可耻！你可以不断调高你的止损线，帮助你锁定收益。此外，对已有巨额利润在手的股票，或极低估值建立的仓位，有时我会适度提高止损比例到 15%~20%。这是我最大的容忍度。

2. 技术分析止损法

（1）10 日移动平均线在高位下穿 30 日移动平均线，形成死亡交叉时，作为止损点。

（2）以上升趋势线作为止损点。股价上升时往往会形成一条上升通道，当股价跌破上升通道下边缘的上升趋势线时，作为止损点。此种情况出现，说明上升趋势可能转变。

（3）当股价突破重要压力线时，但没能站稳又重新跌破这一条线，作为止损点。此次突破可能不成功或者是主力做的一次假突破。

（4）当K线图上明显出现M头和头肩顶形态时，应考虑减仓。此种形态出现时，往往预示着跌势开始。

（5）把止损位设在周K线上十字星下影线的最低价处，因为这个位置是一个调整区的最低价，是大多数多头最后的防线，空头如果逼近这个位置，将引发多头最后的殊死抵抗。如果空头击穿这道防线，这只股票向下概率就会比较高。

（6）股价经过一段时间的上涨，突然带巨量创出新高，但日K线或周K线却出现下跌，这大概率是趋势反转点，须果断止盈止损。

（7）若股价创出新高，但平滑异同平均线指标（MACD）却未能同步创出新高，则技术上可能出现顶背离，交易者可在快线（DIFF线）从上往下穿过慢线（DEA线），即出现死叉时止损。

（8）股价图出现单日反转形态必须立即止损。

3. 时间止损法

如果一只股票在我们买入后，股价走势不如预期，我们要考虑机会成本。投资者可根据自己的交易习惯和所持有个股的股性，采取时间止损法，如以10天、一个月、半年等时间周期来考虑止损。交易是金钱的游戏。时间就是金钱，因此我们不该浪费它。时间止损使我们不会在没有表现的股票上浪费太多的时间。经过多年在股市摸爬滚打，我学会的一件事是，市场上总是有机会的，所以要时刻持币待购，头寸就是金钱，没有金钱就抓不住机会，就不能在将来终于出现“特别有利的形势”时赚取巨大的利润。长期抱着一只亏损的股票，会影响自己的投资情绪，失去快乐投资的本意。

4. 情绪止损法

如果买入股票后，你感觉不好，寝食难安，这说明自己认为的买入理由不充分或信心不足。投资是件快乐的事，如果不开心，你应该果断把股票减持到自己可以睡个安稳觉为止。

5. 突发事件止损法

如果你所买入的股票发生重大事件，以至于买入理由消失，或者是形势看不清，则应止损离场，以免遭受更大损失。等形势明朗，投资者可以随时重新入场。

严明的纪律是止损的保障

具体采用哪种止损方法，因时因人而定，关键在于要有一套符合自己个性的投资纪律。对于不同的交易者来说，止损点的设置不尽相同，因为每个人的风险偏好和投资周期也都不一样。问题的关键不是止损点设置在哪里，而在于纪律，在于你总是会坚决执行你的止损计划，没有犹豫、没有“如果”“和”或者“但是”。当然，会有些时候你刚一卖出，股票就反弹，让人很灰心。但是，从长时间看，这条严格的纪律能够让你在市场中长期活下来。墨菲定律非常适用于市场。墨菲说过：“会出错的事终将会出错，而且会是伤害你最深的那一次。”概率思维是交易中核心思维模式的基础，如果你相信“任何事情都可能发生”，你就可以很轻松地在股价下跌的时候止损退出交易，内心毫不纠结。有时候止损很困难，就是因为你已存有定见，而不愿意承认投资是一种概率游戏的事实。

《吴子兵法》的图国篇云：“然战胜易，守胜难。故曰：天下战国，五胜者祸，四胜者弊，三胜者霸，二胜者王，一胜者帝。是以数胜得天下者稀，以亡者众。”股市亦是如此，1 年翻番者众多，3 年翻番者则稀少。为什么会这样呢？就是因为很多投资者缺乏风控体系，该担忧时却被侥幸、期盼心理蒙蔽，总以为“这次不一样”，却不知风险永远都是一样的。在投资者铸成的所有大错中，没有什么比企图为已经亏损的交易摊低成本更要命的了。这是在错误的决策上加大了犯错的损失。你投资是为了赚钱，现在你亏钱了，为什么还要错上加错呢？故此，千万不要向下摊低交易成本。摊低成本代表放大亏损，你将越陷越深！摊低成本的行为，会让你失败，让你平庸。任何极端的事情，当初看起来都不会发生，而只有到它们真的发生以后，人们才会发现一切都顺理成章。在2021年到2022年的“中概股”危机中，“中概股”遭遇史诗级抛售，股市血流成河，风险失控者众，投资者终于用惨重的代价认识到止损的重要性。

我可以很自豪地说，绝大部分时间我投资组合的所有股票都能保持盈利状态，不是我很会选股，也不是我运气特别好，而是我找到了让组合中所有股票保持盈利的秘诀：定期审视组合股票表现，不断把亏损的股票卖掉，仅留下赚钱最多的股票，那么你组合中所有留下的股票自然都能保持盈利！你买入股票，你想股票涨，现在留下的股票都涨了，证明你是对的，那么继续持有，甚至加仓，把宝贵的资金投在会赚钱的股票上。否则，抛弃！仅用好这一招，我相信你已可以超越80%的投资者。

交易成功之道，不在预测得准，而在妥善管理。

第六章

正确认识成交量

关键价位往往伴随着成交量大幅放大。关键价位是一种特别好用的判断入场时机的工具，它能够揭示何时应该入场，以及何时应该离场。

——杰西·利弗莫尔

成交量和股价的关系

成交量：股票的命脉

成交量是股票的命脉，是股票市场的原动力，没有成交量配合的股价如同无本之木，大涨大跌都没有太大的意义。没有氧气，人活不长；没有燃料，汽车发动不了。没有成交量，则股票市场死气沉沉。它不仅代表了市场的活跃程度和成熟程度，也是一张反映贪婪和恐惧的晴雨表，彰显了股票市场博弈的激烈程度。因此，成交量是投资者分析判断市场行情并做出投资决策的重要依据，也是应用各种技术分析指标时不可或缺的重要参照指标。

翡翠外行看色，内行看种；股谚云：“新手看价，高手看量。”前文说到，价格很重要，但离开了成交量，价格的意义就会大打折扣。一个手工艺人，他做了 1 万件作品，每件卖 100 元，那么他的存货理论上价值 100 万元。如果他很长时间都只能卖出很小部分，那么他的作品就有虚高的嫌疑。成交量是价格的衍生物，没有价格就不会有成交量，没有成交量的价格含金量也不高。成交量反映市场参与者的资金参与程度、情感投入程度和痛苦程度。股场如战场，成交量是多空双方投入金钱博弈的结果，投入的金钱越多，对市场参与者的意义也就越大。就像一场战斗，投入的兵力越多，取胜的意义也越大，打赢一场游击战和赢得一场主力决战完全是两回事。每一单位的价格变化都将资金从输方转至胜方。价格波动幅度大小反映的是战役的惨烈程度，成交量则反映了战役的规模和参与者对这个价格波动区间的重视程度。

无论金融市场如何风云变幻，以价格、成交量和关键点交易技术为核心的趋势跟踪交易策略永远不会过时，因为它直指交易的本质。你的意见和观点无关紧要，只有事实以及量价如何运行才是最关键的。

投资者要善于聆听市场的声音，“我认为应该这样”和“希望如此”只能是自己一厢情愿的想法。我们应让市场帮助我们做决策，你不必担心报纸上的新闻怎么说，更不用担心专家的不同看法，你只需要观察市场供需平衡的变化。我们让客观的事实帮我们做出正确的决策。

行情图是展示群体心理的一个窗口。当你分析行情图时，你是在分析交易者的行为。技术指标使这种分析更为客观。技术分析被用于社会心理学，因为它是人性的放大镜。价格本身是市场群体的领袖，每一笔价格反映的都是市场上所有交易者的真实态度。很多投资者自诩价值投资者，其实每天都在为价格波动所困扰。他们中大部分其实骨子里都是价格投机者。我们当中很少有人意识到，我们对价格走势原来是多么关注。

成交量是否活跃是一个市场成熟的标志，代表了投资者的认可度。通过比较两个市场的成交量，我们就能看出哪个市场更活跃或流动性更好。流动性好的市场成交价差要低于成交量少、流动性差的市场。美股无疑是全世界成交最活跃的市场。2021 年，A 股全年成交额超 257 万亿元，日均成交量在 1 万亿元左右，折合约 1500 亿美元；港交所平均每天成交金额为 1667 亿港元，折合 214 亿美元；美股随便一个交易日成交金额就在 4000 亿 ~5000 亿美元。现在全球股市成交量都有向头部企业集中的趋势，中小企业则被边缘化。市场嫌贫爱富，小市值公司不受待见，没有交易量。美股中市值前 100 股票的交易总额占比达到 50%，港股这一数据则达到 80%，代表了港股大量中小市值股票被市场边缘化。目前整个港股市场大概有 2600 家上市公司，市值排名前 1% 的 25 家公司，成交量能够占到整个市场的 50%，前 120 家公司的成交量可以占到 80%。此外，有接近一半的公司全部成交量加起来，不到全市场总成交量的 1%。股票如果缺乏流动性，太小的成交量就缺乏参考意义。如果一只股票平时几乎没有成交，突然某天成交 10 万元就上涨了 50%，那么这种量价比意义就不大。

传统上，在中国香港，市值低于 30 亿美元的个股，流动性都很差，适合练手玩玩，不适宜重仓投资。股性是否活跃也可以作为选股的重要考量指标，要尽量避免投资日均交易额 1000 万元以下的港股。中国香港“老千股”盛行，而且大都集中发生于中小市值公司，因此，投资者屡屡中招。大部分投资者没有能力辨别公司的素质，结果就干脆漠视中小市值公司，导致港股有大量的僵尸股存在，这点尤其值得关注。很多新手参与港股，往往贪便宜，结果越买越便宜，而且没有成交量，最终堕入价值投资陷阱。

价随量走

经典的道氏理论告诉我们，成交量是股票的命脉，是股市的元气与动力。

成交量和成交价二者相互印证，是分析股市趋势最基本的元素，成交量延续了趋势运行的势能。在趋势明显的行情中，价量关系非常重要。特别是趋势的反转点，是确定投资的关键，而成交量提供的信息有助于解决一些令人困惑的市场行为。不论是牛市还是熊市，都有许多波动阶段。通过价量关系的评估对这些阶段进行辨识，可以协助我们判断基本运动是否即将反转。我们可以通过审视成交量看股价波动趋势，用以决定买入时机。成交量有助于研判趋势何时反转：高位放量长阴线是顶部的迹象，而极度萎缩的成交量说明抛压已消失，往往是底部的信号，即价稳量缩才是底。不过，成交量是相对的，成交量是大还是小和在此之前的成交量的表现有关。投资者尤其需要留意的是，同样的成交量对不同的股票、在不同时期意义可以完全不一样，不能一本天书读到老。

仔细观察成交量在股市牛熊转变过程中的变化，我们可以寻找到一些规律。一般而言，量价同向趋势强化；量价背离趋势弱化。成交量在价格之间呈现一种关联性趋势规律：在上升趋势中，价格上升，成交量放大，价格下跌，成交量萎缩，在下跌趋势中，价格上升，成交量萎缩，价格下跌，成交量放大。量价分析就是通过研究成交量与成交价的关系变化，预测股票的未来趋势。成交量，代表了多空双方看法的分歧程度，缩量就说明目前多空看法趋于一致，放量就说明双方看法分歧比较大。如果某只股票的成交量相比平常突然大增，有可能意味着新行情的开始，我们要予以密切关注。就像一个久卧在床的病人有一天突然下地走路了，饭量大增了，那么肯定发生了些什么。在股市里，这叫异动！是我们赚大钱的良机！

资金流向排行榜是主力调兵遣将的显示屏，量比排行榜是个股异动的红外线检测器。成交量的异动可以通过换手率和量比来观察比较，不同体量的公司、不同股性的公司可以得出不同结论，不能一概而论，需要具体分析。如港股很多公司单日成交量如果超过 1000 万港元，已经可以称得上放量，而苹果、特斯拉单日成交量过百亿美元只是常量。

股票换手率是指成交数量与流通股本的比率，计算公式为：换手率 =（成交数量 / 总流通股本）×100%。可分为日换手率和周及月换手率。对热门股而言，美股换手率大于 A 股，A 股换手率又大于港股。量比指的是在一定时期内即时成交数量与前期一定时期内的成交数量之比，有单日、5 日、10 日量比之分。所谓放量缩量是指个股在某个阶段的成交量与其历史成交量相比，出现明显增大或明显减小的形态。

从统计学意义上讲，成交量是推动价格波动的原动力，因此成交量的变化通常领先于价格的变化，而且成交量的增长与趋势基本运动的方向相同。成交量的大小还可以用来估量价格运动的强度和紧迫性。牛市的成交量通常总是大于熊市的成交量，而在悲观情绪笼罩股市的时候，股市的成交量又非常低迷，我们可以用市场的"绝望系数"去发现情绪底部。总之，价格运动趋势与成交量的关系可以概括为"价随量走"。也就是说，价格通常往成交量增加的方向运动。如果成交量增加时，价格总上涨，则可期望上涨趋势会继续延伸，而且可能出现的回落也相当温和而且短暂；相反，如果成交量增加，价格总下跌，就可以预期价格会继续跌落，反弹力度有限且短暂。牛市的价量关系是"量增价涨"与"量缩价跌"，如果发生相反的情况，"量减价涨"与"量增价跌"，则趋势就可能反转。总之，价量关系非常重要，成交量是一个重要的辅助分析指标，可用来验证趋势的强度和持续性。

股市是一个充满机会、充满诱惑，也是充满陷阱的地方，是一个财富再分配的场所，是少数人赚多数人钱的地方。财富在于创造，而股市本身并不创造财富，只是完成财富的再次分配，这里的分配原则不是"按劳分配，多劳多得"，而是靠智慧分配的原则，智慧高则获利大。它是多数人的钱被少数人拿走的地方。投资和投机是两个概念，需要不同的策略应对。投机就是投机，投资者千万不要把投机当成投资！趋势投资理论不能保证投资者一定赚钱，但它能帮助投资者利用最客观的指标（股价和成交量）做出明智决定，最大限度（概率）预见股价的演变趋势！投机者最大的错误往往就是把失败的投机当成投资，投机失败才成为股东，被动地成为“不情愿的投资者”！

经典案例剖析

股市里什么都能骗人，唯有成交量无法骗人，因为所有的量都是金钱堆出来的，成交量是群体情绪的一个集中反映。价格形态的有效性需得到成交量的确认。成交量对应的是成交金额，即“金钱的博弈”。成交量是股价的先行指标，所谓“量在价先”，就是说股价如果想要上涨，就需要成交量先放大。往往行情出现之前，成交量已经出现异动，趋势的演变都是先从量变再到质变。犹如兵马未动粮草先行，是行军打仗的征兆。成交量就是资本的力量。

请永远记住：资金决定成交量，成交量决定趋势，趋势决定涨跌方向，趋势决定投资成败。

我崇尚快乐投资，故我专注于买入一买入就赚钱的股票，这样炒股才会有快乐的感觉。那么，为了享受到一买入就赚钱的快乐，我选择专注于观察那些最有可能出现上涨的技术形态。久而久之，我对这种技术形态就有了特别的感觉，才有可能成为一买入就赚钱的股市赢家。炒股其实很简单，无非寻势，然后顺势而为，乘势而上而已。通过成交量分析，我们可以挖掘很多投资良机，也可以规避很多投资陷阱！

放量上涨

放量上涨，并且突破长期调整区创出价格新高的行为，经常预示着一波上涨行情的开始。就市场短期的演变而言，判断行情发展趋势的最好标志就是成交量。一只股票经过大幅下跌后，在一个底部区域持续震荡盘整，成交量也出现大幅萎缩，并呈现“价稳量缩”的窄幅盘整格局。盘整时间越长，则日后上涨的力度愈强，反弹的幅度也愈大。所谓“横有多长，竖有多高”，指的就是这种形态。行情启动时，必然伴随着成交量先是温和放大，然后突然放巨量突破盘整平台，例如大成交量突破10天均线、20天均线、30天均线、60天均线等。此时，我们就必须高度重视，看看到底发生了什么事。如果公司基本面不错，又有潜在刺激因素，则我们可考虑开始建仓。

举例说明，东方电缆2020年经过数月的盘整，股价一直在12至13元之间徘徊，日成交量在1亿元左右；6月29日该股成交量突然急升至3.43亿元，较平时翻倍；量价配合，股价大涨6.46%，并连续突破10日、20日、30日均线，成功突破盘整平台。放量大涨犹如发令枪响起，此乃建仓良机也！接下来的几个交易日，成交量较前期高，但比29日爆发日低，股价则波澜不惊。这是一个非常正常且好的现象。一旦股价突破后，多空双方都需要时间消化新形势，尤其多方需要测试上方阻力有多大。那么成交量就可以恢复到平均日成交量甚至低于平均水平，就像火箭发射，你需要很多的燃料才能把它从发射台发射出去，但是一旦进入轨道，就不需要那么多的燃料来使它继续上升。其后，东方电缆股价开始进入酣畅淋漓的上涨趋势，量价齐涨，相辅相成。股价的上涨吸引了市场的目光，越来越多的人进入看多行列，到同年的8月10日即涨至26.32元，即仅用了两个月时间股价成功翻番（见图6–1）。

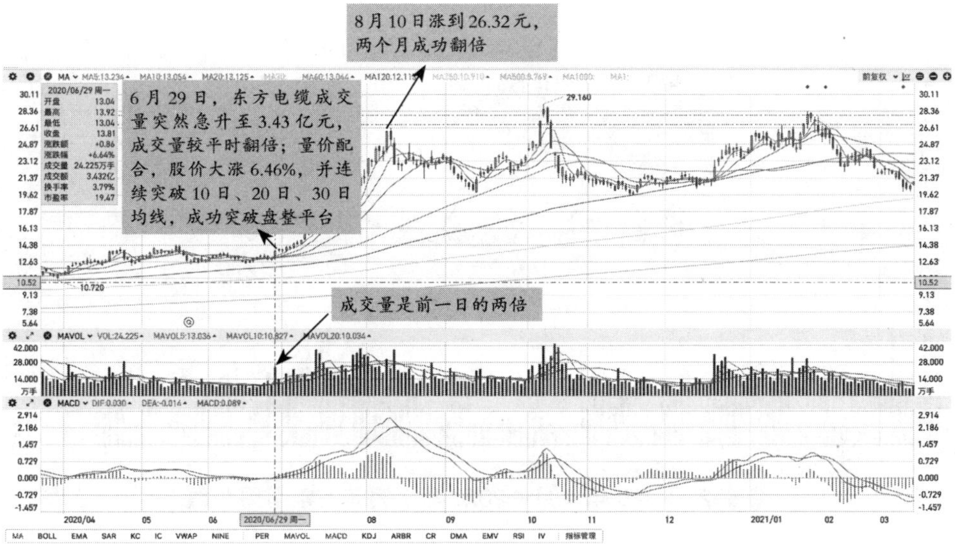

图 6–1　2020 年 6 月 29 日—8 月 10 日东方电缆日 K 线

我们再把眼光放远一点，看看周线图。该股于 2020 年 8 月股价短期见顶后，在 18 至 24 元之间盘整了半年多，于 2021 年 7 月 5 日那一周再次出现异动。该周股价上涨 7.75%，成交量高达 11.3 亿元，股价成功突破 30 周线、60 周线，接下来 4 周时间成交量不断温和放大，股价也开始恢复升势，呈现出一个明朗的上涨趋势。这是一个比较容易驾驭、跟踪的周线级别的上涨趋势，趋势延续到 2021 年 11 月 15 日，股价涨至 63 元，再次实现翻番行情（见图 6–2）。

如果一只股票长期在一个价格带缩量调整，那就说明这个价格区域是多空双方存在分歧无法进行大量交易的区域。股价要突破这个区域上涨，只有多方出更高的价格，而高价必然让成交量放大。在对上涨趋势的投资策略中，价量关系总体是“量增价涨”与“量缩价跌”。上涨趋势刚刚形成时，如果“量减价涨”，代表抛压不大，稍有买盘价格就容易上涨。但如果趋势已经运行到后期阶段，比如股价已经翻番或者上涨趋势曲线已经超过 45 度角，则此时如果出现“量减价涨”与“量增价跌”，则趋势就可能反转，需要高度警惕。

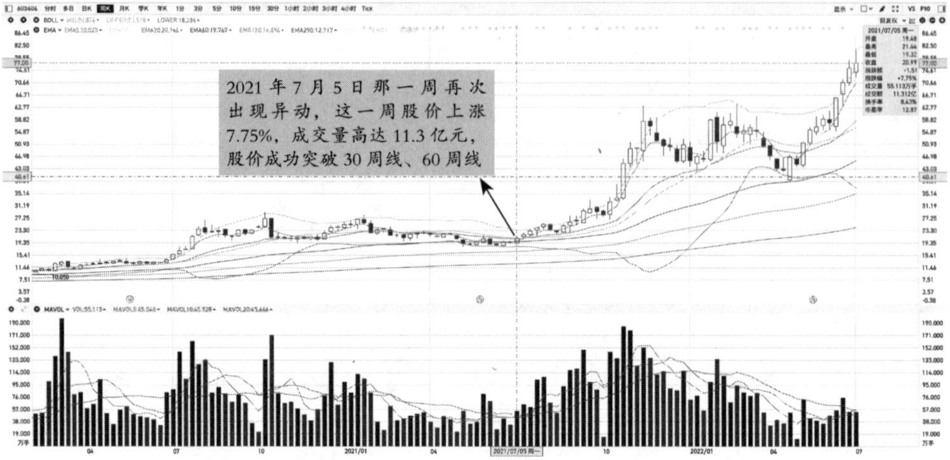

图 6-2　2020 年 4 月—2022 年 7 月东方电缆周 K 线

巨量大阴线

放巨量的大阴线是出逃的最佳信号！股价大幅上涨后，如当日创新高放巨量，但却低收，是见顶信号之一，大概率呈现单日反转趋势。如其后反弹但无量能配合，再创新高，则股价见顶仍然是大概率事件，宜立即清仓走人！一般而言，成交量创新高，股价也要创新高，说明这个升势是真实可信的，因为股价的升势被成交量确认了。如遇突发性高位巨量长阴线，情况不明，要立即出局，以防重大利空导致股价崩溃性下跌。

港股中芯国际（00981）是我成功操盘李宁（02331）后获得巨大成功的一个经典案例。自 2019 年 5 月起，我持续买入中芯国际，因为股价实在太吸引人了，还不到 8 港元。作为中国芯片行业的老大，其市净率竟然不到 0.7 倍，市值比净资产还低。在美国疯狂打压中国科技行业的大背景下，加速芯片国产替代是必然趋势！更何况该股成交量也已经开始悄悄放大，从每日 1 亿多上升到 2 亿多、3 亿多港元，可见春江水暖鸭先知，早有蜻蜓站上头。其后中芯国际总体出现量价齐涨走势，我觉得机不可失，逐步把其他落后股卖出，换入中芯国际，贯彻自己“看对一定要赚大钱”的策略。同时，在股价波动大的时候小规模做些波动操作，以降低成本。我持有中芯国际一年多，股价总体上涨了超过 500%，在 2020 年 7 月 15 日股价达到高峰！当日股价上涨到 44.8 港元，成交量高达 139.6 亿港元，收盘则下跌 8.01%，呈现放巨量创新高但高开低走的单日反转形态。此时不逃更待何时？我当机立断，在 40 港元左右清仓抛售。其后，中芯国际股价经历短暂缩量反弹，在两个月后即崩溃式跌破 20 港元关口（见图 6–3）。中芯国际一役我大获全胜，由于看对且重仓操作，我当年投资组合回报大涨 350%！事后看，如果不能在高位关键点位果断出局，我的大部分利润也会付诸东流。

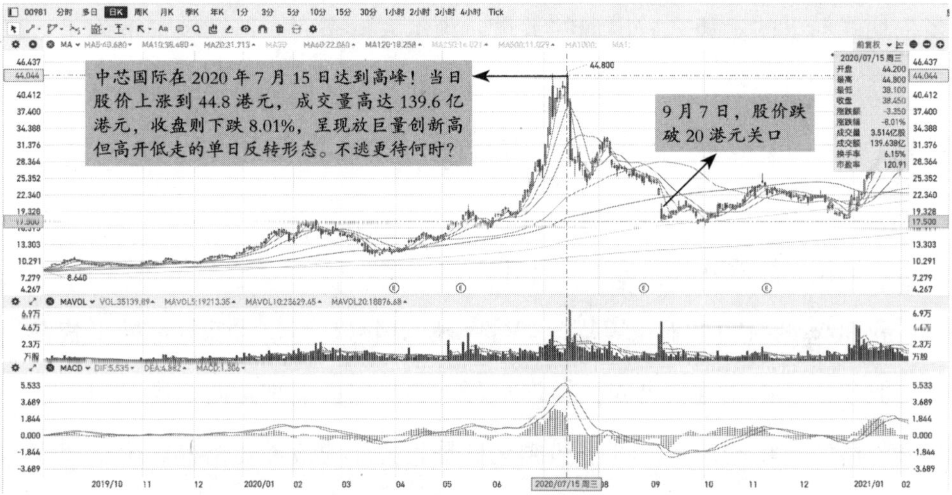

图 6–3　2019 年 10 月—2021 年 1 月中芯国际日 K 线

正确理解天量的概念

成交量和价格有背离和同步两种关系，放量发生在趋势突破和转折的拐点上，缩量发生在明显的上升或下降趋势中。对于“天量天价”“地量地价”，投资者需要有正确的认识。当量超过了过去 30 天的平均量的两倍时，就可被认为是天量。天量往往是一段趋势开始或结束的信号弹。在一个大幅下跌后的底部放出天量上涨可视为买入信号之一，多方尝试发动攻击，持续性有待观察验证。如果成交量逐步放大，股价突破 60 天均线，则应继续买入。在一个大幅下跌后的底部放量下跌也可视为买入信号，恐慌性抛售把空方的力量宣泄得差不多了。如果放量下跌出现极度缩量窄幅盘整，即出现“地量地价”盘整，时间越长，则底部区域越可以确定。等待向上放量上涨的信号一出现，应立即买入。而如果此时“地量地价”盘整后突然出现放量下跌，跌破原盘整平台区域，则可能出现新的重大利空，宜减仓观望。

在一个强劲的多根均线向上的走势之后出现的天量，预示出现顶部的概率会越来越高，因为此时多方用尽了他们所有的弹药。同理，在一个强劲的多根均线向下的走势之后出现的天量，预示大概率离底部区域也不远了。这时，经过连日恐慌性抛售后，意志不坚定的卖方把他们手里的筹码也差不多抛光了。当一只股票脱离底部时，我喜欢看到巨额的成交量是过去 30 天平均成交量的数倍，最理想的是量能持续放大至少 3 天时间，这表明有大型资金介入。低位突然放巨量时是买入时机。

我 90% 的时间里都在等待，等待突破的信号。行情大部分都处于胶着状态，股票似乎正在盘整巩固，但你永远不知道它接下来是向上还是向下，最好静静聆听市场的声音。价格和成交量是我关注的最重要指标。价格和成交量之间的关系给我提供了未来价格走向的最佳指示。要想用强势股来快速赚大钱，你必须学会如何将自己放在最有利的位置，把握正确的交易时间。我希望看到一只股票在经历了一段盘整期后以一种有序的方式上涨，成交量是股票的命脉，超级强势股的动力总是来自成交量的巨大增长。一个很好的经验是，在一天结束时寻找成交量激增的股票，这个成交量最少要大于 30 天平均值的 50%，当然成交量越大就越好。

时代电气（03898）是我继中芯国际之后的另一个经典之作。时代电气是我国高端制造的代表，也是 IGBT 的领军企业，企业具有核心竞争力是我把它列入重点观察名单的原因。时代电气 2018 年从 40 多港元的平台连续下跌后，于 2020 年上半年进入 18 至 22 港元区间震荡整理，这期间该股日成交量大都在 3000 万 ~4000 万港元，但 7 月 6 日突然放巨量 3.594 亿港元上涨 29.48%，收盘价高达 25.48 港元，一举突破震荡平台和 60 天均线，这引起了我的高度关注（见图 6–4）。其后，该股量价齐涨，我于 30 港元左右开始建立观察仓位。但其后行情进入缩量调整期，股价在 23 至 26 港元之间建立了一个新的平台，但比前期 18 至 22 港元平台上了一个台阶，成交量也上升到 5000 万 ~ 15000 万港元，明显有主力资金开始吸筹。我迅速把从中芯国际套现的资金大举建仓时代电气。这个沉闷的建仓过程持续了几个月，要赚大钱当然也需要有耐心！当价格呈区间振荡时，成交量往往维持低位，因为此时参与者较少，关注度低。人们对细微的价格变化没有感觉，没有趋势的市场似乎要永远走下去。

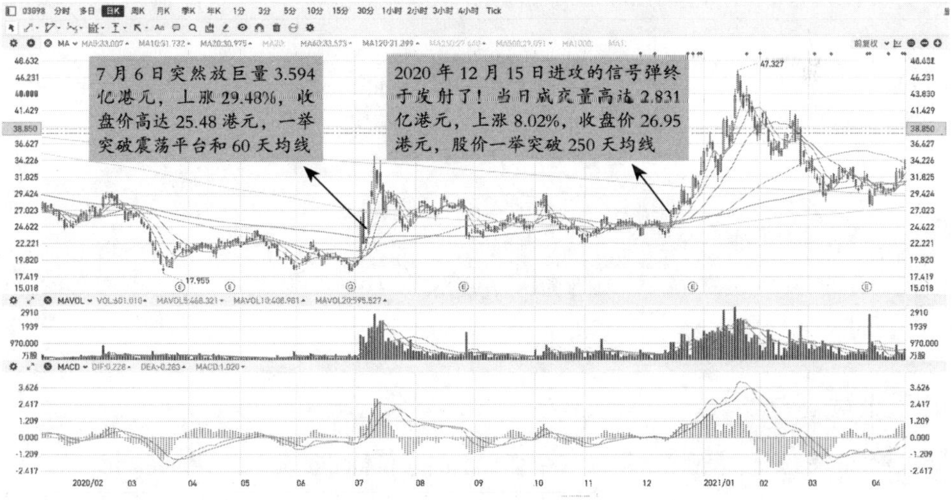

图 6–4　2020 年 7 月 6 日时代电气突然价量齐升（日 K 线）

2020 年 12 月 15 日，进攻的信号弹终于发射了！当日成交量高达 2.831 亿港元，上涨 8.02%，收盘 26.95 港元，股价一举突破 250 天均线，这意味着一个大级别的上涨趋势喷薄而出！突破往往伴随成交量戏剧性地放大，因为空方夺路而逃。我果断继续加仓，时代电气成为我投资组合的第一大持仓股。果不其然，时代电气迅速上涨到 40 港元上方，然后又回调到 30 至 35 港元之间缩量震荡调整。大家注意，随着调整平台的逐次提高，震荡区间的成交量也在逐步提高，这是一个非常健康的走势。接下来唯一可做的事就是：加仓、等待收成。

时间到了 2021 年 6 月 15 日，总攻的时候到了，太激动人心了！当日时代电气上涨 6%，成交量高达 5.725 亿港元，收盘 39.75 港元，股价挑战前次高点。我意识到这是一个强而快的趋势。天予弗取，反受其咎。我立即选择把其他股票继续调仓到时代电气，因为看对要赚大钱！一如预期，到了 7 月 23 日，1 个多月时间股价就迅猛上涨到 64.75 港元。当日再次出现单日反转形态，即股价高开 59.95 港元，创出新高 64.75 港元，收盘则低收 55.65 港元，成交量创出 18.35 亿港元的天量（见图 6–5）。于是，我非常愉快地按照信

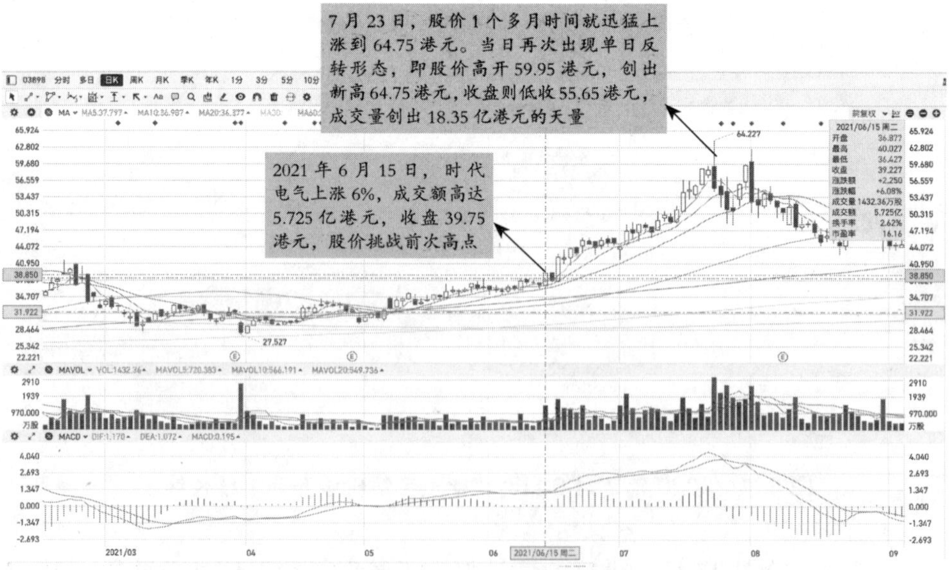

图 6–5　时代电气在 2021 年 6 月 15 日和 7 月 23 日的关键节点

号指引清仓。时代电气一役大获成功，是我迄今为止赚钱最多的港股，大大增强了我的资本实力。心中有底气，行事自从容。自信的源泉不是因为你总是正确，而是你有了犯错的资本。

总结来说，向上突破时成交量明显放大是寻找上涨趋势的秘诀！在上涨趋势中，突破时成交量巨幅放大，紧接着回调时成交量明显萎缩，应买入。比较清爽、容易驾驭的趋势是，价格随着成交量的递增而上涨。这属于难得赚快钱的强趋势，应果断加仓。如果股价始终在60日均线上方，量减价升或量平价升，则可考虑增持或继续持有观望。投资赚钱无非寻势、顺势、乘势而已。我们要专注于在上涨趋势中顺势数钱，把简单的事重复做好。

历史就是这样不断重复，只不过大家不相信会如此简单地重复。炒股其实也很简单，趋势的形成、爆发以至于崩溃，技术形态就是那么简单地不断重复，我们学着去跟踪即可。但人心太复杂，总喜欢把简单事情复杂化！时代电气一役从建仓到清仓，前后约一年时间，而真正进攻时间约半年，我一气呵成，组合在此期间再次在原来的基础上大涨202.53%。两年时间，我的投资组合回报高达576.9%。只有看懂趋势，你才会明白快乐投资的真谛！

图6–6　投资时代电气的盈利情况

成交量稳步放大

成交量稳步放大是最佳买入时机，超强动量股必然伴随着巨额成交量的反复换手。巨额成交量才能吸引市场的关注，才有可能成为超强动量股！这里特别要再次强调的是，成交量是相对的。成交量是大还是小和在此之前的成交量的表现有关。通过使用标准的成交量柱状图，我们就可以建立较为直观的关系。成交量的移动平均线也可以让我们较为直观地明白这一点。

成交量的持续放大确认了趋势。如果股价创了新高得到了成交量的配合，那么股价在短期内继续上涨的可能性就很大，也就形成了我们非常渴望驾驭的上涨趋势。

在牛市中，随着股价的上涨，每当走势创出一个新高，成交量都会大于前一个高点的成交量，并且每一个高点出现之后回落的低点，成交量都要大于前一个低点的成交量，当价格上涨时成交量也随之增长。当价格回调时，成交量也会减少。成交量随着股价的上涨也同向上涨，而股价稍有回落，成交量就迅速萎缩。价格再上涨，成交量亦随之增加。但价格通常不是每天都上涨，而当成交量减少时，价格亦随即回落。这种模式表明上涨趋势有效，而且证明后市继续看涨。如果股价上涨加速，成交量也迅速放大，量价相互印证、相互强化，则上涨趋势曲线往往超过 45 度角，由此可推断这是一个千载难逢的强趋势。如富途控股由 2020 年 3 月的 8 美元迅速上涨到 2021 年 2 月的 204 美元，仅用一年时间就走出了一个波澜壮阔的大牛行情。这是一个非常理想的上涨趋势，是千载难逢短平快赚大钱的良机！

美股富途控股（FUTU）于 2019 年 3 月于美国纳斯达克交易所挂牌上市，IPO 价格 12 美元，上市后最高上涨至 19 美元，成交量维持在 1000 万美元上方；其后，股价辗转下跌至 10 美元下方，日成交量不断缩量，从几百万至 100 万美元以下，呈现地价地量，颇有被边缘化之感。富途是我最喜欢的互联网券商，是一家专注于革新用户体验的数字金融公司，我一直非常看好，故一直重点关注。当富途在 2020 年 3 月跌至 8~10 美元区域震荡盘整时，我果断在 8 美元底部出手，不断增持，当时富途已经呈现地价地量，成交量多时有几百万美元，少时只有几十万美元，股价也有跌不下去之感。同年 5 月 14 日，富途突然放量上涨 3.91%，成交量高达 1994 万美元，较平时多了好几倍，收盘 12.76 美元。紧接着在 20 日成交量突破 3000 万美元，呈现量价齐升，富途的上涨趋势初步确立（见图 6–7）。我一路增持。我希望尽快加入富途的上涨趋势当中。到了 11 月，富途股价站上 30 美元时，成交量超过亿美元已成为常态。踏入 2021 年 1 月，富途股价出现加速上涨形态，股价站上 50 美元上方，成交均量高达 5 亿美元左右；1 月 22 日，股价突破 100 美元，其后成交均量已接近 10 亿美元；接下来富途走势如脱缰之马，量价继续狂飙，2 月 8 日股价即涨至 204 美元，当日成交量高达 137.18 亿美元，与 1 年前富途日成交量只有几十万、几百万美元相比，恍若隔世！富途不到一年时间成交量急剧上涨了 10000 倍，股价在这期间也上涨了 2500%，活脱脱的一个超级大牛股！由此可见，超级大牛股的动力总是来自成交量的巨大增长（见图 6–8）。

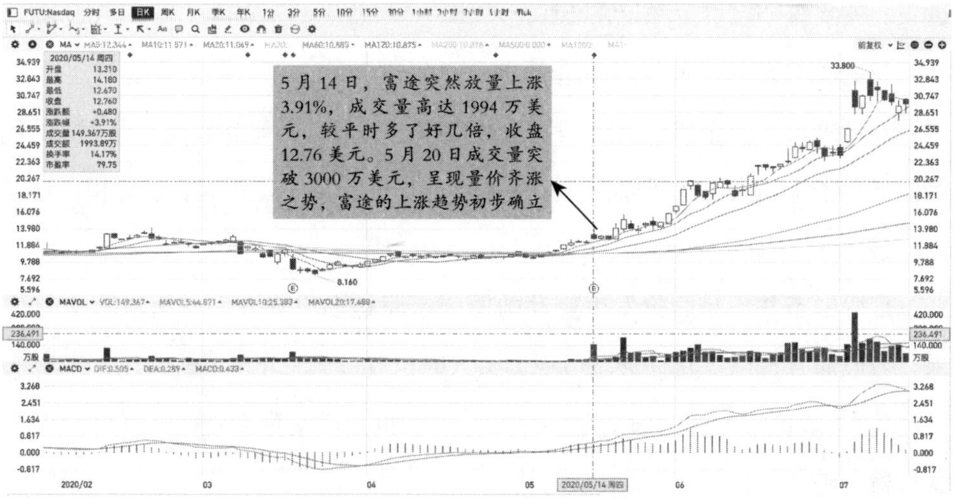

图 6–7　富途的上涨趋势初步确立

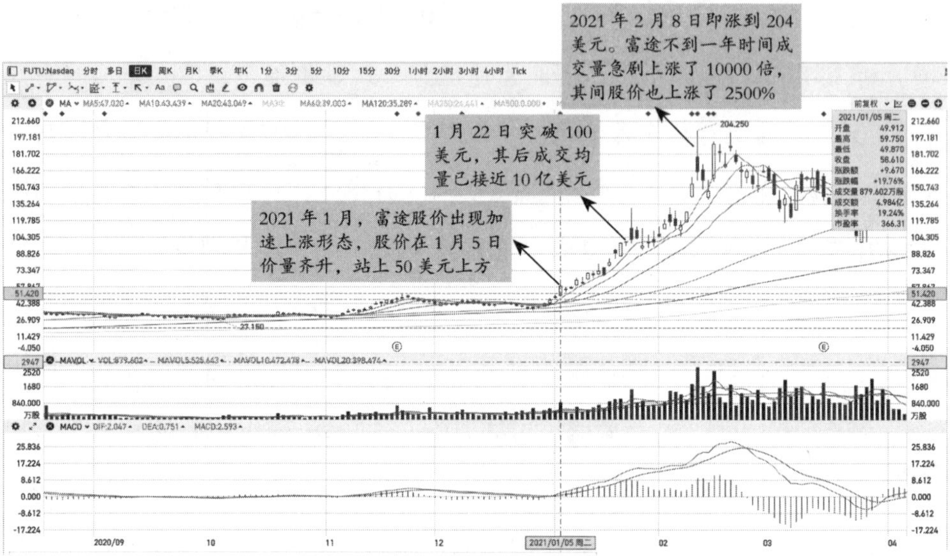

图 6–8　富途成交量稳步放大

2 月 8 日，富途股价冲高回落后疲态尽露，其后几次反弹成交量都呈现萎缩状态，我预判趋势反转时刻到了，果断清仓走人。其后富途大幅下跌，不到一年时间又跌回 40 美元附近震荡。趋势运行有两大特征：惯性运行，矫枉过正。需要每个投资者谨记在心！

我的美股账户投入的资本金基本可以忽略不计，而美股组合能够迅速壮大，富途一役厥功至伟。富途是我赚钱最多的美股，短平快获得了超过 20 多倍回报。本小利大也！所以，本小根本不能作为自己不能赚大钱的理由。

技术上的买入时机

K 线形态并不是股价发生变动的原因，而是多空双方供需激烈博弈的结果。一般而言，以下几种形态可视为买入时机：

（1）股价放量冲过前期高点时是买入时机，成交量突破往往可解读为确认价格突破。

（2）股价向上突破下跌趋势线时，成交量必须放大，而且越大越好。充分的换手率才是股价持续上涨的保证。

（3）股价回升时的成交量大于前一头部的成交量时是买入时机。

（4）股价在波浪形上升中，后浪成交量超过前浪成交量时是买入时机。

（5）5日和10日均线量已萎缩横移了若干天，当某一天（或连续两三天）的成交量放大并突破这两条成交量均线时是买入时机；由于日线趋势较为不稳定，稳健投资者可把日线改为周线。

（6）股价在低位区域，当5日均线带量上穿10日均线形成交叉时是买入时机；由于日线趋势较为不稳定，稳健投资者可把日线改为周线。

（7）股价放量跳空上涨时买入，成交量越大，上涨跳空力度越强。跳空缺口是多空双方力量失衡的结果。

（8）如果市场创出新低而成交量创出新高，“极限低点”往往会被缩量回测，这是一个绝佳买点。

（9）在上涨趋势中，观察趋势调整时的成交量。在上升趋势的回调中，成交量往往因为人们急于获利了结而放大。当继续下跌调整而量能萎缩时，表明多方惜售而空方乏力故抛压减轻。当量能枯竭时，表明调整接近尾声，大概率将重启上升趋势，这是一个很好的增持良机。

（10）股价大跌后，如果成交量很大，应视为利好。市场专家普遍认为这代表抛压很大，后市看跌。其实，他们不知道，跌市成交量大代表承接力也大，成交量须由买卖双方合作完成，缺一不可。这表示有大量股票从短线、犹豫的投资者手里，转移到长线、坚定的投资者手里。也就是说，如果成交量增加，行情仍然继续下跌时，就是已经接近下一次上涨起点的信号。跌市高换手率有助于加速底部的形成。

（11）个股在底部经放量拉升、横盘整理后缩量上涨，是主力筹码高度集中的表现，有利于上涨趋势的延续。

技术上的卖出时机

一般而言，以下几种形态可视为卖出时机：

（1）在下跌趋势中，量减价跌，抛压仍未释放，卖出信号；量平价跌，继续卖出。华尔街有句名言："股价上涨需要买盘推动，但股价靠自重就可下跌。"放量下跌不可怕，阴跌漫漫无了期。

（2）放量跌破重要支撑位，如：趋势线、均线支撑、整数价位关口等。

（3）放量跌破盘整平台区域。

（4）价格上涨到前期峰值附近，但成交量却明显缩量，表现出熊背离，这很可能是在酝酿双头走势。当股价冲顶开始调整下跌时，错过第一轮价格上涨的投资者会认为该股"便宜"，捡便宜的心理会推动股价反弹到前期高点，从而形成"双顶"形态。这个形态的判断关键点是反弹中的成交量，很多交易日的成交量低于平均量。如股价不能创出新高，转而掉头向下，宜果断减仓。顶部背离是"双顶"现象之一。

（5）跌市成交量持续萎缩：当成交量小，且股价继续下跌时，就表示市场前景堪虑。因为短线、犹豫的投资者还持有大量股票，行情如继续下跌，他们随时会因恐慌将股票抛出。恐慌性抛售是熊市结束的重要及必要条件之一。故无量阴跌才是最可怕的！股价虽然已偏低，但成交无量，人气涣散，代表承接力更差。此时投资者宜减仓或持股观望。

（6）大幅震荡、放量的上影线丛林是头部最明显的特征之一，宜高度警惕。

（7）股价大幅上涨后形成的头部，暴跌之后往往会有反弹，区分反弹和趋势反转上涨的一个标志是成交量。如果下跌趋势中股价上涨，但成交量始终难以放大，那么基本可以确定是反弹而不是趋势发生了反转。因为连续的上涨后成交量并没有继续放大，代表市场的买盘并没有决心消灭犹豫的交易者。经过一番博弈，这些犹豫的交易者失去信心后，会转而抛售带动股价下跌。

图解小米：一个完美的牛熊转换趋势形态

2018 年 7 月 9 日小米集团（01810）于港交所上市，IPO 价格 17 港元。

但上市首日开盘即破发。2019 年 9 月 2 日，小米股价一路辗转下跌到 8.28 港元，该日成交量较前略为放量至 7.392 亿港元。然后小米缩量调整了两个多月，价格在低位区间震荡。2019 年 11 月 28 日，小米高开高走，突然放出巨量 23.86 亿港元，股价上涨 1.83%，收盘 9.19 港元，由此正式拉开上涨的序幕（见图 6–9）。低位放量上涨代表趋势有可能见底，投资者可以考虑建仓。之后小米整个上涨趋势跟富途的上涨趋势如出一辙，即随着股价的上涨，每当走势创出一个新高，成交量都会大于前一个高点的成交量，并且每一个高点出现之后回落的低点，成交量都要大于前一个低点的成交量。当价格上涨时成交量也随之增长；当价格回调时，成交量也会减少。成交量随着股价的上涨也同向上涨，而股价稍有回落，成交量就迅速萎缩。价格再上涨，成交亦随之增加。但价格通常不是每天都上涨，而当成交量减少时，价格亦随即回落，量价相互印证相互强化。这种完美上涨趋势持续到了 2021 年 1 月 5 日，小米集团的股价升至上市以来的最高点 35.9 港元，成交量高达 60.53 亿港元（见图 6–10）。当天走出了一个十字星形态，为变盘埋下伏笔；该周则出现成交放量，高开低走，可视为周线反转形态。自此以后，小米就展开了一个令人绝望的完美下降趋势，不但再次跌破发行价，甚至回到了 10~13 港元低位区间震荡。虽然小米从 2019 年 1 月 18 日开始至 2022 年 3 月，3 年时间里公司已经回购了 100 多次，累计金额高达 130 亿港元以上，但也无法托起股价。可见，趋势一旦形成，非外力所能左右也！投资者千万不要跟趋势对抗！

补充说明一下，如果在日 K 线图上股价和成交量的变化太过剧烈而难以抉择，那么可以考虑使用周 K 线图。周 K 线图反应较为迟钝，但可靠性更强。同理，在使用趋势线的时候也要注意，形成趋势线的时间越长，一旦被突破，趋势改变的信号准确率也越高，但是买进和卖出的信号也出现得越滞后。投资者要学会权衡利弊，因时而定。

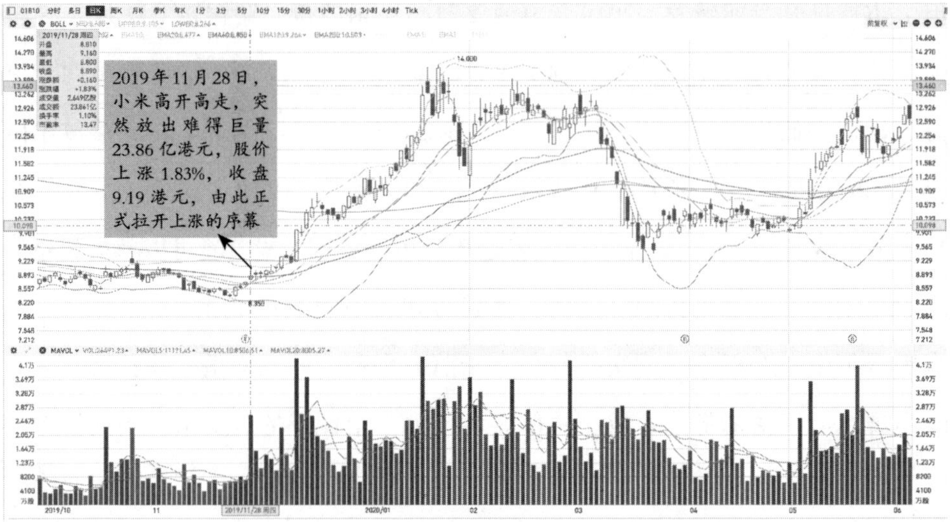

图 6-9　高开高走、量价配合，开启上涨趋势

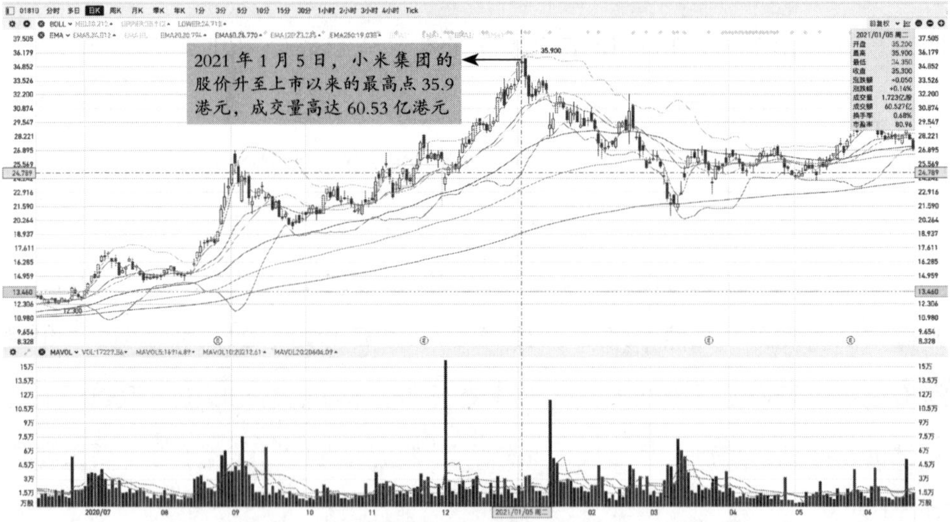

图 6-10　十字星变盘、放量高开低走，开启下跌趋势

小米集团从 2021 年 1 月 5 日高点回落到 2022 年 5 月低点，这期间的走势呈现出一个完美的下降趋势。在下降趋势中，往往从最高点开始，随着成交量的增加，价格开始下跌，并随着成交量的萎缩，下跌速度也开始变缓。每次创出新低后反弹高点的成交量也会小于前一个反弹高点的成交量。随着

成交量的增长，价格随之下跌，当价格反弹时，成交量却减少。价格再下跌时，成交量再次放大。量价呈现助跌不助涨的背离。在小米长达一年多的下降趋势中，关键的转折点为2021年9月6日，当日股价收盘24.95港元，成交量为27.96亿港元，这是首次60日均线从上下穿250日均线，此后，股价再也无力重上60日均线（见图6-11）。250日均线，MACD快线、慢线都只能在零轴下方垂死挣扎，弱势毕露。股价图明明白白地告诉我们这是一个大级别的下降趋势，沽之可也！你可能不知道股价下跌趋势会持续多久，但应该知道如何去躲避这场风险。通过观察成交量及一些简单的技术指标在趋势演变过程中的变化，我们可以获得一些启示。

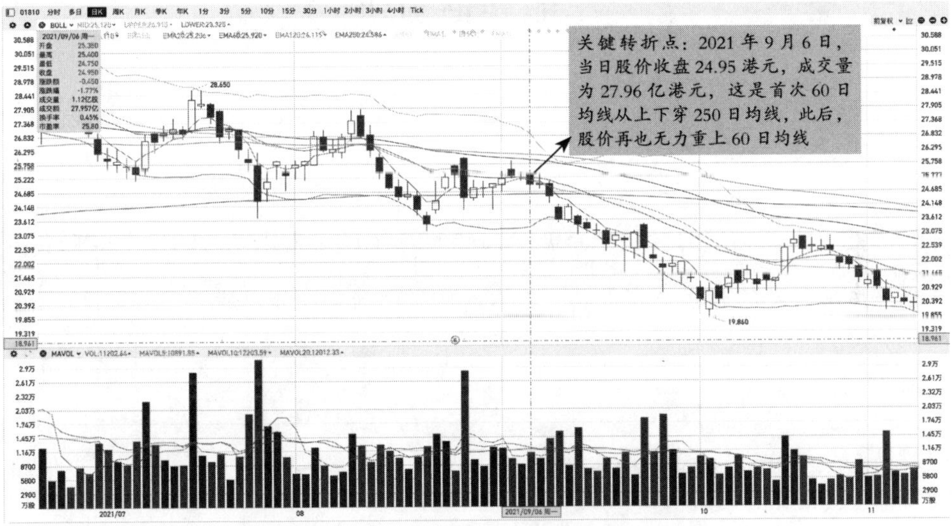

图6-11　小米集团股价趋势关键转折点

第七章

牛熊转换规律

在悲观主义弥漫的时候牛市开始酝酿，在怀疑主义弥漫的时候牛市形成，在乐观主义弥漫的时候牛市成熟，在人人陶醉的时候牛市结束。

——约翰·邓普顿

阴阳轮转 牛熊更迭 生生不息

三十年河东，三十年河西，牛熊变幻在心头。山有峰顶，海有彼岸。漫漫长途，终有回转。余味苦涩，终有回甘。势有终，早备也。人有难，不溃也。古今中外“股灾”的共同之处是没有人能预计到。股市中有句谚语：涨到让你失去信仰，跌到让你怀疑人生。

股市有周期，就是牛市和熊市的更迭。经济也有周期，繁荣期和衰退期。奥地利政治经济学家约瑟夫·熊彼特说：“经济周期并不是扁桃体，可以摘除；而是像心跳，是有机体的核心。”我们都喜欢经济欣欣向荣，都喜欢波澜壮阔的牛市，但牛熊终有转换。我们必须面对天道轮回。没有哪个强人可以改变潮起潮落的自然规律，也没有哪个庄家可以改变股市牛熊转换的周期趋势。

中国传统哲学集大成者太极文化提出，宇宙万物是以阴、阳为基本元素的最大范围的统一体。太极意为派生万物的本源。阴阳对立而统一，各自以对方的存在作为自己存在的依据。太极图是以黑白两个鱼形纹组成的圆形图案。黑为阴，白为阳，由小至大，形成双鱼图案。由于白鱼中有黑点，黑鱼中有白点，黑白交集，寓意阴盛阳衰，阳盛阴衰，生生不息。太极图形象化地表达了阴阳轮转、相反相成是万物生成变化根源的哲理。个中道理其实与股市盛衰循环如出一辙。世上没有永远持续的牛市，也没有永不终结的熊市。牛市永远存在利空因素，熊市中亦隐藏利好因子。约翰·邓普顿说：“在悲观主义弥漫的时候牛市开始酝酿，在怀疑主义弥漫的时候牛市形成，在乐观主义弥漫的时候牛市成熟，在人人陶醉的时候牛市结束。”这就是牛熊转换规律。

在牛市里，下跌需要很多理由，上涨则完全不需要任何理由！股票被高估，但价格却越涨越高！在熊市里，上涨需要很多理由，下跌则完全不需要任何理由！股票被低估，但走势却越来越低！牛市在忧虑中诞生，熊市在欢呼声中来临！无数事实证明，我们无法预测一个人在股市里的无知程度和疯狂程度。

投资者贪婪与恐惧的天性往往惊人地一致，并互相感染和不断强化，市场永远在投资者贪婪和恐惧交替循环中到达波峰和波谷，完成牛熊转换。股市表现同自己的正确判断可能背道而驰很长时间，所以投资者要顺势而行，不要跟市场斗气。投资者要谨记：旺市不估顶，淡市不估底！市场总是从偏低走向偏高，然后又从偏高走向偏低，完美市场只会瞬间出现，并不多见。

强势起于弱势，失势起于得势。势无恒常，只有长短。

老股民常说，股市底部靠信仰，顶部靠理性。牛市是逐步演变的，第一期：怀疑、犹豫、谨慎；第二期：乐观；第三期：亢奋！熊市的发展也是一波三折，第一期：彷徨、失望；第二期：悲观、恐惧；第三期：重创、绝望。每曲交响乐都有一个主旋律，决定了音乐的灵魂。在股市中求生存，认清牛熊趋势是投资者至关紧要的头等大事。中国 A 股在 2005 年至 2008 年演绎了一场经典的牛熊转换，值得我们每个人学习并引以为戒（见图 7–1、图 7–2、图 7–3）。

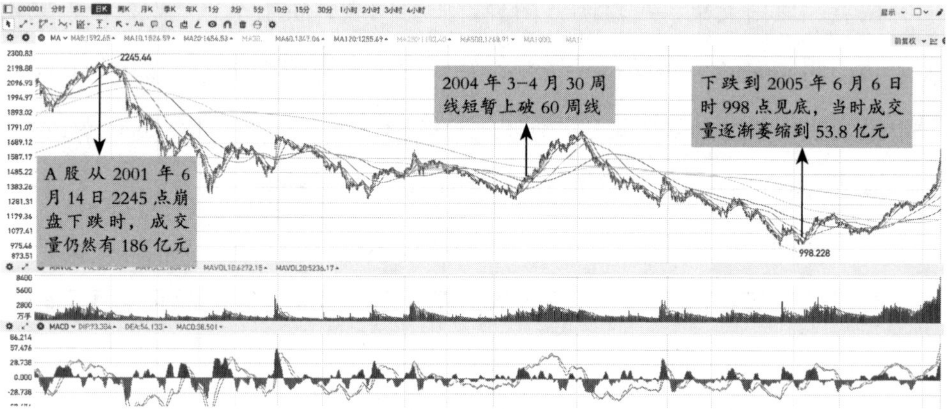

图 7–1　在悲观中酝酿牛市

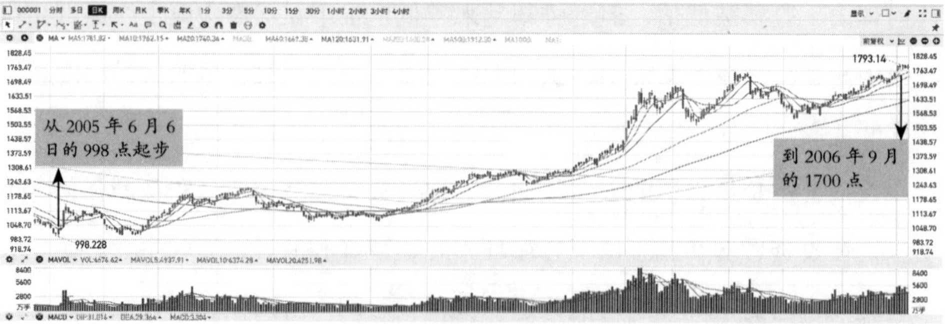

图 7–2　牛市第一期（耗时 15 个月）

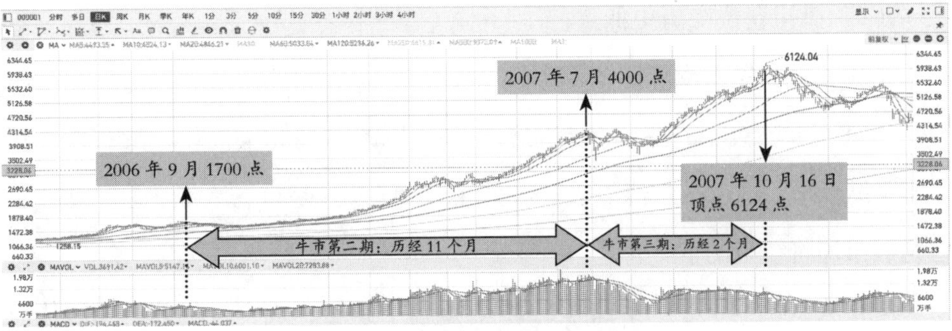

图 7–3　牛市第二期、第三期

牛市的三个时期

牛市第一期的市场概况及变化规律

牛市的起点，在于市场被蹂躏摧残、集体阵痛的极点。牛市第一期是“怀疑”期，投资者还未从熊市第三期的阴影中缓过气来，脆弱的心灵仍然笼罩在恐惧中。熊末牛初，判断市场走势，资金面和政策面是领先指标，基本面是滞后指标。熊市见底时，微观基本面往往很不理想，不能以此作为牛熊研判的依据。如果一定要等到基本面改善才加仓，往往比较滞后。历史上的股市见底信号有：

（1）市场估值在历史低位，往往跌到历史分位 10% 以内；

（2）M1 见底回升，降准或降息，财政政策和货币政策开始发力；

（3）热点涣散，市场漠视好消息；

（4）成交量极度萎缩；

（5）社保基金入市；

（6）上市公司频频回购，大股东和高管增持；

（7）机构大幅超配非周期类股票；

（8）强周期股在跌时抗跌，涨时领涨；

（9）机构仓位在历史低点；

（10）新股停发或降印花税；

（11）市场对于一些超预期的明显利空因素已经完全钝化，没有再继续做出下跌反应。这也是最值得投资者关注的现象。这是市场跌不下去的征兆，也是熊市即将结束的信号！

A 股从 2001 年 6 月 14 日的 2245 点崩盘下跌时，成交量仍然有 186 亿元（见图 7–1）。辗转下跌到 2005 年 6 月 6 日的 998 点见底，当时成交量逐渐萎缩到 53.8 亿元。2001 年到 2005 年，虽然政府不断出台经济刺激政策，但经济只是缓慢复苏，市场对国有股减持和全流通存有疑虑，股市持续低迷，此时成交量持续萎缩，出现人们所说的“地价地量”。这期间市场虽有反弹，日 K 线图看似反弹强烈，但从周 K 线图上看，则明显一直呈现下降趋势，指数一直在 60 日周线下方运行，只有 2004 年 3—4 月 30 日周线短暂上破 60 日周线，但也只是昙花一现，很快重回跌势。一而再的打击，让大众已对股票失去兴趣，大家都不想提起股市的伤心事。2005 年 6 月 6 日，股指呈现低开高走单日反转形态，之后连日量价齐涨。部分趋势投资者和市场少量聪明资金及机构投资者先知先觉，看到市场被大幅低估，而且感受到政府对股市的呵护之心，开始逐步建仓优质股，由于抛盘减少，少量的买盘已不知不觉逐步把市场底部往上抬高。不过，这种持续的升势是微弱的，经过一段时间后，许多股票已从盲目抛售者手中流到理性投资者手中。市场在回升过程中偶有回落，但每一次回落的低点都比上一次高，成交量也小幅放大。难得的赚钱效应吸引新的投资人入市，整个市场交投逐渐活跃。这时候，上市公司的经营状况和公司业绩开始好转，股权分置改革政策也逐步为投资者所认同，进一步刺激人们入市。此时，一些长线价值投资者开始吸纳大盘蓝筹股，稳定了大盘指数。股指从 2005 年 6 月 6 日上涨到 2006 年 9 月，到达 1700 点左右，可视为牛市第一期（见图 7–2），耗时 15 个月时间，股指在怀疑声中犹犹豫豫地上涨了约70%。此时，市场成交量从底部的53.8亿元逐步上升到几百亿元规模。

一般而言，熊市末期、牛市初期出现以下迹象，我们可以谨慎看多：在熊市中，正向次级运动创新低点时，成交量通常应该放大，所以次级运动跌势中的成交量一旦持续缩小，代表空方力量已逐渐衰弱。此时如果次级运动的跌势没有创新低，反弹的幅度愈大，熊市发生反转的可能性就愈大。如果反弹超过前一拨跌势的100%，即升穿前个峰顶，则熊转牛信号更加明确。因为熊市的定义——一系列不断下滑的低点——已经不复成立。随之而来的是，在牛市的第一个正向次级运动中，通常出现大成交量，而且明显大于先前的次级运动。换言之，牛市开始的成交量将大于先前熊市的次级反弹运动的成交量。

牛市初期的迹象有：一段时间的底部缩量盘整，低位突然放巨量，股价上升时成交量稳步放大；股价上升初期，出现巨量阴线而股价没有深幅回调，当股价再突破前高则代表上涨趋势延续；行情启动之初，股价大涨而成交量严重萎缩时是买入时机。

牛市第二期的市场概况及变化规律

如果说第一期是牛市萌芽期，那么第二期牛市就开始茁壮成长了。这是牛市的旺盛期，具有极强的生命力。在经济方面，第二期企业盈利开始捷报频传，货币政策和财政政策也开始发力。在市场方面，各类好消息不断刺激股价上涨，市场情绪转为乐观，投资者信心逐步恢复，使得股市进入一轮稳定的上升时期。这时市况虽然明显好转，但熊市的惨跌使投资者仍心有余悸。这期间不断有投资者获利回吐，也不断有新投资者入场，反映在股市里就是中场出现一种非升非跌的僵持局面，但总的来说大市基调良好，股价不断上升。股指从2006年9月1700点到2007年7月4000点即属于牛市第二期（见图7-3）。历经11个月，股指上升了2300点，升幅高达135%。

此时，市场成交量从牛市一期的几百亿元上升到2000亿元左右，成交量平均上涨了400%。成交量上涨幅度大于股指上涨幅度。散户的大量加盟加速了市场热点的转换，从牛市一期蓝筹股唱大戏到低价股、概念股异军突起，百花齐放。长线价值投资者和短线投机者不断博弈，大盘日均换手率迅速提高，成交量出现逐步放大迹象。当越来越多的短线投机者尝到甜头时，大众就会从一开始不相信股市会上升，到坚信股市会上升，成交量就会一直维持在一个较高的水平，成交量确认了趋势形态的有效性，上涨趋势不断自我强化。

牛市第三期的市场概况及其特征

巨大的投资灾难往往始于一个令人信服的增长故事。一个投机大牛市需要普遍的信任感和乐观情绪，如新技术革命、中国经济黄金10年概念等。而赚大钱的传奇故事在传递过程中往往出现偏差，放大财富效应，令市场情绪越来越炽热。投资成功的故事和中彩票的故事一样会误导大众。投资大众大都急功近利，他们对于脚踏实地、集腋成裘的致富故事不感兴趣，而沉醉于一夜暴富的传奇。人们在被哄骗时，经常会自己安慰自己："这一次是真的不同了。"

当市场处于牛市第三阶段时，最后一批悲观者就会转而加入乐观者的行列。在各类媒体的鼓动之下，股市致富的狂潮弥漫市场，炒股就会演变成一场群众运动。群体性的癫狂、迷失会爆发出巨大的力量，把牛市第三期迅速推上顶峰。所有的泡沫市场最后都是咆哮着一路飙升，直至攀上悬崖绝壁，然后纵身跃下。

从2007年7月4000点到2007年10月16日顶点6124点，上涨了2124点，上涨幅度高达53.1%，仅用了两个多月时间，顶点当日成交量为1669亿元。请特别注意，虽然这期间股指急剧上涨，但成交量却出现了严重的量价背离迹象，10月的市场成交量对比7月前的次高点的成交量出现了较大的萎缩，从 2000 亿元左右下降到 1500 亿元左右。从成交量观察，上涨趋势出现了转弱的迹象。此时，投资者必须高度警惕，一旦股市出现 10% 以上的回调，就应该果断大幅清仓出局。反之，如果此时股价回升时的成交量大于前一头部的成交量，或者股价在波浪形上升中，后浪成交量超过前浪成交量，则我们仍然可以谨慎乐观。

在牛市第三期，股价的上涨已完全脱离了企业效益这一基础，完全由参与者的主观愿望驱动，投机的气味开始浓厚。由于很多上市企业也参与了股票投资，从而获得了大量非经常性盈利，令股民的偏见愈趋严重。因为投资收益不仅提高了估值基础，同时提高了收益预期。在这一阶段的末期，市场投机气氛极浓，即使出现坏消息也会被作为投机热点炒作，变为利好消息。垃圾股、冷门股股价均大幅度上涨，而一些稳健的优质股则反而被漠视。同时，炒股席卷社会各个角落，各行各业、男女老幼均加入了炒股大军。

在这个全民炒股时刻，你向别人提示风险，不但不能赢得友谊，反而容易惹来憎恨，因为你耽搁了别人发财。事实上，投资者也应该全身心投入股市，毕竟这样快乐数钱的好时光并不会太多。我们不是神仙，上涨趋势运行的长度和高度都可能远远超出人们的想象，如资金面持续宽松，股价可从偏高到极度偏高！投资策略太保守，投资者面临的是严重踏空的风险。丰厚利润的来临往往出现在股价大爆炸时，操作得好，投资者 1 个月的利润可能就超过平时 10 年的利润！在牛市“踏空”跟亏钱没什么两样。

在这段时间里，投资者可以适当约束自己的逻辑分析，他不仅要聪明，甚至要有足够的智慧去“扮演一个傻瓜”。他可以暂时关闭自己的批判理智，但仍应小心不丧失全部理智。在此阶段，投资者宜大胆全力投入以获取大利，同时亦须诚惶诚恐，步步为营。把握好此波段的操作，投资翻番是很容易的事，这种机会不是经常有。投资者应享受泡沫，利用泡沫，借机壮大自己，以抵御寒冬的到来。

牛市见顶的迹象

投资者特别要注意的是，当资金要素带来的普遍快感突然变化时，必须及时从市场中跳出来。刺破2015年超级泡沫的直接原因就是强力去杠杆，导致流动性枯竭，引发连续暴跌。因为缺乏预测趋势顶部的绝对有效方法，承受见顶回调风险是投资获得回报的代价，如果不接受这个代价也就没有回调之前的丰厚回报。但是，冷静回顾各国大型股市泡沫崩盘的前奏，共性的规律还是很多的。如以2007年A股大牛市为例，牛市见顶的迹象有：

（1）2007年9月通货膨胀率高达6.1%，央行已连续加息5次，同时多次调高存款准备金率，资金流动性大幅萎缩。证监会多次出面提示风险，到最后动用财政手段上调印花税等组合拳接连出击，政策调控意愿非常明显。股价供求已开始失衡。

（2）2007年9月，A股平均市盈率已高达60多倍，严重高估；A股上市公司总市值约占GDP的比例已高达140%，资金面已无法承受。

（3）成交量和股价的上涨都出现疲态，量价严重背离；有时市场总的成交量在几天里突然增加，但指数却不涨，放量而滞涨；又或者指数创新高，但成交量却萎缩，这意味着当前市场对股票的需求依然不旺，当前指数的上涨非常脆弱。如果是高位下跌以后的回升，即便是创新高，也只能视为反弹。

（4）2007年10月在高点巨量创出新高，但收盘价却比前一天收盘价低，成交量也开始萎缩，多空双方的大规模博弈以空方获胜结束，意味着趋势大概率单日转向，此时要高度警惕！

（5）还有一种确定总体市场方向的方法，那就是关注市场领涨品种的表现。如果牛市中的领头羊开始转涨为跌，这是市场见顶的重要信号。

（6）全民炒股，处处“股神”。

以上6点，仍不能确定牛市将尽，但我们应该开始高度警惕，随时准备全面撤退。其时虽然牛气冲天，凯歌高奏，但须知大众情绪可以一夜之间改变。流动性消失的速度远远快过聚集的速度，因为痛苦的心灵震撼大于快乐，恐惧比贪婪更有爆发力。除此之外，还有两个简单方法可以进一步帮助我们避免巨熊的狂噬。

（1）股价回调，大盘下跌后，再次反弹但拒绝再创新高，且成交量开始下降。更重要的是，大盘 50 日均线竟然从上往下突破 250 日均线，这可是死亡交叉点。如果 3 天内大盘不能大幅反弹收复失地，投资者必须放弃幻想，快速全面出逃！

（2）坚持动态止损的投资策略，一而再、再而三的止损指令被执行，代表了投资者的利润在不断缩水，这相当于清晰地告诉您：大盘趋势反转了，熊市来临了！用亏损的事实来预测熊市来临，这要比专家们的长篇大论靠谱得多。为方便执行，你可以把自己组合的回撤极限控制在 10%~20%。

熊市的三个时期

熊市第一期的市场概况及其特征

熊市的起点，市场赚钱效应超级强，是机构与散户集体亢奋的极高点。

量是价的先行指标，所以当正向次级运动挑战前高失败，而且成交量没有放大时，一般来说是牛市转为熊市的先兆。或者，当正向次级运动在前期高点的附近成交量放大而价格难以有效突破阻力位，也是危险信号。如此震荡调整三四周的时间，说明市场主力可能是在出货，可能是熊市的先兆。如果上述情况再配合价格向下贯穿移动平均线，或中期动能指标产生背离的现象，则需要更加谨慎。

股市所有幻灭都是从欲望无休止扩大开始，从无例外。牛转熊，投资者的信心并不是一下子消失的，股市暴涨早就为暴跌播下了种子。刚开始，尽管市场总的来说呈下跌趋势，但这期间也出现过上涨的行情，成交量也不小，调整将要结束的舆论不断出现！在熊市的初期，不断会有权威人士出来发表声明，说最困难的时刻已经过去。政府官员亦会不断重申对股市的认可，认为市场上出现的问题纯粹是一些“技术面的问题”，而“基本面仍然没有受到影响”。熊市第一期是对钟摆理论的生动说明，物极必反，偏高的股价开始向价值中枢移动。这一时期，又贪婪又愚蠢的投资者是输家，因为他们在股价偏高的时候买入，接了火棒。

请记住，牛的头上挂着响铃，故牛市出现之时，不少人听到铃声，各种媒体铺天盖地报道，唯恐大家不知；反之，熊市却往往以狂风扫落叶的姿态突然出现，没有人会给你预先报警。其初级阶段就是牛市第三期的末段，往往出现在市场投资气氛最高涨的情况下，这时市场绝对乐观，投资者对后市变化完全没有戒心。市场上真真假假的各种利好消息到处都是。公司的业绩和盈利达到不正常的高峰，不少企业在这段时期内加速扩张，收购重组的消息频传。正当绝大多数投资者疯狂沉迷于股市升势时，少数明智的投资者和个别投资大户已开始将资金逐步撤离或处于观望态度。因此，市场的成交量虽然十分炽热，但已有逐渐降温的迹象。这时如果股价再进一步攀升，成交量却不能同步跟上的话，大跌就可能出现。

在这个时期，当股价下跌时，许多人仍然认为这种下跌只是上升过程中的回调，或美名之为上涨中继。就如 2008 年熊市，很多专家无视大盘持续下跌的事实，提出了“牛市下半场”的说法。其实，上涨趋势崩溃了，代表股市大跌开始了。下跌的速度跟之前牛市上涨的速度成正比，尤其是牛市三期上涨越迅猛，熊市一期下跌也越快。此乃钟摆理论效应。

熊市一期，泥沙俱下，但少数二、三线股炒供求，仍然负隅顽抗地再向上挣扎一番。熊市第一期，由于仍然有大量的投资者沉浸在乐观的氛围中，多空双方分歧比较大，反映在盘面上就是剧烈震荡，成交量仍可维持在较高水平。如果股价上涨到前期峰值附近，但成交量却明显缩量，表现出熊背离，表明这大概率可能是一个顶部，应适当减仓。如遇突发性高位巨量长阴线，情况不明，要立即出局，以防重大利空导致股价崩溃式下跌。

2007 年 10 月 16 日上证指数自 6124 高点回落后，在 2007 年 11 月 28 日即下跌到 4800 点，成交量萎缩到只有 541 亿元，仅用了一个多月时间，指数就跌了 1300 多点（见图 7–4）。然后股指用了两个月时间又反弹到 2008 年 1 月 14 日的 5522 点，成交量为 1434 亿元，量能明显无法跟上前期高点，呈现熊背离形态，见顶回落概率大增。果不其然，股指半个月即跌到了 2008 年 1 月底的 4500 点左右，这段走势可视为熊市第一期。两个半月时间，股指下跌约 1600 点，杀伤力惊人！

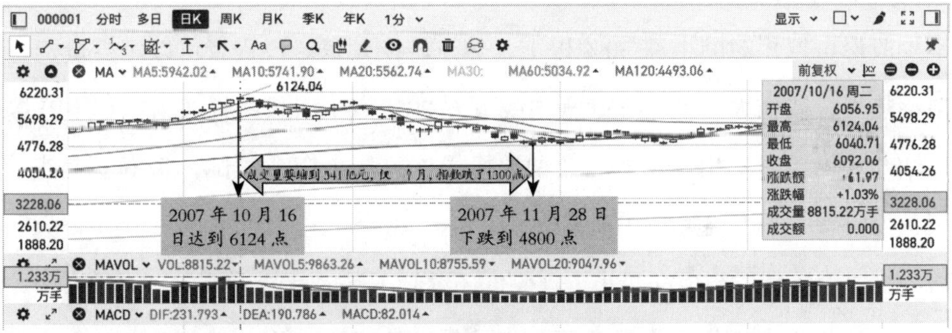

图 7–4　熊市的第一阶段

熊市第二期的市场概况及其特征

熊市第二期，很多聪明人成为输家，因为他们在股价合理时买入，却没想到市场是那么不“理性”，从“合理”可以跌到偏低。投资者不相信股市会继续下跌，对股市止跌反弹充满了期待，但是，不断地期待，不断地失望。市场先生有自己的个性，并不会因为投资者希望它上升就上升。

在经济方面，第二期为企业盈利衰退期，“经济病症”与“企业病症”

已开始显现。由于经济依然处在困境中，整体营商环境处于恶化中，所以上市公司的业绩没有根本性的改善。市场不仅没有反弹的动力，甚至连维持当前的局面也感到吃力。同时，不利的消息陆续传出。例如，失业率继续上升，国民消费力弱，企业收入大降，宣布倒闭清盘的公司数量继续增加等。股票市场一有风吹草动，就会触发“恐慌性抛售”。在允许进行信用交易的市场中，从事融资交易的投机者遭受的打击更大，他们往往因偿还融入资金的压力而被迫抛售，于是股价越跌越急。经过一轮疯狂的抛售和股价急跌以后，投资者会觉得跌势有点过分。因为上市公司以及经济环境的现状尚未达到如此悲观的地步，于是市场会出现一次较大的回升和反弹。

熊市二期标志性的事件是指数 60 日均线下穿 250 日均线，正式确认了市场处于大熊市之中。投资者此时应该放弃幻想，用熊市防御思维应对。熊市二期一般较一期纠结的时间更长，股市升升跌跌，虽然大趋势仍然向下，但不少股份可以短时间上涨 50% 以上，热点转换频繁。投资者可以用少量资金追逐热点，或在大盘低于 250 日均线下方 20% 以上时投机性买入，如上升接近 250 日均线时卖出。当然，此种波段操作只能小资金尝试，赚不了大钱，而且投资者必须严格遵守止损策略。

在这个阶段，当成交量小，且股价还继续下跌时，就表示市场前景堪忧。因为短线投机者还持有大量股票，行情如继续下跌，他们随时会因恐慌将股票抛向市场。恐慌性抛售是熊市结束的重要及必需条件之一。故无量阴跌才是最可怕的！当价格下跌的时候，人们往往选择鸵鸟策略逃避痛苦，具体表现是不再关注股票而任凭它下跌，这也就是当市场进入熊市的时候却成交清淡、人气稀缺的原因。大盘点位虽然已偏低，但人气太差，代表承接力更差。

我们可以把2008年1月底4500点至7月底2800点视为熊市二期。这期间，股指用了 8 个月时间，辗转下跌了 1700 点左右。股指虽有反弹，但指数一直运行在 60 日、250 日均线下方，代表市况极差，向下大趋势毫无改变，操作性总体很差。既然是熊市，投资肯定事倍功半，这时候可以选择多陪陪家人朋友，多享受生活。吃有时，睡有时，投资亦有时。

熊市第三期的市场概况及其特征

熊市第三期，股市的持续性下跌令投资者脆弱的心灵有点受不了。此时的特点是：坏消息满天飞，大股东质押爆仓压力倍增，大批私募基金净值跌破平仓线，公募巨亏募资遇冷。股市天天无望的下跌开始令投资者相信股市会继续下跌，恐慌性抛售不断涌现。很多优质蓝筹股也会出现无端集体跌停的奇观。

在这个阶段，伪价值投资者是输家，他们都是市场中的强者，如基金、保险等机构投资者。古人有云，圣人不死，大盗不止。股市也一样，在大熊市里，强者不倒，熊市不亡！这些强者饱受熊市煎熬，情绪由失望渐转为绝望，在熊市后期往往由于赎回压力、业绩考核等因素被逼抛股，被抛的往往又是优质大盘股，如银行、电力、煤炭等蓝筹股。它们也是股票中的强者，流动性好，套现容易。故在2008年中的熊市后期，下跌一般较急，出现恐慌性下跌，股价从偏低到极度偏低。我们经常莫名其妙地看到，招行跌停了！中国神华跌停了！万科跌停了！什么不利消息都没有，它们的业绩仍旧那么优良，但个股市值一天就可以蒸发几百亿元！2007年A股暴跌后，大盘下跌幅度高达73%，股票市值下跌超过20万亿元人民币，超过当时中国GDP的一半。

如果股价持续下跌一段时间，某一段时间里成交量突然放大，应视为利好。市场专家普遍认为这代表抛压很大，后市看跌。其实，跌市成交量大代表市场的承接力也大。成交量须由买卖双方合作完成，缺一不可。正因为如此，2007年5月30日的大跌，持续不到一周时间，股指即大幅度反弹！全因跌市期间两市成交量一直维持在3500亿元以上，为当时天量水平。这表示有大量股票从短线投机者手里转移到坚定的长线投资者手里。在熊市第三期，如果成交量增加，行情仍然继续下跌时，就是已经接近下一次上涨起点的信号。但多数情况下，指数此时处于不合理低点，原因在于大众的恐慌性抛售。此时最后一批强者都已倒下，该卖的股票都卖了，市场只要稍微有一点购买力，大盘就会一飞冲天！

受熊市三期重创的股市就像一个重病的患者，恢复元气是需要较长时间的。放量暴跌后，市场往往有一段缩量整固期，长线价值投资者看到机会开始逐步入场，有些股票出现明显抗跌迹象。所以，熊市第三期放量大跌不代表现在就是买入时机。"放量大跌代表大机会"的正确理解应该是：大跌市能够让你看清哪些股份是真正的强者，为投资者在市场转暖时指明了进攻方向；同时，市场告诉我们熊市结束的信号已经出现了，空方宣泄的力量已经是强弩之末。很多价值投资者受偏低的股价吸引，过早地进入市场抄底，结果蒙受极大损失。试图抄到下跌股票的底就像试图抓住一把下跌的飞刀，难度极高，风险极大。最好的办法是等到刀掉到地上，当你听到地上发出"咣当咣当"的声音时，你再不紧不慢地走过去拾起它。

上证指数从2008年7月底2800点继续辗转下跌到2008年10月28日1664点为熊市第三期（见图7–5）。本轮跌幅历时3个月，下跌了1100多点。值得特别关注的是，10月28日股指虽然缩量至413亿元创了新低，但收盘却较前上涨了2.81%，这是可喜的现象。更令人兴奋的是，接下来的交易日，股指开始呈现量价齐升态势，仅半个月后日均成交量即迅速上升到1000亿元以上，半年后日均成交量进一步上升到2000亿元以上，熊市终于可以被确认结束了！在下跌大趋势下，所有试图抄底的高手都面临亏损，从失望到绝望，股价从合理到偏低，从偏低到极度偏低，绝大部分的投资者绝望离场，股市的终极大底于是形成！这再一次应验了：行情总在绝望中诞生，在半信半疑中成长，在憧憬中成熟，在希望中毁灭。

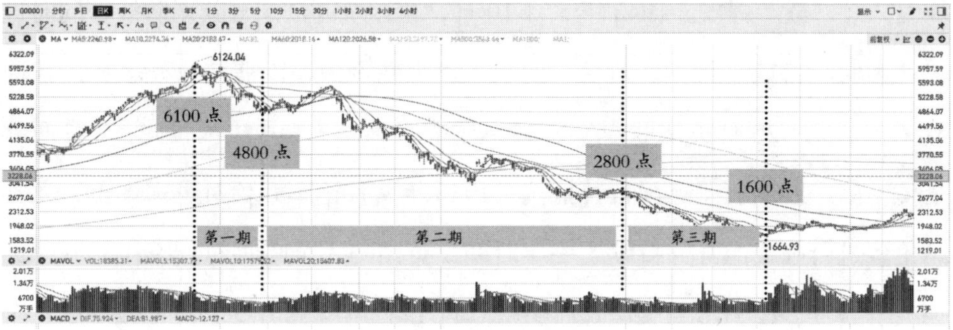

图 7–5　熊市三阶段

本轮熊市的杀伤力非常大，股指腰斩再腰斩，最大跌幅高达 73%，一轮又一轮抢反弹的投资者倒在黎明前的黑暗中。尤其是其间出现的两次欺骗性极强、扑朔迷离的“底部”放量大幅反弹，误导了大批投资者。一次是股指跌到 3500 点时于 2008 年 4 月 24 日突然放巨量 1956 亿元并大涨 9.29%；另一次是股指跌到 2000 点时于 2008 年 9 月 22 日突然放巨量 1177 亿元并大涨 7.77%。不可否认，这两次股指表现符合熊市反转的一些条件。但是，熊市的结束是一个逐步发现、逐步论证的过程。这两次反弹事后证实只是熊市的垂死挣扎，当日行情爆发后很快都偃旗息鼓了，成交量逐日走低，量价皆后劲不足。可见，罗马不是一日建成的，熊市也是逐步走出来的。

股市底部的出现往往不是在不幸事件正式确认结束之后，而是跟投资者认为事件不会更坏下去的预期有关。股市运行有其内在逻辑，基本上如果坏消息频传，而股市竟然不再继续下跌，就是确认股市见底的一个关键信号。本轮新冠肺炎疫情始于 2020 年初，面对疫情肆虐的巨大不确定性，全球股市暴跌。虽然新冠肺炎疫情拖到 2022 年仍然非常严重，但全球股市其实早在 2020 年 3 月即已经见底，内中原因就是投资者判定疫情最终会得到解决，而且预期各国政府将会出台经济刺激政策。

我们再来回顾一下“二战”时期股市的表现。1939 年 9 月，德军突袭波兰，“二战”爆发。1940 年 5 月 10 日，德国绕开法国马其诺防线，同时进攻比利时、挪威、丹麦、荷兰、法国、卢森堡等国，以摧枯拉朽之势击败西欧诸国。5 月 25 日英法联军实施敦刻尔克大撤退；6 月法国投降；7 月西欧全境沦陷，欧洲仅剩英国苦苦抵抗。1940 年 9 月德军开始对英国本土，尤其是伦敦进行狂轰滥炸并持续了一年时间，英国陷入至暗时刻。1941 年 6 月苏德战争爆发，12 月 8 日美国宣布参战。自 1942 年 4 月开始，“二战”席卷全球，战争规模进一步扩大。1945 年 8 月“二战”结束。我们回顾一下这段时期股市的表现，会很奇怪地发现英国股市见底的时间竟然是 1940 年 6 月底，即英法联军刚刚溃败、法国投降、西欧各国集体沦陷之后，英国股市见底甚至早于德国对英国持续大轰炸的至暗时刻。大轰炸期间，英国股市反而逆势上涨了 40%。等到 1945 年“二战”结束，英国股市已经从市场底部上涨了 160%！

以上事件给了我们很强烈的启示，即市场底往往不是出现在宏观环境和微观环境最差的时候，而是出现在对未来预期最悲观的时候。1940 年 5 月和 6 月，英国股市的股价大多是以每股净资产的 20%~40% 进行交易，胆小的投资者早已彻底绝望，市场的最差预期已提前反映在股价中。资本市场的涨跌规则并不简单基于当下正在发生什么，更多是基于对未来的预期，甚至可以说是基于未来的预期差。所谓的熊市底部，必须是极度悲观的点，最新消息没必要是好消息，只要不比股市已经纳入考量的消息更差就行。

熊市见底的迹象

（1）政策周期领先于市场周期。在货币政策和财政政策放松后，市场往往在资金面和政策面的推动下进行重新估值。

（2）市场周期领先于经济周期。世界各国历史上几乎每次经济衰退，股市都先于经济走出谷底。

（3）经济周期领先于盈利周期，换句话说，宏观基本面领先于微观基本面。

值得注意的是，近年 A 股和港股经过大幅扩容，市场的深度和广度都大大拓展，大市已没有清晰的牛熊分界。如果我们还斤斤计较股市大盘是牛是熊，肯定会错过很多投资机会。现在股市经常是牛熊共舞，东山下雨西山晴，不同行业皆有各自的盛衰循环周期，炒股不炒市已成为投资者的共识。虽说大熊市汹涌而来时容易泥沙俱下，但这恰恰也给了趋势投资者大放异彩的机会。趋势投资的好处就是：当你感到趋势不好的时候，你有选择不交易的权利。

金融市场没有新鲜事，有的只是人性轮回。牛熊转换就像春夏秋冬周而复始，是大自然运行的规律，我们无法逃避，只能坦然面对。应对牛熊之道在于：当牛市来临，别人疯狂时，你要比所有人更疯狂！不要害怕泡沫，我们要借助泡沫迅速壮大自己的实力。天予弗取，反受其咎；时至不行，反受其殃。只有借力牛市抓紧赚钱，壮大自己的实力，才可以坦然面对寒冬的到来。当熊市来临，别人忍手时，你要比所有人更能忍手。熊市策略中最重要的，就是为最终回来的牛市以及伴随而来的市场回暖做好准备。机之未至不可以先，机之已至不可以后。

常言说：林子大了什么鸟都有，股票市场里亦是什么人都有。总体而言，有钱人居多，智商高的人居多；但情商高的人偏少，脚踏实地的投资者更少！一夜暴富的幻想往往变成无尽的悔恨。其实每次暴跌的轨迹都是一样的，因为人类贪婪与恐惧的天性永远不会变。剧本的轮廓早已事先写好了，变的唯有每次参与演出的人。灰姑娘舞会狂欢后一夜之间变成公主，从此以后过上幸福的生活，是童话里的故事；现实生活里灰姑娘一夜狂欢后，往往意味着更加寂寞，心态失衡。熊市的确讨人厌，伤身又伤神。你只要投身股海，或早或晚都会遭受重创。今后你感到彷徨绝望时，不妨找一块石头坐下来，学学王维坐看风起云涌，体会一下古人所言：山重水复疑无路，柳暗花明又一村。

第八章

趋势投资制胜之道

不知势，无以为人也。势易而未觉，必败焉。

未明之势，不可臆也。彰显之势，不可逆耳。无势不尊，无智非达。

——（宋）薛居正《势胜学》

股价趋势研判及运用

舟循川则游速，人顺路则不迷。在投资领域，天道不一定酬勤，投资成功与否跟所付出努力多少并不是正比例关系，而与努力的方向密切相关。方向错误，越努力越伤悲！优势挡不住趋势，分析形势不如研究趋势。深度思考比勤奋更重要。

市场的本质是趋势，生活的本质也是趋势。价值每天都在变：昨天是这样，明天是那样。真正的价值投资，普通投资者是很难做到的，因为价值“兑现”需要的时间超过绝大部分人的耐性，还因为价值难以判断。何谓昂贵，何谓便宜？此一时，彼一时也。当一个人多日没饭吃时，他可能愿意倾家荡产，以求换得活命的机会。在不同时间，投资者对价值的看法也不同。价值很难确定，趋势却可以感觉得到、看得出来。春江水暖鸭先知，落叶飘飘秋天到。这就是大自然的趋势。如果我们细心观察，就可以预先感知特定季节的来临。正如踏入初秋，凉风送爽，我们凭感觉就可以知道，10月比9月冷一点，11月又比10月冷一点。当大地回春，道理亦然。如果3月比2月暖和一点，4月比3月再暖和一点，我们大概可以预料寒冬已过，往后日子只会愈来愈暖和了。这就是趋势。春夏秋冬应时而变，太阳从东方升起，从西方落下，这些都是显而易见的趋势。

我深信，很多现象是有规律可循的。大自然的运行有其内在机理，人类社会的发展趋势则跟人性紧密相连，而人性亘古不变。投资界的一幕幕悲喜剧演绎的其实就是人类的情绪波动。投资成功的关键在于要透过盘面看到行情背后的逻辑，进而用背后的逻辑对未来的行情进行预判，这样才能快人一步获取超额收益。研究趋势是一件充满挑战和有趣味的事情。对趋势的判断需要辛勤耕耘中的感悟。

投机之神利弗莫尔一针见血地指出：“华尔街和股票投机从来没有产生过任何新鲜事。过去已经发生过的事情将来还会再次发生，一次又一次。因为人性没有改变，人类的情绪根植在人类的本性之中，它们总是妨碍着人类的智慧，历史会一再重演。”

趋势投资理论基本上是在行为金融学理论的基础上发展起来的。人们总是根据习惯重复自己的行为，这就是为什么由某些数字构成的图形和趋势总是一成不变地重复出现的原因。股票的价格趋势或企业成长趋势经过一段时间酝酿形成后，大概率在一段时间内可延续，现时股票价格对这些趋势反应不足，因投资者对股价和盈利的预期都是慢慢调升的。指数的上涨与人们的期望是递进演变的，这个过程形成了一个明显的大趋势。投资者如能预判趋势，顺势而行，当可轻松获取暴利。

事件和认知交互，形成趋势

道氏理论对趋势所下的定义是：当后续上升浪突破前一个高点，且后续下降浪终止于前一个低点之上时，则表示市场处于牛市中；反之，当后续上升浪终止于前一个高点之下，且后续下降浪突破前一个低点时，则表示市场处于熊市中。也就是说，牛市是由一系列不断抬高的低点和不断抬高的高点形成的，一旦出现波动的低点比上一个低点低、高点也比上一个高点低时，就说明牛市的方向发生了变化。证券价格的运动就像流水一样：永远会选择阻力最小的途径。这不仅是市场特有的性质，也是世间万物运行的本质。

趋势代表市场移动的方向，是单位时间内股票价格的运行轨迹。在通常情况下，市场不会朝任何方向直来直去，市场运动的特征就是曲折蜿蜒，它的轨迹酷似一系列前赴后继的波浪，具有相当明显的峰和谷。所谓市场趋势正是由这些波峰和波谷上升或者下降的方向所构成的。无论这些峰和谷是依次上升，还是依次递降，或者横向延伸，其方向就构成了市场的趋势，所以我们把上升趋势定义为一系列上升的峰和谷，把下降趋势定义为一系列依次下降的峰和谷，把横向延伸趋势定义为一系列依次横向伸展的峰和谷，也就是没趋势。趋势投资的核心是把握趋势运动的方向。

趋势不会在一日之内形成，之前必有一个蓄势的过程。著名的成功学家拿破仑·希尔花了整整 20 年的时间，拜访了美国 504 位成功人士。在漫长的走访中，他发现许多被外人认为一夜成名的人，其实在功成名就之前就为自己的腾飞夯下了坚实的基础。换句话说，那些成功人士早就悄悄地把弓弦拉满，蓄势待发，只要机会一来他们就能奋力一击，获得丰厚的回报。

影响趋势变动的因素往往非常多，我们可以轻松地罗列出一大堆。但是，在所有影响趋势的因素当中，有很多是可以忽略的，有些因素所产生的力量是互相抵消的，最关键的是寻找决定趋势演变的主导性因素。投资者要以事实为依据，以规则为准绳，客观分析各项信息，辨识趋势发展方向。

价格涨跌，取决于它遭遇的阻力大小。正如其他所有事物一样，价格沿着阻力最小的方向运动。无论哪一边，它只选择最容易的一边。因此，如果它在上升时受到的阻力比在下降时所遭受的阻力更小，它就会上升；反之亦然。趋势分析的关键是发现趋势的转折点，然后采取相应的操作。我们不是伟人，无法提前预见趋势，我们也无须做趋势的预测者，而要做趋势的跟踪者、追随者！趋势决定成败！投资者要选择做趋势的朋友，绝对不要与趋势对抗。

在趋势演变的过程中，交易者的看法影响事件的发展，事件的发展又对交易者的看法产生影响。影响是连续的和交互循环的，形成环状。这一过程可从两者中的任何一个方向启动，可以从看法的变化开始，或从事件的变化开始。负反馈是自我纠正，正反馈是自我强化。每个泡沫都有两个组成部分：现实中主导的潜在趋势，和对这个趋势的主观偏见。当趋势与主观偏见积极地彼此强化时，就引发了牛熊转换的过程。这一过程会在发展中受到负反馈的检验。如果趋势足够强大，能经得起检验，趋势和主观偏见则会进一步相互强化。最终，市场预期变得与现实相差太远，致使人们被迫承认主观偏见的存在。随之而来的是黄昏期，怀疑增长，更多的人失去信心，但是主导的趋势由于惯性仍在维持。最后终于到了趋势的逆转点，然后它开始朝相反的方向自我强化。遵循这一模式的泡沫现象会经过几个明显的阶段：（1）发端期；（2）加速期；（3）被成功的检验中断又进一步强化；（4）黄昏期；（5）逆转点或巅峰；（6）加速下跌；（7）趋势崩溃。

由股市造成的错误迟早都会由股市自身来纠正，市场不可能对明显的错误长久视而不见。每一个阶段的长短及强度很难预测，但是顺序有内在逻辑。所以每阶段的顺序可以预测，但顺序也可能由于政府的干预或其他形式的负反馈而延缓或终止。股价的变化带来企业基本面的变化，继而带动股价的进一步变化。如此循环往复。反身性过程是一个反馈环：认识改变现实，而现实又改变认识。市场发展盛衰现象有一定规律可循，从趋势酝酿—怀疑—整固—强化—加速—泡沫—崩溃，人们对股价趋势的演变有一个渐进认知的过程，这就是趋势投资者的机遇和挑战。

综上，我们都明白了趋势运行的原理和它的重要性。研究趋势的目的是跟随趋势，切记是跟随！我们没有预判能力，只有追踪能力。

判断趋势的简单方法

现在市面上有许多技术分析的工具用于研判趋势，如 EMA、KDJ、MACD、RSI、BOLL、OBV、ROC、CYF、CCI 等，种类繁多，各有各理，指标间也经常自相矛盾。如果你把这些指标都吃透了，估计你不是进了疯人院，就是得了诺贝尔经济学奖。

要判断股价运行趋势，其实非常简单，用肉眼观察即可，最多再用上面的一两个自己熟悉的指标相互验证一下。我崇尚快乐投资，致力于把投资简单化。简单就是超能量！显示上升趋势的条件有：

（1）股价图上呈现渐次升高的波谷和波峰。

（2）收盘价高于移动平均线。

（3）移动平均线向上倾斜，短期移动平均线从下向上突破中长期移动平均线，或短期移动平均线长期运行在中长期移动平均线上方。

（4）一条向上倾斜的股价趋势线，趋势线被触及的时间越长和所经过试探的次数越多，就越重要。时间周期越长，趋势线越可靠。短周期的趋势线反映的是群体的短期行为；长周期趋势线反映的是群体的长期行为。趋势线持续时间越长，惯性越大。

显示下降趋势的条件有：

（1）股价图上呈现渐次降低的波谷和波峰。

（2）收盘价低于移动平均线；短期移动平均线从上向下突破中长期移动平均线，或短期移动平均线长期运行在中长期移动平均线下方。

（3）移动平均线向下倾斜。

（4）一条向下倾斜的股价趋势线。

那些复杂的、看不懂的图形，我们可以把它们全部列入无趋势。A 股、港股都有数千只股票，你无须全部看得懂，选择看得最清楚的三五只股票投资即可。

理想的上涨趋势：

经过一段长时间的低位缩量整理，随着股价的上涨，每当走势创出一个阶段性新高，成交量都会大于前一个高点的成交量，并且每一个阶段性高点出现之后回落的低点，成交量都要大于前一个低点的成交量。当价格上涨时成交量也随之增长，跟风买盘持续增加；当价格回调时，成交量也会减少。成交量随着股价的上涨也越来越大，而股价稍有回落，成交量就迅速萎缩，意味着空方亦开始惜售。价格再上涨，成交亦随之增加，意味着多方意志非常坚定。趋势运行期间，价格并不是天天直线上涨，可能呈现涨跌相间状态，但总体而言价跌量减，价涨量增，量价相随。

理想的下跌趋势：

经过一段酣畅淋漓的快速上涨，往往从最高点开始，随着成交量的增加，价格开始下跌，并随着成交量的萎缩，下跌速度也越来越慢。每次创出新低后反弹高点的成交量往往小于前一个反弹高点的成交量。随着成交量的增长，价格也随之下跌。当价格反弹时，成交量又随之减少，意味着买盘乏力。价格再下跌时，成交量又随之放大，意味着抛压仍重。这样的模式说明多方缺乏信心，空方仍然占主导地位，价格的基本运动仍然继续向下。

跟随趋势

趋势分析本质上就是跟踪金钱的足迹。你应该知道：金钱是不会撒谎的，它会理智地选择该去的地方。跟踪它的一举一动能让你做出理智的决定。这就是为什么精明的交易者喜欢使用图表。当然，企业经营指标也很重要。但是数字和报告不会使股票涨跌，只有金钱可以。每一只股票的走势都是由3种情绪驱动的：贪婪、恐惧和迷惘。当一只股票的多数参与者为贪婪所驱动的时候，这只股票就会涨。如果涨势持续，则会形成上涨趋势。当一只股票的多数参与者正在经历恐惧的痛苦的时候，价格就会稳步向下。如果跌势持续，则会形成下跌趋势。当多数参与者陷入迷惘的时候，价格图就会出现横向整理的形态。图表不撒谎，它揭示了市场的力量正在想什么和正在做什么。

在同一市场不同时间周期的走势发出互相冲突的信号是市场分析中令人困惑的几大难题之一。当你对趋势抱有怀疑时，就退一步再看看比你要进行操作的时间周期高一个级别的时间周期的图形。这种从更宽的视角来分析的办法有助于你看清大势。如周线图蕴含的意义和可靠性肯定比日线图大得多，而月线图当然也比周线图更可靠。

钱，是往上推的力量；股票，是往下压的力量。红K线是用银子画出来的，黑K线是用股票打下来的。每一条均线为一匹马，如果往上跑的马多，马力自然大，跑起来快又稳。K线会在关键时刻，连续透露反转信息。均线的力道要比K线的力道来得大。K线适合捕捉异动和辨识转折，均线却能指出趋势。鉴别趋势的方法多种多样，有一些极为复杂。但上述方法极为简单，效果却比其他复杂方法更好。这一方法的另一优点在于它是客观而完全没有偏见的，依照常识，相信直觉，往往更能洞悉本质。更重要的是，它太简单啦！一学就会。

我总结了跟随和运用趋势的原则：

在上升趋势中，只持有多头头寸，或不入市。

在下降趋势中，只持有空头头寸，或不入市。

赚钱增仓，让利润往前跑；亏钱减仓，把亏损减到最低。

上涨趋势一旦形成，由于牛顿惯性定律的作用，倾向于延续上涨趋势运行。我们进一步把趋势规律简单化，就像小学老师教我们最简单的英文单词“Good/Better/Best”。这其实就是趋势运行规律的精髓。所以我们看对时要有赚大钱的豪情。同理，老师也教了我们另外3个英文单词“Bad/Worse/Worst”。所以，旺市莫估顶，赚大钱就是要贪；淡市莫估底，要对市场存有敬畏之心！

为什么是这样的呢？因为股价倾向于以趋势运动，趋势一旦确立形成，倾向于惯性运行。得势的猫儿强似虎，脱毛的凤凰不如鸡。股市总是按照最小阻力线行进的，除非它遇到了强大的外力。创新高的股票倾向于继续创新高，原因在于资本的流动性受利益驱动。资本的天性是追求利润最大化，因此上升趋势的股票较易吸引资金的流入，这些资金对股票价格产生向上推动力，然后再吸引新的资金流入，从而延续甚至强化趋势的发展！反之亦然。趋势运行两大特征：惯性运行，矫枉过正。

常识告诉我们，要顺势而行；但在股票投资方面，投资者为了做出让自己心理上很舒服的决策，往往不知不觉就选择了逆势交易。谁愿意市场涨了很多以后继续高价买进，市场价格跌了很多以后继续低价抛售呢？在这种情况下，做出和市场趋势相反方向的交易决策倒是非常容易的。在日常生活中，这种心理特点也是非常普遍的，比如，人们往往愿意买便宜货，喜欢低买高卖。在多头市场中，随着价格越涨越高，不愿意追高的心理会使投机者产生一种做空的情结；空头市场中，买便宜货的心理会使投机者产生一种抄底的情结。所以，尽管每次做多都有损失，但随着市场价格越来越低，投机者买入的欲望却可能越来越强烈。无意之中，很多人都变成逆势交易者。

这就是很多中国股民在牛市里赚小钱，在熊市里亏大钱的根本原因。在中国，90%的投资者是牛市思维，因熊市思维有悖人们的获利欲望。所以大多数人在牛市赚点小钱就沾沾自喜，早早收割离去；在熊市里亏了大钱却死不认输，打掉牙齿和血吞。故要战胜市场，我们必须不断地吸纳股性，不断地忘却“人性”。全面加快自己在牛市里赚钱的速度，全面减少自己在熊市里亏钱的次数。

时势造就股海英雄。所以，选股不如选时，选时不如选势。炒股其实很简单，无非顺势而行。顺势而行和冲浪有相同的地方。当海面平静时，冲浪者必须等到小浪变大浪，顺势而行，带着动力及速度，把自己带回岸上。冲浪者若要逆势而行，正如投资者逆势而为，有可能被无情的大浪吞噬，甚至葬身股海。然而顺势而行，需要灵活的操作方法，要全面加快赚钱的速度，以及降低赔钱的速度及比率。散户赚钱少、赔钱多的理由有很多，但其中的主要原因就是赚钱速度太慢，而赔钱速度太快。故此，投资者看对时要有赚大钱的豪情，看错时要有及时止损的勇气！顺势而行，长短均可，风险控制，量力而为。

上善之人应如水之性，心容万物而不争。

阻力和支撑位

什么是阻力和支撑位?

支撑和阻挡永远是最古老、最简单、最有效的市场法则，是市场分析重要的视角和基石。了解相关概念有助于我们研判趋势和理解关键点的内涵，并利用支撑点和阻力点建立交易优势。

所谓阻力位和支撑位的定义没有什么严谨的科学依据，主要跟投资者的交易心理有关。假设股价上涨到某价位附近了，股票将不再上涨，有可能会回落，这样一种可以阻止或暂时阻止股价上升的价位，就是阻力位。而支撑位则意味着，一旦股价跌到某个价位附近，股票将会止跌，并不排除会有上涨的可能。支撑位是一种价格——阻止股价继续下跌或暂缓股价继续下跌。

我们可以将支撑视为需求区域以使原本下跌的趋势至少受到支持，阻力视为供应区域以使原本上升的趋势至少受到阻碍。事实上，支撑与阻力是一对矛盾共同体，原先的阻力，被多方成功突破后，就成为支撑位；原有的支撑位，被空方突破后，反过来也可以形成阻力位。反作用的最低点为支撑位，反作用的最高点为阻力位。在实战中，选用K线的周期越长，支持与阻力的实战意义越大。

判断支撑与阻力强度的三要素，即成交量、涨跌幅度及所经历的时间。支撑区间和阻力区间的成交量越大，所经历的时间越长及涨跌幅度越宽，则其对日后的支撑和阻力强度越大。

正如其他所有事物一样，价格沿着阻力最小的方向运动。无论哪一边，它只选择最容易的一边。因此，如果它在上升时受到的阻力比在下降时所遭受的阻力更小，它就会上升；反之亦然。市场最小阻力线对于交易者来讲，具有无上价值。市场上所有的信息，都会以最小阻力线的形式体现出来。及早发现趋势运行方向是交易的首要任务。投资者必须把市场的基本物理定律牢记在心：强者恒强。一旦最小阻力线被穿透，价格就会出现快速波动。这种波动为交易行为和决策提供了非常强势的信号，无论是做多还是做空，都取决于最小阻力线的突破方向。我希望紧跟事实，并且只跟随事实，让事实统领我的行动。这正是赢得财富的秘诀。你观察市场，观察图表的价格轨迹，目的只有一个：判断市场方向，也就是价格走势。我们知道，价格要么上涨，要么下跌，要么横向盘整，这取决于它遭遇阻力的大小。

支撑与阻力概念对于趋势研判的意义

构成支撑与阻力的要素主要有：前高点和前低点、震荡整理密集区、成交密集区、趋势线成交堆积、趋势线、通道线、移动平均线、跳空缺口、心理价位及整数关口等。我们可以就不同情况分析支撑与阻力对于趋势研判的意义。

1. 上升和下降趋势中的支撑与阻力

在上升趋势中，阻力代表上升趋势的停顿，并通常会被突破；上升趋势不能突破前一个阻力位或下降趋势不能击穿前一个支撑位，是趋势反转的第一个信号；上升趋势向下击穿支撑位或下降趋势向上突破阻力位，是趋势反转的第二个信号；上升趋势需要持续，每个支撑位就必须高过前一个支撑位。同理，在下降趋势中，支撑代表下降趋势的停顿，并通常会被突破。下降趋势需要持续，每个阻力位就必须低于前一个阻力位。

支撑与阻力是相对而非绝对的，只能在一段时间内起作用。支撑和阻力一旦被有效穿越则产生角色互换，即原支撑变为阻力，原阻力变为支撑；支撑和阻力位被测试的次数越多，其今后所产生的支撑和阻力的作用就会越强。

2. 均线

均线是股价在特定日期的加权平均数，均线系统反映了一段时间之内的市场平均价。当股价运行在均线之上，均线就会对股价产生支撑作用；反之，则会产生压力。通常情况下，我在 K 线中常用的均线有 5 日、10 日、20 日、30 日、60 日、120 日均线以及周线图上的 10 周均线和 30 周均线。周期越短的均线运动的速度越快，变动越敏感，改变走势的时间越短，但可靠性也相对越差；周期长的均线生成的日期较长，走势的改变时间较长，但可靠性也相对较好，反映股价趋势也越真实。所以周期长的均线，如 30 日、60 日、120 日、250 日均线被广泛用来判断股价未来的运行趋势。第一个买进与卖出的信息总是先出现在日线图上，因为日线图比较敏感。所以，我们可以用日线图来找拐点，甄别出现异动的股票，用 5 日、10 日、20 日均线的运行来初步验证趋势，用 30 日、60 日、120 日均线来进一步确认趋势的形成。实战中，具体用多长周期均线来研判因人而异，总之，越长周期的均线越可靠。

3. 缺口

K 线图中未补的缺口也会形成有效的支撑或阻力。跳空缺口会对股价产生一定的牵引作用，如果股价在缺口之下，那么缺口位会产生压力；反之，会产生支撑力。因为缺口是一段没有成交的真空区域，反映投资者当时的冲动行为，当情绪平静下来时，投资者反省过去行为有些过分，于是缺口会出现回补。其实并非所有类型的缺口都会填补，其中突破缺口、持续性缺口未必会填补，或者不会马上填补；只有消耗性缺口和普通缺口才可能在短期内补回。

4. 趋势线

连接股价两个以上高点或两个以上低点形成一条直线，这条直线就是趋势线。股价在其上形成支撑，在其下形成阻力。当股价向上突破一条重要的趋势线，并在数天内站上上扬的长期移动平均线时，就释放出强烈的多头信号；反之亦然。一条重要的趋势线，至少会连接3个低点。与均线一样，越长周期的趋势线越可靠！

需要特别注意的细节是：上升趋势线的斜率越大，以其被向下突破来预示股票进入下降趋势的可靠性就越差。如果趋势线非常陡峭，一次向下突破击穿它时，可能仅仅意味着一只股票现在涨势放缓，因为之前的涨速不具备可持续性。同理，如果一条下降趋势线倾斜的角度越大，以其被向上突破来预示股票进入上升趋势的可靠性就越差。而下降趋势线越接近水平，当它被向上突破击穿时，积极意义越强。上升趋势线越接近水平，当它被向下突破时，负面意义越强。

5. 历史走势中的顶部或底部往往构成阻力或支撑

股价前期的高点将会对股价产生一定的阻力，一旦突破了这个高点，那么这个高点也会对股价产生一定的支撑作用。根据市场平衡法则，横向顶部和底部构成了市场横向平衡基点。市场趋势中每一个平衡点都是趋势运动的目标点和阻力点。作为重要横向平衡基点，波段的顶与底在维持着原趋势平衡的同时，也对新的趋势运动产生阻挡，使价格沿着原趋势结构运行。

传统的整数位往往会产生支撑或阻力，做多时应在整数以上下单，做空时应在整数以下下单。

技术分析关键点位，如箱体震荡区间、BOLL布林线等也给人心理上造成阻力和支撑影响。原则上，已经有效突破的阻力位，就反过来成为支撑。

平台越宽堆积的量越多，越有效。放量突破阻力位，量越大越有效，下跌突破支撑位可以不放量。

6. 密集成交区

在支撑区和阻力区交易时间越久，成交量越活跃，该区域就对未来的压力和支撑越重要。密集成交区在下方便成为支撑区，当价格回落到这些区域将受到强有力的支撑，有效地阻止趋势的空头运行。密集成交区在上方便成为阻力区，当价格上升到此区域将受到强有力的阻力，有效地阻止趋势的多头运行。支撑和阻挡区域的形成与该区域的成交量的累积息息相关。通常，密集成交区被定性为阻力和支撑区域。

如何选股和建立股票池?

选股犹如选老婆——必须先具备贤良淑德的内在美，然后再追求性感美丽大方的外在美。放在股市投资框架，内在美就是价值，持久性强；外在美则是股价趋势。如果内在美和外在美兼备，那当然是难得的极品。理想的股票就是有价值又有趋势的强势动量股。上升有幻想，下跌少空间。金风玉露一相逢，便胜却人间无数。

投资的精髓在于核心逻辑的抽取与验证，而非面面俱到。在不断变化的环境下，要找到最核心的阶段矛盾，最终筛选出安全边际高、内在价值大、潜在收益高的公司。普通的想法导致普通的结果。不加辨识便接受的观点导致糟糕的交易。

我们总是听到有人说，我要找下一个苹果，下一个腾讯，下一个茅台……实际上，要找下一个伟大的公司，不如仔细研究现有的伟大公司，它们的共同基因是什么，是不是仍然会长期保持竞争优势，生意模式可否持续，护城河够不够坚实。如果这些当下的伟大公司仍然能够保持稳定的、持续的增长，而且股价也没有过度透支，那么我们为什么不买入这些伟大的公司并长期持有呢？为什么总是要去寻找确定性没那么高的下一个伟大公司呢？苹果公司在 2001 年推出数字多媒体播放器 MP3 —— iPod 后扭转颓势，股价 6 年上涨 10 倍，其后再接再厉借势移动互联网再度上涨 80 倍！在这个大趋势里，投资者任何时候买入并坚定持有都是正确的。

股票不必天天买，功课却要天天做。每天找出涨跌幅前 30 名的股票，结合 K 线图看看为什么它会涨？上涨前和下跌前的技术形态有什么特征？哪些类股票上涨家数最多，是科技、消费，还是医药？哪种价位上涨家数最多，高价、中价，还是低价？资金集中在哪类股，新能源、金融，还是芯片？从这些信息中，你可以发现，哪一类股可能将成为主流，哪一种技术形态会使股价大涨，然后在可能的主流板块中，去找到你喜欢的股票。

现代科技发展日新月异，新经济成长股层出不穷，以无形资产为主的创新型企业逐步取代重资产的旧经济企业。越来越多的投资者发现持有下降期的旧经济公司股票比领先的上升期新经济企业的股票危险。我们要集中精力在上升趋势的行业里寻找牛股，这可以增加我们赢的概率，也是我们赚大钱的根本。同时，我们要密切关注产业趋势的变化，与时俱进，避开跟不上时代变化的龙头股。如柯达、富士、诺基亚曾经辉煌一时，坠落也很快。女怕嫁错郎，男怕入错行。企业要获得成功，就必须紧跟国家发展大势、产业发展大势，才可能取得大发展。腾讯从事的是符合大趋势的社交和通信服务，宁德时代从事的是符合产业趋势的新能源领域工作，万科从事的是符合大趋势的房地产工作，阿里巴巴从事的是符合大趋势的电商工作，它们都在中国经济社会发展的关键节点抓到了大趋势，取得了巨大的成功。

对于重点关注的股票，我每天都会习惯性研究以下技术指标，以判断股价趋势变化。

（1）日 K 线、日趋势线变化；

（2）周 K 线、周趋势线变化；

（3）资金流入、流出情况；

（4）日、周 MACD 指标；

（5）通过券商软件观看买卖指标变化；

（6）盘面观察、大单成交形式，研究股价是怎么涨上去，怎么跌下来的；

（7）看长周期趋势线是否转变，周 K 线上破 60 天均线或下破 60 天均线是判断中长期趋势的一个非常重要指标；

（8）股价和指标是否背离：MACD、RSI。

我的投资哲学是：只对有价值的股份进行趋势投资。价值分析决定投资标的，即买什么；趋势分析决定投资时机，即什么时候买、什么时候卖。两者相辅相成，并不矛盾。价值投资属于战略范畴，趋势投资属于战术范畴。

只有战略正确才能抓住大趋势，但战术正确能确保战略的贯彻执行。战术正确能够打赢很多战役，但只有战略正确才能够赢得一场战争。

针对选股，我有一套方法，即建立股票池四部曲：初选、筛查、看图、对比。

第一步：初选

头部研究机构推荐、朋友推荐、市场传闻、自己研究等，这些都可以作为候选，但我只把符合自己价值投资理念的股票放入股票池。选择传统行业被严重低估的龙头股和新兴行业中有科技含量的领军企业，可把行业前 3 名都放进股票池。在旧赛道里选龙头、在新赛道里选黑马，才能构建出既稳健又有增长潜力的投资组合。纳入MSCI新兴市场指数的股票和外资持股市值最大的前20只股票都是可以重点关注的。拥有庞大投研团队的外资机构相当于从基本面的角度已经为我们选好了标的，总好过自己瞎折腾。这个阶段选股首要标准就是公司业务发展有潜力，性价比够高，有明显的内在价值。内在价值表面上看是DCF，实际决定内在价值的是护城河，而护城河背后是商业模式和产业结构，商业模式和产业结构背后是企业的核心竞争战略，核心竞争战略的背后是企业家和时势。

第二步：筛查

剔除成交量和市值偏小的股票。成交量太小、市值太小的股票缺乏流动性，股价波动大，且容易被恶意操纵。命运要掌握在自己的手里，我们没有必要参与庄家的游戏，何况小盘股本身抗风险能力就比较差。

用目测法找出股票池中呈现上涨趋势的股票。我之所以特别关注上涨趋势的股票，因为便宜的好公司没有催化剂时也不涨。人生苦短，我希望时机的天平向我倾斜一点，我希望买入一买入就大概率上涨的股票。我作为趋势投资者，只“坚持做趋势向上”的个股，这让我做投资决策时不会纠结。“趋势”和“价值”以及“核心资产”并不是矛盾对立的。个股之所以走出趋势性行情，都是有其逻辑支撑的。

第三步：看图

基本面信息来自公司内部，而公司总是隐藏自己的真实信息以使竞争对手不能充分了解自己的优势和弱点。机构强烈推荐，基本面看似也不错的股票，可以是进入我们股票池的原因之一，但不能是唯一原因。我们仍然需要借助图表分析加以验证。图表分析是基于客观的股价运动。没有任何人能操纵这些数字。开盘价、最高价、最低价、收盘价和交易量都是被记录下来并报道出来的公开的数字，是金钱的足迹。我们通过目测，简单浏览一下图表就会看到许多已经确立的上升趋势。我们对初选名单上的潜在候选股票进行简单目测，以便对每一只股票有一个直觉上的判断。一共有 4 种主要的趋势组合。趋势可能上升、下降、横盘，或者复杂到难以辨认。我们只需要其中的一种——上升的趋势，越简单明了的上升趋势越好。

趋势具有惯性运行的倾向，这种趋势形态大概率在未来的几天、几周、几个月或者有时几年，沿着相同的方向运动。这种辨别趋势的方法简单到小孩子都可以做。作为有经验的交易者，我们做起来却很难，因为我们为太多噪声所困扰。我们越有经验，就越难从简单的角度看价格运动图，越难理解明显的信息。我们对公司的偏见和感情因素往往模糊了从价格运动图中得到的直白而又简单的信息。

我的精力有限，我只对上升趋势的股票感兴趣。如此我可能会错过一些看上去不好，但后来证明是很好甚至未来表现非凡的股票，这是完全可以接受的。金钱游戏不是猜谜游戏，我只想通过概率思维客观地做出投资决策，而上升趋势的股票验证了我第一阶段精选出来的股票，它们就是我想要的，我不想被外部的信息扭曲了选择过程，我只想把投资简单化。我只想关注具有明确上升趋势的股票。

通过目测法寻找趋势是最简单、最靠谱的方法。既然市场永远是对的，那么我们就选择市场的选择，要坚持在趋势性方向和趋势性的个股中投资，而不是自己的主观臆测。当市场主线清晰的时候，我们只需要跟随动量和趋势最好的股票。当我们的观点和市场走势发生冲突的时候，放弃自己的观点，尊重市场，跟随市场。每张 K 线图都是市场交易者用真金白银博弈出来的结果。如果我们确保自己选择的过程一直专注于市场的现实，而不是我们的偏见，那么我们就会增加成功的概率。

交易者最常见的错误是：在分时图中看盘，在日线中看趋势。这太短视，必将导致决策思维的混乱。分时图给交易者带来了太多的噪声，日线图中微小的波动可能在 5 分钟图上看起来似乎是巨大的波动，容易放大量价行为，放大恐惧和贪婪的情绪。我的偏好是先看日线图以挖掘最近的异动股，尤其是强势股，然后再看周线图。如果日线图、周线图的形态都显示为上升趋势，就把这只股票加入股票池。我跟踪的趋势是那些至少为中线的趋势。周线图是比较靠谱的时间框架。

趋势线最重要的特征是其倾斜方向，由此可以判断市场的主导力量。当趋势线向上时，表明多方主导市场，这时应该买入并把保护性止损位设在趋势线下方；当趋势线向下时，表明空方主导市场，这时应该放空并把保护性止损位设在趋势线上方。

第四步：对比

找出处于上涨趋势的股票并与同行业股票进行对比，如同行业股票大都显示强势，则该类股票较大概率形成上涨趋势。我们应该选择买入同类股票中最强势的个股，即投资强势行业的领头羊。做人不能太势利，买股一定要买强势股。强势股自有其强势的内在道理。

我们可以将符合以上条件的股票，选择100只以内，建立自己重点观察的股票池。股票池尽量涵盖不同的行业，长期跟踪，熟悉股价变动趋势和股性。每个月对股票池中的股票进行一次检查，不符合条件的立即剔除，同时将满足条件的新的股票纳入股票池。

在开始交易之前，写下自己进行交易的原因。这会让自己远离那些冲动性交易。写下关于交易的正反两个方面的观点，以及预期通过交易取得的成果。如果自己写下了购买该只股票的原因，而后来股票并没有像预期那样变化，你所需要做的就是卖掉它。

如何找到潜在的强势股?

做人不能太势利，买股一定要买强势股！强势代表某种力量，象征成功。

要想成功，就要与成功者站在一起。请拒绝平庸的机会，不要在平庸的个股上浪费时间。只有强迫自己放弃平庸，才不会每天像个无头苍蝇一样跟随外界各种噪声瞎折腾。每个人每天都只有24小时。你花一个小时研究普通公司，你就少了一个小时挖掘和研究10倍股。当然，关键的问题还不是时间，而是注意力和态度。你整天想着平庸的事，注定只能成为平庸的人。盖因种瓜得瓜，种豆得豆。

聚焦寻找强势股

势弱者不悲，强势不远；势强者恃狂，则弱势已近。强势常怀宽恕之心，弱势则不减坚韧之志，是为智。柔弱能胜刚强，顺势方为智者。炒股如人生，亦当如此。

我专注于把自己的精力聚焦于寻找强势股，因为强势股是10倍大牛股的先决条件。买到10倍大牛股，赚钱不辛苦。买强势股被套的概率远比拿着弱势股被套的概率小。投资那些看起来价格偏高但的确在上涨的股票，要比试图去发现那些已经深跌探底的股票何时回升有益得多。贪便宜的心理会让你付出惨痛的代价。

强势股往往市盈率偏高，这是强势股的特征之一，因为市场对公司发展抱有很大期望，更因为公司盈利的持续高增长很快会修正看似偏高的估值。最好的情况是公司同时拥有当季收入增长和强劲的长期增长率。很多人不敢买强势股，就是因为有“估值偏高”的心理障碍。须知好货不便宜，便宜没好货。你不太有机会发现市场里有市盈率很低的强势股。市场永远是正确的。至少在高市盈率情况下，你知道有一些美妙的事情正在发生，并且市场需求旺盛。

股市赢家的法则是：不买落后股，不买平庸股，全心全意锁定强势股。你要想获得超额回报，你就必须重视相对强度，相对强度能帮助我们找到强于市场平均水平的股票，这才是我们要找的最好的买入对象，而不是表现一般的股票。通常，最强的就是最好的。在牛市初期或回调阶段末期带着最强力量最先突破的股票是超级回报股的最佳候选股。随着熊市触底，之前最能承受下跌压力的领头羊股票将率先回升，从底部突破。一旦强势股显示出上涨趋势，我们就应该以该股的量价表现作为操盘指南，而不应受市场杂音困扰。图表上的量价行为会告诉你该股票的趋势方向。我们与强势的量价行为相伴，直至它开始动摇。在市场中，超买会变得更加超买，超卖会变得更加超卖。趋势会自我强化。

我寻找强势股的简单方法

我喜欢在行业格局相对清晰、相对容易研究，而且自己看得懂的行业中寻找行业赢家并下注。行业赢家代表竞争力强，并建立起了强大的护城河。护城河可能来源于生产者优势、技术优势、消费者优势或政策优势等。

做投资，我宁可数月亮，也不要数星星。星星那么多，你总是数不过来。但是月亮只有一个，抬头一望就可以看到。所谓“月亮”，是指在门槛较高的行业里，经过激烈的市场竞争与行业洗牌后笑到最后的企业，也就是大家常说的龙头股。如社交领域的腾讯，电商领域的阿里巴巴、京东，白酒行业的贵州茅台。而“星星”则是指在门槛较低、集中度低的行业里，竞争实力参差不齐的各种企业。

我自认没有能力在变化太快的新兴行业中，去判断哪个星星会变成月亮。看不懂直接放弃即可。投资是件快乐的事，我们要把投资简单化，没有必要自己为难自己。我们可以选择处于高景气周期、市场前景广阔的好赛道，然后在这种好赛道中选择辨识度高的龙头股，按现在流行的说法叫核心资产。

什么是辨识度高的龙头？举个例子来讲，一提到芯片，你就想到中芯国际；一提到光伏产业链，你就想到了隆基绿能；一提到新能源汽车，你就想到“蔚小理”；一提到快递，你就想到顺丰。强势股往往就是各个热门赛道的龙头股，市场开始反转时，它们将率先突破 52 周高点。选择赛道龙头的诀穷，要么选择“超级业绩”，要么就是“动量主线”。极品机会，来自“赛道龙头＋超级业绩＋动量主线”的三合一。我们要重视大赛道大风口的投资，风口越大，泡沫越大，财富也越大。只有泡沫才能让我们短平快赚大钱！

举个例子：宁德时代从 2019 年开始上涨，不到 3 年上涨了 10 倍，其实就是“赛道龙头＋超级业绩＋动量主线”的三合一。宁德时代是国内动力电池和储能系统的龙头老大，符合“赛道龙头”特征；每个财报期都是业绩超预期的高速增长，符合“超级业绩”要求；然后近年新能源汽车产业蓬勃发展，动力电池板块进入“动量主线”。产业趋势和股价上涨趋势发生共振，就产生了一波大牛行情，这种机会就是“极品机会”。

上面讲的“赛道龙头”和“超级业绩”，我都强调了趋势向上，是因为上涨趋势才是对逻辑的验证，再好的股票，市场不认可，都没有用。被趋势验证的股票，走势强劲，其实就是独立的动量股。而如果一个板块都能形成板块效应，那就是动量主线。动量主线的意义，其实就是明示投资者应跟随市场板块效应，选择最强的方向，重锤出击。

做好投资就是要找寻门槛最高的行业里最好的公司。我们必须对进入组合的股票非常挑剔，只和顶尖的人和公司打交道，只关注极品机会，这样我们才能有更多时间和自由享受生活。不断积累的知识带来了不断积累的财富，我们才能真正享受到快乐投资的乐趣。

寻找潜在强势股的具体方法

在具体方法的使用方面，我总结了以下 8 点经验。

（1）从辨识度高的主流赛道找出龙头股。

（2）股价处于上升趋势中，最好是整个板块大都处于上涨趋势的动量股。

（3）股价经过一段时间上涨后，震荡整理反复下跌，近期在底部横盘 3~6 个月，不再创出新低，成交量也趋地量；伴随着股价上涨，近期成交量开始逐渐放大，且大单交易买入较多的股票。

（4）大盘大跌时逆势大涨的股票值得重点关注。股票强势总有其背后的逻辑，核心理由就是有主力资金看好吸纳。沧海横流方显英雄本色！大跌市正是发现强势股的最佳时机。

（5）找出底部突然放量上涨的关键点以及对应的K线，缩量回踩支撑不破应大胆加仓。

（6）在该K线的最高价及最低价处各画一条平行线，平行线之间形成一个箱体结构，箱体区间整理说明多空双方力量均衡。我们着眼于这种均衡什么时候发生变化。

（7）当股价突破最高价平行线时继续买入，如股价持续放量突破则验证了趋势确立，宜加速增持仓位。如股价出现跌破最低价平行线则宜持股观望或止损。

（8）只有产业趋势和技术趋势面发生共振，相互验证，强势股才能持续强势，诞生大牛股。

一般而言，强势股在盘面上应该有如下6项特征。

（1）突破后有追盘买入行为，成交量明显上升，量价相随。

（2）上涨的天数大于下跌的天数，即大涨小回，周线图处于明显的上涨趋势中。

（3）回调后能够快速反弹并创出新高。

（4）上涨日和上涨周的交易量明显大于下跌日和下跌周。

（5）50日均线和250日均线皆处于上涨趋势中，且50日均线持续位于250日均线的上方。

（6）周线图上的上涨斜率一般超过30度，且短期均线和长期均线相隔区间较宽。

如何买股票和管理投资组合?

基本原则

交易的首要目标应该是生存。零乘以任何数都是零，所以特别要警惕毁灭性风险。我们要像珍惜自己的生命一样珍惜自己的本金。控制风险是一切投资的灵魂。在股市里要做好止损，一定要善于“两个忘记”。第一是忘记买入价。不管是在什么价位买进的，买进后都要立即忘掉自己的买入价，只根据市场本身来决定什么时候应该止损，不要让自己的主观感觉与情绪影响对市场的客观判断。第二是忘记止损价，就是做出止损之后立即就当自己没炒过这只股，不要一朝被蛇咬，十年怕井绳。当发现这只股有新的买进信号出现后，就毫不犹豫地再次买进。

计划自己的交易，交易自己的计划。买一只股票往往要很多理由。不买的理由一个就够了！股票赚钱机会有很多！当你对行情走势有怀疑时，大可一笑置之。人生漫长，弱水有三千，只需取一瓢饮。我们永远不会有足够的钱去交易我们发现的所有的机会。

投资股票要有军队统帅的大格局：一是如果可以不打仗，最好不打仗。兵者，国之大事，死生之地，存亡之道，不可不察也。股市投资要有耐心，忍人所不能忍，为人所不能为。二是如果需要打仗，不打无把握的仗。先为不可胜，以待敌之可胜。炒股要求多看少动，关键出击时刻不出现决不出手。三是轻易不出手，出手就是大手笔终局之战。机之未至不可以先，机之已至不可以后。机会来了要敢于下重注。我们可以输掉无数的战役，但不可以输掉一场战争。投资股票，看对一定要赚大钱，看错亏小钱。

在牛市中，股票价格常常被大大地高估，而在熊市中则常常被大大地低估。对投资者有指导意义的更多的是市场趋势，而不是价格。很多人认为投资很复杂，其实投资很简单，挑选优质股买入，直到股价上升 50% 以上才考虑获利回吐，再用止损盘保护，以防自己分析错误，如此一来亏损被局限在 10%~15%；至于利润，不妨让它往前跑，通常一场战役下来获利 50% 是最起码要求，不少情况下利润可达 300% 或以上。我一再强调：投资要赚大钱、亏小钱，要有赚大钱的勇气。在我的投资生涯里，我买到过很多 10 倍股，结果却往往赚了点小钱就提前走了。我好不容易找到了一个大金矿，结果却傻乎乎地只捡了一点金砂。我深以为耻！

缺乏耐心：看对趋势亏了钱

一代股神利弗莫尔认为买股票最好的方法是探测法和金字塔逐步加仓法。利弗莫尔的探测法包括在交易开始阶段小规模持有股票。如果交易是成功的，并且只要股价变化按照他预期的方式进行，他就会继续增加股份，继续购买或者做空。他总是以较高价买进股票并等待其继续涨价，而不是以低于平均价的价格买进。金字塔式加仓法是指初始进场的资金量比较小，后市如果行情方向一致，逐步加仓，加仓比例越来越小，仓位控制呈下方大、上方小的形态，像一个金字塔。这里的要点是，买卖方向和行情一致，也就是说只在赚钱的时候加仓，绝不在亏钱或者下跌的个股中加仓去摊低成本。利弗莫尔强调："开始行动的时候，一上来就满仓是不明智的，除非你确信市场条件完全合适，第一笔有利润，否则不可做第二笔。良好的开端是成功的一半。交易的成败在很大程度上取决于精准选择合适的时机开始行动。""不论在哪个市场，如果开局便错，就不值得再做下去了。在正处于上升状态的市场中买进，是最舒服的股票买入方法。关键不在于买得便宜或卖得更高，而是一定要买在或卖出在正确的时机。看空并卖出某只股票时，每次卖出价都必须比前一次的价格低，买进时则相反，不按照步步下降的方式买入做多，必须按照步步上涨的方式买进。""在投机者铸成的所有大错中，几乎没有什么比企图为已经亏损的交易摊低成本更要命的了。永远要卖掉亏损的头寸，保留账面盈利的头寸。”“不要企图抓住行情最后的1/8美元，或者最初的1/8美元，这两个1/8美元是世界上代价最高的1/8美元。”

你认为自己发现了一只性价比特别棒的大牛股，并且认为这只股票将会上涨。但如果你太快地相信自己的看法，马上大举买入，你也可能赔钱。当你买入后，不知道什么原因，股价就是迟迟不涨，甚至下跌了，你饱受煎熬一段时间，无奈止损退了出来。过段时间，股价又好像有点起色，你又买进去，但市场仍然不死不活，甚至再次转向不利的方向。你再次对自己的看法产生怀疑，并且把股票卖出。最后，这只股票终于出现了期盼已久的上涨行情，但由于你之前太性急，已经错了两次，你的信心受到了打击。大机会终于到来了，但你已没有了重锤出击的勇气，眼睁睁地看着股价涨啊涨。结果，你看对了趋势，但却亏了钱！

比如，片仔癀股票近期正在290元上下震荡，并在280至300元之间已徘徊了近1个月时间。假设你认为这只股票最终将涨到300元以上，而它现在是290元，你就要有耐心，等着这只股票活跃起来，一直等着它创出新高，涨到300元以上，并在此价位停留超过3个交易日，确认300元关键价位已被突破。这时，你才能根据市场的表现知道你的想法是正确的。这只股票肯定已经进入了非常强劲的上升状态，它肯定不会暴跌。只有这样做，才能完全肯定这只股票正在开始非常明确的上涨——这个趋势将继续下去。这时，你才能完全相信你的看法。不要让你在300元以下时没有买进这件事给你带来任何烦恼。如果你当时买了，很可能发生的情况是，在这个趋势快开始的时候，你不愿意再等了，退了出来，因为你是在较低价位上退出来的，你就对高价位有了心理障碍，因此当片仔癀真正步入上涨趋势，在你应该再次买进的时候，却没有买进。

买股正确的做法应该是：学会让资金分批入场，建仓是一个逐步证伪、逐步强化、逐步积累的过程。我们认定了一个好股票，先试探性买入，看看市场是否一如预期，如果股票果然上涨了，那么证明我们的判断是对的，此时应该采取顺势加码的交易策略。如果市场走向不如预期，我们应该停下来看看是否有什么地方出错了。如果形势继续恶化，那么我们就应该果断止损，不要让小损失变成大损失。就像行军打仗，在大部队出发前，我们先派出侦察兵，如果不幸遇到埋伏，也并不会有太大损失。尽早有效地发现错误是生存的关键。更好的分析会使损失减少，但优秀的管理系统可使损失达到最小。这就是“善输、小错、大胜”的精髓，是迈向成功的第一步。

价值和趋势并用，盯住强势领头股

在个股选择方面，我以价值投资编织安全网，用趋势投资实现利润最大化。基本面分析研究的是买什么，趋势分析研究的是什么时候买。具体操作流程是先自上而下确定行业，再自下而上选定标的公司，这是最简单的也是最有效的基本分析方法。锁定了好股票然后再伺机寻找买点。我特别喜欢研究那些领头股票是如何从众多股票中脱颖而出的。寻找领头股票最简单的办法就是，盯住最强劲的板块，挑出这些板块中最强劲的股票。我发现市场的大规模上涨行情往往由少数新兴行业的领头羊带动，紧紧跟随这些强势领头羊就可以获取最大利润。股市赢家法则是：不买落后股，不买平庸股，全心全力锁定强势领头股。在牛市中，为了一只表现强势的领头股票倾其所有是明智的。寻找那些在上升趋势市场中，在正确的时机以新的最高价格超过阻力线的股票。避开资本密集型行业，避开没有定价权的平凡企业。要投资于那些靠现金流、利润或非常少的贷款就能满足资金需求的企业。出于同样的原因，还得避开有沉重债务负担的企业。比如钢铁、航空这些周期性行业，需要不断投入资金进行技改或更新设备，属于现金消耗型行业，它们只能阶段性短炒，不能长相厮守。

投资者要在关键的心理时刻进行自己的第一笔交易。在这种时刻，趋势的力量是非常强大的，它只能继续发展下去。不是因为自己的操作，而是因为那只股票背后的力量非常强大，它不得不往前走。宁买当头起，莫买当头跌。即股价由高位回落10%~15%，便要加倍小心。股价由低位上升10%~15%，则应重点关注。股价由10元涨到11元，便是当头起。由10元回落至9元，就是当头跌。只有投资老手才会懂得追涨不买跌的道理。不要费尽心思去抄底和逃顶，顶部和底部是自然形成的，不是人为设定的，投资者只能顺势而为。要做趋势追踪者，而不是趋势预测者！

买股票的正确方法

选股要有依据，卖股要有方法。买股票的时候要像在超市购物一样冷静，看价格，看保质期。月线是判断大趋势的依据，周线是确认小趋势并操盘股票的依据，日线是快速发现异动股操盘的依据。买股要悠然，卖股则要果断。

任何时候，当你精挑细选买入的股票，一旦由高峰回落10%~15%，你便应该高度关注，肯定有什么地方出错了，或者趋势可能已经改变了。一旦趋势有变，应及早止损离场，不能跟股票谈恋爱。不管任何理由，一旦股价由高峰下滑20%，应立即止损离场。股市是让大多数人输钱、少数人赢钱的地方，千万不要跟股市较劲。有人问为什么亏损一旦达到20%，便要不问理由地止损，理由是亏损一旦达到20%，在未来必须赚回25%才能打平。如让亏损继续扩大至50%或以上，则未来必须赚回100%以上才能打平。投资是件快乐的事，巨额亏损会极大影响自己的心情，甚至把自信心都输掉了。

我不喜欢买低价便宜股，因为股价已经反映了这些股票糟糕的价值。当你因为便宜而买入股票时，如果它的表现不如你所愿，你会很难做出卖出的决定，因为它现在更便宜了，而便宜正是你第一次购买的原因。基于“便宜”的逻辑，它越便宜岂不是就越有吸引力？事实上，便宜股往往是垃圾股、僵尸股、弱势股的代名词。我专注于买入上涨趋势的股票，我喜欢顺势而行，享受一买入就上涨的快乐！最好的购买信号出现在股票交易量增大、股价强势上涨和股票突破震荡盘整阶段的时候。我购买一只股票最重要的理由在于它的价格正在上涨。如果价格的确在上涨，那么就不需要再提出其他问题了。如果价格没有上涨，那么也就没有其他原因再值得考虑了。个人的看法对投资者或投机者来说，是没有任何价值的，除非市场按照他的想法去表现。市场绝不会错，个人的看法往往却是错的。股价永远不会太高，高到让你不能开始买进；也永远不会太低，低到不能开始卖出。在大牛市里，要敢于追买率先涨停的股票；更要大胆大笔买入率先领涨板块中的领头羊！经验证明，要想在投机中真正赚到钱，就得买从一开始就表现出有利润的股票或商品。买入就赚钱能让你对自己的投资决策充满自信，有了自信才可能重仓持有。看对不重仓就是一场自欺欺人的笑话。

综上，买股票的正确方法和步骤可以简化如下：

（1）投资者可先用上面介绍的方法建立专属于自己的股票池。

（2）找出个股的关键点，重点关注，耐心等候股价带量突破关键点；待关键点突破，第一次确认趋势后，就采用试探性操作策略，先建立小额仓位。

（3）如果买入股票后股价下跌了，则采取观望态度；跌破止损位则可以考虑止损离场。绝对不能平摊亏损。一定要牢牢记住这个原则。你现在对市场的判断是错误的，所以你已经赔了钱，为什么还要再继续赔钱呢？

（4）如果投资获利，股价如预期上涨，趋势就经过了第二次确认，可以正式建立仓位。

（5）之后随着股价的持续上扬，采用金字塔操作策略，持续分批加码，同时不断抬高止损位，从而保证利润不受伤害。

（6）交易不是赚钱通过检验，就是赔钱未通过检验。

用以上方法，我们可以逐步买入 5 到 10 只股票，建立我们的投资组合。

组合管理：集中持股、拔除杂草

当我们把宝贵的资金都投资出去时，如何管理投资组合就自然成为当务之急。所谓管理，无非控制风险，优胜劣汰，优中取优。很多所谓的投资专家总喜欢建议投资者分散投资。其实，如果你没有几个亿资金，有什么资格谈分散投资？只有小量资本的散户一定要集中火力，才有机会赚大钱。因为若把鸡蛋放在太多篮子里，我们很容易手忙脚乱，把桌子都掀了。我们应该把所有鸡蛋放在一个篮子里，小心呵护。我的看法是，100 万元资金以下的组合最多只能有 3~5 只股票。1000 万元以上的资金拥有 5~10 只股票也差不多了。对一般投资者而言，一个成熟的投资组合，前 3 只股票的投资比重应至少占组合 80% 的比例。

我们只有有限的时间、有限的金钱，我们要把它们用在最有效的地方。我投资组合表现最好的时候往往就是有一两只股票的投资比重占到了我组合 80% 以上的时候。这代表仅仅这一两只股票，我就已经有了庞大的利润在手，而且是“短平快”已经有了数倍的利润。我希望抓住千载难逢的机遇迅速放大利润。当然，我们在享受牛市泡沫的同时，也要记住用动态止损策略保护自己的胜利果实。比较经典的案例就是 2006—2007 年时，我组合内山东黄金单只个股占比高达 90%，一方面是我一直增持，一方面是该股市值上涨很快，不到一年半时间山东黄金股价上涨了 10 多倍！天予弗取，反受其咎。

投资首要是控制风险，关键是取舍和放弃，集中做好最重要的事情。这就是《孙子兵法》“途有所不由，军有所不击，城有所不攻，地有所不争，君命有所不受”的要义。拿破仑说：“在战争中，胜利属于懂得怎样在决定性的地点集中最大的兵力的一方。”毛泽东把战争胜利的秘诀归纳为“集中优势兵力打击敌人”。而投资就是要把所有的鸡蛋都放在一个篮子里面，然后精心呵护。分散化是无知者的自我保护手段。对知道自己在做什么的人来说，它几乎毫无意义。真正的投资大师会告诉你，集中于少数投资对象，才是投资成功的秘诀。查理·芒格说过：“如果把我们最成功的 10 笔投资去掉，我们就是一个笑话。”这就是普通投资者和投资大师的区别。由于投资大师的投资组合是集中化的，他可以把精力高度且高效地集中在如何甄别正确投资对象上。不过，集中化只是结果，不是原因。投资大师只持有少数几种股票并不是刻意的，集中化源自于投资大师选择投资对象的方式。他把时间和精力都用在了寻找符合他的标准的高概率事件上。好的投资机会是有限的，投资者的精力及能力圈亦是有限的，真正的风险控制在于有效且充分深入地思考，因此集中投资是比较好的风格选择。

如果你想管理好一个花园，你需要不断拔除杂草并给花木浇水，呵护你希望成长的东西，清除那些只是消耗资源的不必要的东西。管理投资组合跟管理花园是同样的道理，你需要定期审视组合里个股的表现，不断地把亏损股、弱势股从组合里剔除出去，然后把符合投资标准的强势股加进组合。好钢要用在刀刃上，宝贵的资金当然也要用在最能够发挥效益的地方。最糟糕的股票就是那些“半死不活”的股票，这些股票占用了资金，影响了心情，也应该定期清除。这就像零售店里的商品，如果很长时间都卖不出去，精明的店主就会大甩卖，以便有钱去进更多好卖的货。

通过 30 多年的实践，我发现最有效的组合管理方式就是：致力于让投资组合里的所有股票都保持盈利。方法很简单：就是不断把亏损的股票卖掉，仅留下赚钱最多的股票，那么你组合里所有留下的股票就自然都能保持盈利了！你买入股票，你想股票涨，现在留下的股票都涨了，证明你是对的，那么继续持有！否则，抛弃！不断地优中取优，完善投资组合。否则，天天看到亏损股票，你难免心浮气躁。为什么不让不开心的东西消失呢？把宝贵的资金都投在能为自己赚钱的股票上，能让自己快乐的股票上，这样投资就是一件快乐的事。应用这个简单方法于股市投资，我持续多年战胜大盘，并在熊市亦能享受数钱的快乐！

成功投资需要有大格局观。以平常心接受不可改变的事物，有勇气去改变自己可改变的一切，以及有智慧知道有哪些可改变，哪些不可改变。我知道自己没有能力改变股市的方向，但我有能力控制自己的投资组合，努力将亏损减至最小，将利润尽量放到最大。如果你想快速积累资本，那么机会来了，你就必须进行适当的投机而不是投资，不想承担风险却想赚大钱简直就是天方夜谭。

第九章

趋势投资之关键点交易法

举网以纲，千目皆张；振裘持领，万毛自整。治大国者亦当如此。

——汉·桓谭《新论·离事》

趋势投资分析三要素

趋势分析也是技术分析的一种。技术分析是指以市场行为为研究对象，以判断市场趋势并跟随趋势的周期性变化来进行股票及一切金融衍生物交易决策的方法的总和。技术分析成立的前提条件有：第一，所有基础事件，即宏观经济事件、产业格局变化、公司经营业绩、社会事件、新技术变革、战争、自然灾害等作用于市场的因素都会反映到价格变化中来。第二，价格以趋势方式演变，趋势就是事物运行的规律。第三，历史会重演，因为人性千古不变。

目前，证券市场上的各种技术指标数不胜数。例如，相对强弱指标（RSI）、随机指标（KDJ）、趋向指标（DMI）、平滑异同平均线（MACD）、能量潮（OBV）、乖离率（BIAS）等。这些都是很著名的技术指标，在股市应用中长盛不衰。而且，随着时间的推移，新的技术指标还在不断涌现。

这里我想要提醒读者朋友，如有所谓专家分析股市用以上指标超过3个，再抛出几个希腊字母或展示一些艰涩难懂的数学模型，你大可表达完敬佩之情后，立即走人！

以上技术指标都有自己的优劣之处和适用范围。有时技术指标的使用效果很差，有时效果又好像不错。毕竟每种技术指标都有自己的盲点，也就是指标会有失效的时候。我认为投资者应该对这些技术指标的内涵做个大概的了解，毕竟这些技术指标有那么多的受众，肯定有其可取的地方。然后你要做的就是把这些指标全部都忘却脑后，因为此时你总算明白了一个道理：学得越多，懂得越少！这些指标很多都艰涩难懂，应用起来时可时不可，似对非对，而且指标之间有时还自相矛盾，让人无所适从。凡事都有根源，大道至简，能以简驭繁才是正确的处世之道。一个复杂的系统肯定不是一个好的系统，我们必须把投资简单化。炒股难，难在人心太复杂，喜欢把简单事情复杂化。无论是价值投资还是趋势投资，变量都非常多，内在交集互为影响也多，我们只要抓住关键变量即可。

经济学家告诉我们，价格决定于两大变量：供应和需求。其他不管宏观、微观，也许你能够列出几百个变量，但归根结底还是为了解释供求的变化。我们要做的是清楚知道哪些是关键变量。

影响趋势投资分析的因素也可以列出许多，但关键的要素只有3个：价格、成交量、关键点。三者相互之间的变化，基本上就是趋势投资分析中最重要的精髓，是未来趋势运行的指路明灯。我认为把上述3个要素分析清楚已经足够了，没有必要再追求深度研究。我崇尚快乐投资，喜欢把投资简单化。当你放弃深度研究的时候，你的研究工作量是极大比例降低的。我从不使用一些复杂的技术指标。我惯常使用价格、成交量和一些平滑的移动平均线如 MACD 指标来辅助我分析，这就足够了。基本面方面主要是研究行业潜力、净利润、销售额和利润率等。

第二章和第六章分别阐述了三要素中价格和成交量的内涵，本章重点说说关键点的妙用。

什么是关键点?

成功的人不是赢在起点，而是赢在关键点。人生漫长，但关键时刻就只有几步。所谓关键点就是人生重要的转折点，它决定了你是成功者还是失败者。之所以大部分人一辈子都是营营役役、碌碌无为，是因为改变命运的关键机遇出现时，他们要么看不到，要么没有足够的果敢去抓住它。投资企业同样如此，在关键点做出正确的决策，就能一战成名。

研究关键点对个人来说，就等于是发现了一个金矿，可以让我们迅速抓住历史性机遇。一个人一生的财富取决于极少数的大成功，取决于单次事件成功的幅度，而非频率。一个人成就有多大，就看他一生中是否做过一两件轰轰烈烈的大事。屡战屡败不可耻，能够屡败屡战一役定江山才是真英雄！这个道理适用于人生，亦特别适用于股市投资。我认为炒股成功的关键不在于你看对还是看错，关键在于你看对趋势时有没有赚大钱的豪情，看错趋势时有没有亏小钱的勇气。这是所有投资管理的核心和关键。

关键点是一个“翘点”，一个可以实现四两拨千斤的“翘点”，就像解放战争三大战役中辽沈战役之塔山阻击战。塔山阻击战的胜利基本就意味着辽沈战役的胜利，而平津战役和淮海战役只不过是辽沈战役的延伸，这三大战役的胜利标志着中国共产党在解放战争中的全面胜利。

明白义理容易，认清时势最难。明白义理，腐儒也能做到；认清时势，博古通今的智者才能做到。识时易，识势难。能够洞察趋势关键转折点就更难了！曾国藩成功之道在于很善于在困境、危难、“大变局”中审时度势，抓住对自己最为有利的机会，趁势摆脱困境，成就自己。宏观趋势这个东西，在四平八稳的时代对普通人确实没什么用，也就是个茶余饭后的谈资。但如果是在动荡的乱世，对宏观趋势的把握可能就直接决定了个人或家族的兴衰。

由此我想到希特勒决定攻打斯大林格勒（现称伏尔加格勒）时的情形。对希特勒来说，斯大林格勒只不过是又一座有待征服和占领的苏联城镇。当斯大林格勒战役即将打响时，没有人知道它会为德国纳粹敲响丧钟，成为“二战”的关键转折点。斯大林格勒战役摧毁了德国的军事优势，此后德国事实上就已经失去了战争主动权，然后才有了诺曼底登陆战役的成功。诺曼底战役盟军 280 万，德军只有 100 万，本身就是一场实力悬殊之战，未战胜负其实已分。

从战略角度看，1942 年的中途岛海战则是太平洋战争的关键转折点。可以这么看，欧洲战事斯大林格勒战役是关键转折点，亚洲战事则以中途岛海战为关键转折点。此后，同盟国和轴心国的力量对比颠倒，盟军开始全面反攻，大局已定。

国家如此，企业也是一样。

亚马逊发展早期，孙正义和亚马逊创始人杰夫·贝索斯本来在收购 30% 的亚马逊股份一事上达成了协议，只是在最后讨论具体细节时，贝索斯要价 1.3 亿美元，孙正义却坚持只出价 1 亿美元，两人最终因为这 3000 万美元的分歧没有达成交易。亚马逊现在的市值高达 1.5 万亿美元，当年孙正义如果真的收购了 30% 的亚马逊股份，现在市值 4500 亿美元，盈利高达数千倍，可以再创投资阿里巴巴的传奇。真正的元帅，只需打一场大战，已可留名青史。

同理，真正的投资家也只需完成一笔伟大的交易，已可扬名立万，奠定江湖地位。

苹果公司从 1983 至 2001 年，整整 18 年都没有大作为，成为典型的鸡肋股，让人食之无味，弃之可惜。虽然乔布斯 1996 年回归苹果，但也并不能马上让苹果起死回生。苹果的转折点是在 2001 年公司推出全球首款大容量便携式多功能数字多媒体播放器 MP3——iPod 之后。由于产品大受欢迎，接下来 6 年苹果股价上涨了接近 10 倍；然后苹果再接再厉于 2007 年抓住移动互联网的机遇，强势推出 iPhone 手机，又大获成功，乔布斯因此被苹果董事会授予苹果公司永久 CEO 职务。其后 15 年时间苹果股价又爆发性上涨了 80 倍。也就是说，苹果这 21 年股价累计上涨了 800 倍！这期间有两个重要关键点，2001 年发明 iPod 转势向好，2007 年发明 iPhone 乘势腾空。如果投资者能够及时抓住其中任何一个关键点买入，皆可获取大利。

腾讯的发展也有两个明显的关键点，第一个关键点是创业阶段的 QQ 应用把腾讯推上资本市场。2004 年腾讯上市价 5 港元（复权价为 1 港元），上市后迅即下跌 30%，市场其时对腾讯的社交和通信服务潜力认知明显不足。随着互联网应用的扩大，腾讯的产品线也迅猛发展，股价开始逐渐向好，到 2011 年累计上涨了差不多 30 倍。第二个关键点是 2011 年微信的上线，彻底奠定了腾讯在社交和通信服务的霸主地位。之后的 10 年腾讯股价又上涨了 10 多倍。

日本战国枭雄德川家康和我国三国时期的司马懿早年都位卑势弱，但为什么可以笑到最后，一统天下？除了够长寿、够耐心、有格局外，还因为他们在人生关键机遇出现时敢于全力拼搏。德川家康有一句名言："最后的赢家，才是赢家。"

在具体的股票投资操作中，关键点就是重大趋势即将出现的一个完美心理时刻，是趋势的转折点。投资者要在关键的心理时刻进行第一笔交易，在这种时刻，趋势的力量是非常强大的，它只能继续发展下去。不是因为自己的操作，而是因为那只股票背后的力量非常强大，它不得不往前走，这就是投资者进行交易的最恰当的心理时刻。关键点代表在这个时候买入，你大概率就能赚钱。我从来不在最低的价格买进，也从不在最高的价格卖出，而是要在关键点出现的时候买进，在关键点出现的时候卖出。如果我能够坚持在关键点才买入，我大概率就能够享受到一买入就赚钱的快感，因为我在正确的时间做了正确的事。趋势一旦形成，自会惯性运行！投资者只要学会顺势而行，在股市里赚钱就会像切西瓜一样容易！

关键点投资理念

我操作正确，但破了产。情况是这样的，我看着前方，看到了一大堆钞票，我自然就开始快速冲了过去，不再考虑那堆钞票的距离。在到达那堆钱之前，我的钱被洗得一干二净，我本该走着去，而不是急于冲刺，我虽然操作正确，但是却操之过急。

——杰西·利弗莫尔

巴菲特曾用棒球理论来解释自己的投资理念：等待最合适的投球，然后击打。很多时候，人们并非认知不到“理想的球”来临，而是控制不住自己频繁挥棒的欲望。这样的策略听起来简单，但实际上需要内心强大的定力、耐心与纪律。

炒股，你专注于买入一买入就赚钱的股票，会让你的心态变得更加健康，久而久之，你就会成为一买入股票就赚钱的赢家。你一买入就赚钱，证明你不但选中了一只好股票，而且选中了一个值得出手的关键点。这样你的投资信心就会增强，你会自然感受到顺势交易、趁势数钱的快乐。交易赚钱这码事显得是那么自然而然，遇到对的股票你就拥有重锤出击的勇气。反之，即使你选中了一只好股票，但买入的时机错误，你会一直被亏损困扰，你对自己的决策总是充满疑惑，你不会也不敢重仓。经过漫长的煎熬，市场终于证明你是对的，但你也赚不了几个钱。大多数情况是，你没有等到股价的上涨，你已经把这件烦心货处置掉了。

股价运行有其内在规律，不以人们的意志为转移。希望市场证明你是对的，需要的时间往往超过人类的耐性。所以，选择关键点出击，不但可以增加我们赢的概率并提升效率，更重要的是增强了自己投资的信心。要战胜市场，我们必须多了解市场运行规律，多了解不同股票的股性。毕竟，人有人性，股有股性！不断忘却人性，不断吸纳股性，你就会尝到快乐投资的无穷快感！

交易不是每天要做的事情，知道什么不应该做，跟知道什么应该做几乎一样重要。赚大钱要靠“等待”，而不是靠想，更不是靠蛮干。你一定要等到所有因素都对你有利的时机才出手。吃有时，睡有时，投资亦有时。成功的投资者和其他交易者最大的区别在于，当市场不好时，他们具有不进场交易的能力，而不是在危险的市场上频繁交易。这需要很强的自制能力，对于成功的交易者来说，这是关键素质。与其在熊市中进行可能犯错的交易，还不如什么也不做。我的切身体会就是，要尽可能减少模棱两可的交易性投资，仅做确定性较大、趋势比较稳定的交易。我认为自己对股市投资具有天赋，盘感极好！基本上每年阶段性的投资回报都超过 30%，但为什么不能每年都超过 30% 呢？就是因为自己做了太多类似“捡烟屁股”的交易，拉低了回报。今后我一定要在规避风险、提高胜率方面多下功夫！

我们的交易决定应该建立在对下一轮趋势发展的研判上。同时，这种行情发展也是市场趋势的心理变动的开始。如果市场没有朝预判的方向继续发展，我们自然就知道该行动是错误的，就会退出交易来减少自己的损失。等待突破行为的发生是十分重要的。这种等待需要交易者巨大的耐心。有怀疑就持有现金，有子弹才会有出击的机会。我们需要耐心、耐心、耐心，等着恰当的关键点出现，等着恰当的交易时机。机会有很多，我们只要把握住极少的大机会即可，我们不需要为了买卖而买卖。研究关键点简直有一种让人难以置信的效果。你会发现，你炒股的技巧得到了质的飞跃。你将从完全靠你自己的判断而获得成功的交易中获得无比的喜悦和满足。你会发现，同靠听别人的消息而获得利润相比，用这种方法得到利润可以给你带来更大的成就感。你完全靠自己的智慧和自律获得了成功。

每一笔交易最关键的部分是入市时机。那些能够正确地、及时地入市的交易者将会比那些盲目入市的交易者有更大的胜算机会。我们甚至可以说，如果你入市时机正确的话，那你就完成了整个交易的80%。公司符合所有基本面标准，并不意味着你要马上买入该公司股票。即使你的基本面分析非常准确，要想赚取高额回报，仍需要精准地找到关键点再出手。成功的诀窍就在于你需要公司有好的基本面，但同样需要能支撑公司价格上涨的势头和市场环境。你需要所有的力量都在你的背后推动你前进，包括基本面、技术面和市场环境。一个好的公司不一定是好的股票，一定要记住这一点。

我这里想强调的是，如果你看好某只股票，千万不要迫不及待地一头扎进去。在你买股票之前，要保证你是在一个重要的关键点买进的，你可以先小量买入试探盘，再仔细聆听市场的声音，分析它的基本面和盘面的行情演变，伺机而动。只有当这只股票如你的预期那样上涨到某个关键点位，你才能知道，你的想法是对的。这只股票已经进入了一个非常强势的状态，你才可以义无反顾地继续建仓。投资不在于你看对或看错，而在于你看对时有没有赚大钱的豪情，看错时有没有亏小钱的勇气！在正确的位置持续加仓，放大利润才是制胜的法宝。

现金在我们手中还没有花出去的时候是很值钱的，就像一个没有出嫁的黄花闺女有很多选择。故我们要慎而又慎选择买入股票的时机，尽可能在最接近关键点的时候出手，尽可能做到买入就要赚钱。当我们买入一买入就赚钱的股票的时候，那种满足感和自信会油然而生，就可以享受到顺势而行、乘势而上的快乐！这个时候，我们是在用市场赚的钱冒险。我们一买入就赚钱证明我们的买入关键点是正确的，这种自信可以让我们在市场波动时保持一个良好的心态。反之，如果我们研究了很久，终于出手买入，但一买入股票就下跌了，这时我们就要特别小心，可能我们买入的关键点出了问题。为什么呢？原因很简单：这只股票没有按照我们所希望的方向发展。这证明我们的判断有可能是错误的。我从来不考虑这只股票的走势为什么没有朝着我预判的方向发展，我亏损的事实已经证明我是错的，它已经发生了，我不能错上加错，观望或止损是我唯一能做的事。

如果我买入股票之后，股价的走势并不像预期的那样上涨，虽然我非常看好，但我也不会加仓，以求摊平成本。企图摊平亏损是很多交易者走向深渊的通病。我会选择观望，如果过段时间股价仍然半死不活，我会止损，因为我希望发生的事情没有发生。这是应该记住的最重要的事情。

市场并不是时时刻刻都有明显的投资机会，我们需要耐心等候，等候关键点的出现，等候进行交易的最恰当的心理时刻。事实证明，只要我耐得住买卖的冲动，只要我选择在关键点进行交易，我总能大概率赚到钱。真正重大的趋势不会在一天或一个星期就结束。它走完自己的逻辑过程是需要时间的。我们只要在关键点出现时果断出击，就能够在顺应趋势的过程中获取利润。

《孙子兵法》云：“故其疾如风，其徐如林，侵掠如火，不动如山。”成功需要自律，也需要适时行动，行动需要勇气，勇气来自自信，自信来自智慧，智慧来自知识、实践与感悟。

研究关键点对于股票投资者来说，就等于是发现了一个金矿的入口，可以获取源源不绝的财富。实践证明，要想在投机中真正赚到钱，就得买从一开始就赚钱的股票！这就是我们利用关键点炒股制胜之道。

关键点交易法

耐心等待关键点

看懂了大势，也认准了一批好股票，这仍然不能保证我们一定赚钱，或者说赚大钱。我们的目的是要赚大钱，否则怎么能够快乐投资、快乐生活呢？买股除了用好价格买入好公司以外，好的买入时机也很重要。股市关键的时间只有几天。市场不是均衡有序运行，而是波动跳跃式运行。股市漫长，但关键时刻只有几天，一旦你错过涨幅最大的几天，仅仅是几天，你的总收益率就会大幅降低。查尔斯·艾里斯在其经典名著《赢得输家的游戏》中用数据说明漫长的股市中短短几天有多么关键。1980—2000 年，标普 500 指数复合收益率年均为 18%。如果扣除涨幅最大的 10 天（仅占整个评估期间交易日总数的 1/400），年均复合收益率从 18% 降到 15%，降幅超过 1/6。如果扣除涨幅最大的 20 天（仅占整个评估期间交易日总数的 1/200），年均复合收益率从 18% 降到 12%，降幅高达 1/3。如果扣除涨幅最大的 30 天（仅占整个评估期间交易日总数的 3/400），年均复合收益率从 18% 降到 11%，降幅超过 1/4。

投资者都非常希望自己不会错过市场最好的那几天，并且又能够足够幸运地躲过市场最糟糕的那几天，可是无论是 5 天、10 天还是 25 天，在整个交易时间段里都只是百里挑一甚至是千里挑一，且这几天并不连续，全部抓住的概率连百万分之一也不到，比中彩票还要难。所以，艾里斯提出了著名的论断："当闪电打下来的时候，你必须在场。"换句话来说就是，当极其罕见的幸运黑天鹅事件来临时，你一定要在股市里待着。因为幸运黑天鹅事件哪一天突然来临，谁也无法提前预测。这就是我们要重视关键点的原因。

等待关键点出现需要耐心。除非市场发出了明确的关键点信号，利弗莫尔会尽力避免采取行动，这是其成功的关键。正如他所描述的："不论何时，只要耐心等待股市到达我所说的关键点后才动手，我就总能从交易中获利丰厚。为什么？因为这种情况下，我选的正是标志着行情即将启动的心理时机。"我的目标绝不是在最低价或者接近底部时购买股票，而应该是在非常正确的时间点开始购买股票，这意味着我必须学会等待一只股票攀升，在做出初步确认前的买点开始交易。这个点就是最小阻力线的起点。最好的买点是利弗莫尔讲的，必须等待股价突破"最小阻力线"。我认为利弗莫尔说的最小阻力位是一种顺势思维。就是行情在上涨的时候遇到的空头阻力比较小，那么它上涨就比较顺利。行情在下跌的时候遇到多头的阻力比较小，那么它跌得就比较猛烈。

我 30 多年的炒股经验足以验证上述理论。我真正从股票投机中获取的利润，都来自那些从头开始就一直盈利的仓位。只要我耐心地等待市场到达我所说的关键点后才动手，我就总能从交易中获利。这个时刻的市场力量是如此之大，形成了一个明显的运行趋势。这只股票的趋势之所以能够延续，不是因为我的操作，而是因为它背后这股力量如此强大，趋势只能惯性继续往前冲。这时候我唯一要做的就是静观其变，任由市场自动展开行情演变的过程。曾经有很多时候，我也像许多其他投机者一样，没有足够的耐心去等待这种百发百中的时机。这个时候我往往就会亏钱，因为这些似是而非的机会的失败概率实在是太高了！

寻找关键点的方法

趋势投资者投资成功的关键在于认清在哪个时点，市场开始靠自己的内在势能壮大，然后在趋势刚刚开始形成，但还不广为大众认知的关键时刻果断介入，随后顺势操作即可。趋势运行经过各种外部冲击反复的考验后，往往会进入自我强化的加速期。当信念与真实之间的背离很大时，信念不再强化趋势，整个过程就开始踌躇不前，失去信念会使趋势反转，这时就会出现趋势的关键转折点，接下来趋势可能崩溃，周而复始。为了及早发现关键点，我认为投资者应该做好以下工作：

（1）专注于价格趋势分析；

（2）学习发现重要的支撑位与阻力位；

（3）找寻重要的突破关键点位，如整数关口、历史新高、新低等；

（4）熟悉几种比较重要的价格形态，如单日反转形态；

（5）了解成交量在确定价格变化中所扮演的角色；

（6）画出趋势线，画好后密切注意这些趋势线的演变；

（7）使用移动平均线帮你追踪趋势；

（8）熟悉几个摆动指标，如 MACD、RSI、KDJ 等；

（9）学会分辨有走势与没走势的市场；

（10）注意股价相对强度。

选股与买股是完全不同的两个维度。任何一只股票，不管基本面多好，价格多么吸引人，只有符合买点的要求，才值得买入。坚持正确的买点，耐心等待正确的买点，是整个体系构建的核心。买点正确，可以杜绝大部分亏损。训练耐心并等待正确的形态，忽视其他机会，这是防止过度交易的关键。一个交易者，要成为一个伟大的交易者，在于耐心等待机会窗口打开。在你最想不到的时候，新机会和趋势通常情况下会自我呈现。当一只股票出现上涨趋势之后，如果股价出现正常的回撤，然后股价再次创出新高，这个时候就是一个非常好的买入时机，因为上涨会有惯性。个股既然能够经受住挑战，继续创新高，就说明其能量十足，继续上涨的概率较高。要建立不以最低价格而是以正确的价格买入股票的想法。正确的价格是价格大幅上涨的启动点位。

股价支撑和阻力位是市场资金合力作用的结果，故识别重要的支撑和阻力，是判断价格最小阻力方向的常用方法。万事万物背后都有一股无形的力量，推动事物向前进，事物总是倾向于沿最小阻力方向运动。它们总会怎么容易怎么来，因而如果上升的阻力比下跌的阻力小，价格就上涨；反之亦然。

市场总是按照自己的方式运行。有关你所需要知道的一切事情，市场总会告诉你。关于关键点有两个重要判断：一是在关键点附近建立的头寸要一开始就盈利。二是如果价格走势没有走出应该有的样子，便是危险的离场信号。只要趋势得到确认，就要努力利用趋势赚钱。

我们可以通过量价行为选择买卖点，在"供需格局逆转的关键点"下单，保持空杯心态，跟随市场的选择。按照"大风口，强逻辑，好赛道，超业绩"四条标准，锁定中期逻辑强大的板块和个股。然后在股价上涨趋势中，挖掘量价齐涨且动能最强的个股快速建仓。谨记：做人不能太势利，炒股一定要买强势股！

盘中分时图最大的作用是可以尽快让我们发现一些异动股，但对趋势的研判作用不大。我们应先用日线图寻找转折点，再用周线图确认趋势。周线图消除了很多短期波动中固有的噪声，同时，提供了关于机构投资者潜在积累的有价值线索。一个比较明显并容易驾驭的技术形态就是，无论日线图、周线图，还是月线图，皆出现了上涨趋势，这种多周期共振的趋势往往会诞生大牛股。

关键点交易法的要点

（1）时机就是一切，在进入交易之前，最重要的是确定最小阻力线是否和你的交易方向一致。我的经验是，如果我不是在接近某个趋势的开始点才进入市场，我就绝对不会从这个趋势中获取多少利润。原因是，我错失了利润储备，而这种储备对于一个人的勇气和耐心是非常有必要的，有了这种勇气和耐心，他就可以静观市场变化，就可以在这次行情结束前必定会不断出现的小的回落或回升面前持股不动。

（2）真正重大的趋势不会在一天或一个星期就结束。它走完自己的逻辑过程是需要时间的。

（3）关键点的定义是：进行交易的最恰当的心理时刻。我从来不在最低的价格买进，也从不在最高的价格卖出，而是要在恰当的时候买进，在恰当的时候卖出。

（4）炒股要有耐心，等待关键点出现才进行交易。

（5）只有在关键点买入，你才会享受到一买入就赚钱的快乐，你才会对自己的决策有信心。你才有可能看对行情并重仓赚大钱！

大多数时候，专业投资者和散户的投资业绩都差不多，区别在于对重大转折机会来临时的把握上，专业投资者略胜一筹。伟人和凡人的区别也在于对重大人生道路的抉择上。成功的投资者拥有在充满恐惧和信息不清的市场环境中保持冷静和头脑清醒的能力，并在众多不确定性当中寻找到关键点，且能够果断采取行动。成功的人不是赢在起点，而是赢在转折点。前面提到，关键点是一段重大趋势就要开始的完美心理时刻。这样形容仍然有点像我前面定义趋势一样比较“玄”。这确实比较为难，重要的理念往往都不是那么一目了然、具体、简单易懂，否则怎么成功人士那么少呢？投资是一门艺术，能够真正明白趋势、关键点的人仍需要努力学习、实践。

关键点交易法实战分析

关键点在股价 K 线图上经常出现，并呈现不同的形态特征。为了便于大家理解，我尝试把自己投资的一些经典案例总结出来，并通过案例中的一些经典价格形态把关键点这个概念具体化。

整数价位

整数价位关键点，如 3 元、10 元、50 元、100 元等，还有指数点位，如 1000 点、2000 点、10000 点等，这些点位之所以会成为关键点，纯粹是人们的心理作用。人们面临整数关口时感觉有阻力，突破后又感觉信心满满，久而久之就会形成重要的支撑与阻力。一般而言，10 元、100 元价位这些整数关口比 3 元、25 元这些关口意义更大一些。

如图 9-1 所示，2020 年 4 月，富途从 8 美元开始上涨，我第一次开始买入。5 月 5 日股价突破 10 美元关口，出现第一个关键点，然后成交量温和放大，这期间不断有震荡洗筹迹象，明显有主力运作其中，我也开始积极增持。

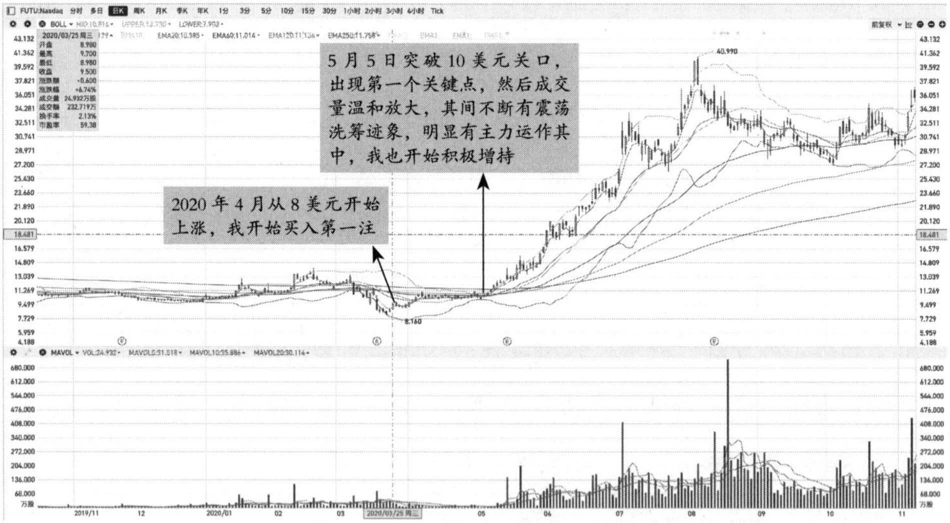

图 9-1 2019 年 11 月—2020 年 11 月富途日 K 线

当 2021 年 1 月 5 日富途强势突破 50 美元后，股价突破震荡整理平台区域，并创出阶段性新高，且呈现量价齐涨的大好形态，故 2021 年 1 月 5 日是一个连续关键点，宜快速加仓放大利润（见图 9-2）。当其股价于 1 月 25 日强势突破 100 美元时，这是第二个连续关键点，确认了前期的上涨趋势，此时很多投资者的目光都聚焦在富途上面，从不相信富途会上涨到确信富途会上涨，这也是我当时仍然建议朋友们高位追入的原因。此时股价趋势进入自我强化阶段，是赚快钱的大好时光。我一直强调看对趋势一定要赚大钱！天予弗取，反受其咎。老天掉馅饼的良机并不是经常有。事后看，富途股价从 1 月 25 日 100 美元上涨到 2 月 10 日的 204 美元，仅仅用了半个月时间，而我的朋友们也都享受到了赚快钱的喜悦。上涨趋势如此迅猛，有趋势自我强化加速的原因，也有大型投行的推波助澜。如其时中金公司发布报告，给予富途 203 美元目标价；大摩亦强调首次覆盖富途，给予 253 美元目标价。而 2 月 10 日富途的股价创出 204 美元新高后，当天的技术形态却出现了经典的顶部单日反转态势，卖出信号非常明显（见图 9–2），这也是我能够在 200 美元左右把大部分富途出售的原因。富途是我操作最成功的美股，从底部介入一路加仓，基本在最高位清仓，获得了巨额收益（见图 9–3）。

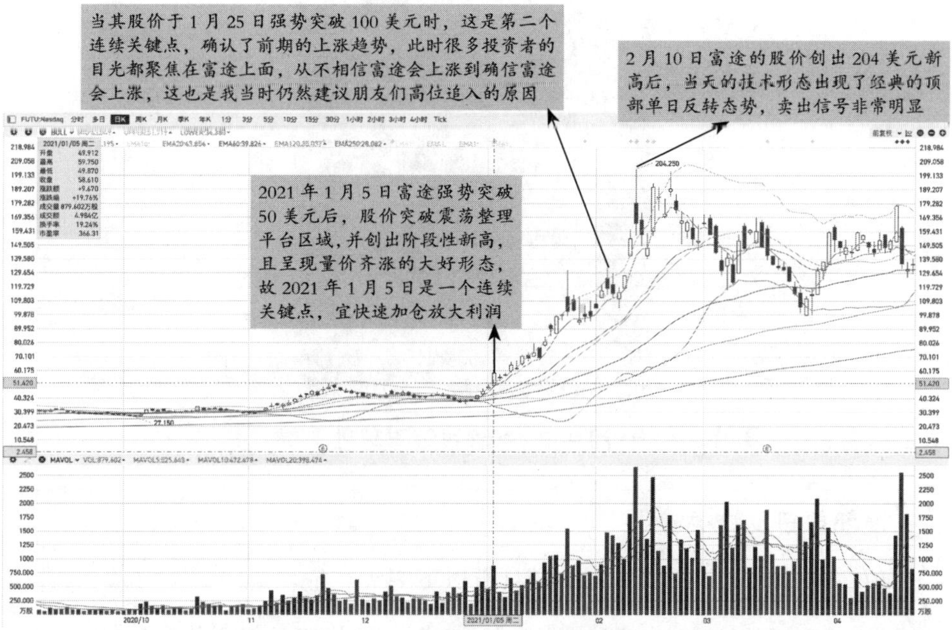

图 9–2　富途的 3 个关键点

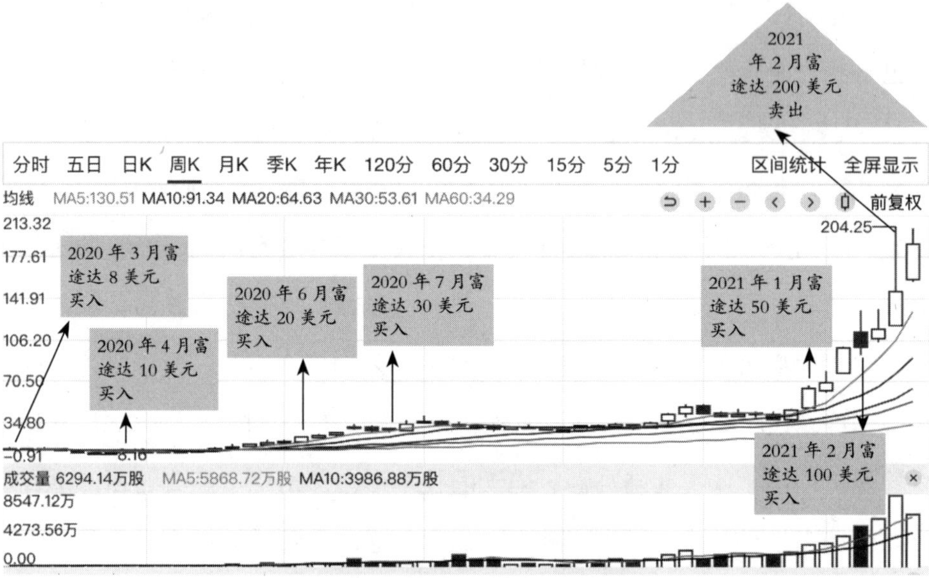

图 9–3 操作过程与盈利

顶部单日反转关键点

顶部单日反转的趋势研判一般具有以下三大特征：

（1）市场关注度高，股价图上涨（下跌）趋势线的斜率往往超过 45 度，趋势超强但又最脆弱，方向随时可能改变。

（2）一只股票持续上升一段时间后，某日股价突然大幅高开，盘中创出新高，但收盘价却低于前一日的收盘价或开盘价，收出一根长上影的大阴线。

（3）当日成交量明显放大，正常情况成交量要比前一天大，而且较近期日均交易量多出 50% 以上；这是主力拉高出货的基本特征。

顶部单日反转形态出现后，往往就会出现一波快速下跌行情，使股价低于关键移动平均线，如 30 日、60 日和 200 日移动平均线等，视乎调整幅度大小而定。单日反转形态出现后，有可能出现一系列弱势反弹到移动平均线附近，从而形成“双顶”形态。这种形态的判断，核心是反弹中的成交量——很多交易日的成交量低于平均量。之所以出现这种情况，是因为当热门股快速下跌时，错过第一轮价格上涨的投资者会认为该股现在很便宜而买入，从而推动股价反弹到前期高点。但由于这次上涨得不到主力资金的认同，量能不能同步跟上，往往形成顶部背离迹象。

顶部背离是“双顶”现象之一。顶部反转后极为弱势的反弹，是卖出的最佳点位。

顶部单日反转形态一旦出现，有效概率极高，非常容易识别及把握，可让投资者赚大钱、亏小钱，实现从小散到专家的转变。

趋势就是股价运行规律，与趋势做朋友，赚钱就是一件轻松快乐的事情。否则，我们学习趋势投资干啥呢？

我们现在回头看 2021 年 2 月 10 日富途的股价表现：开盘 179.81 美元，收盘 165.24 美元，最高 204.25 美元，最低 157.02 美元。当天盘中创出新高，但收盘却低于开盘价，成交量高达 49.1 亿美元，创出天量，天量天价由此而来。之所以主力总喜欢拉高出货，在于他们抓住人性贪便宜的弱点，刻意拉高股价然后以打折价倾销给“接盘侠”。投资者多了解股价运行的特性，如单日反转的经典形态，逃顶就不会是神话故事。令人欣慰的是，当时我身边大部分的朋友都是遵循我的建议在富途 200 美元左右就获利了结、落袋为安了。

下面我再举几个例子（见图 9–4 至图 9–9），读者朋友可以看看是不是符合以上形态特征，是不是很容易辨识，这种单日反转形态是不是经常见却又让你追悔莫及。

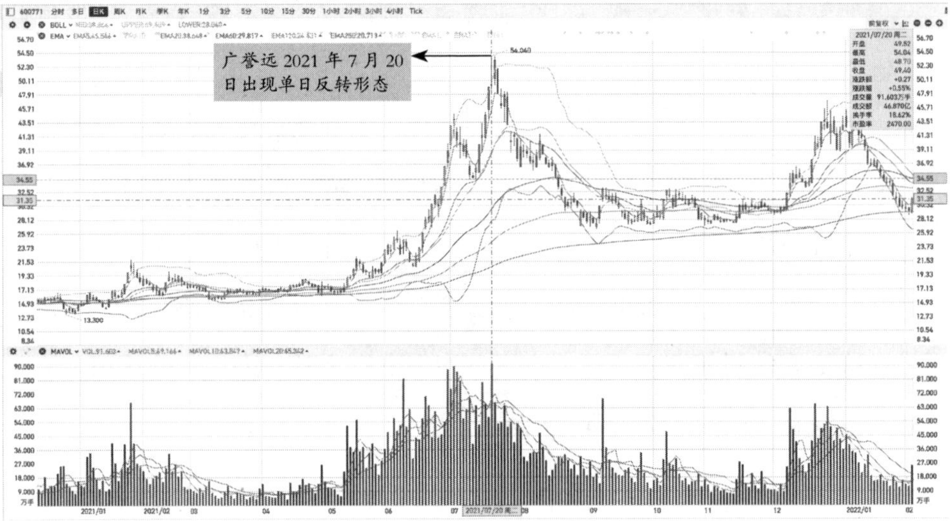

图 9–4　广誉远的单日反转形态

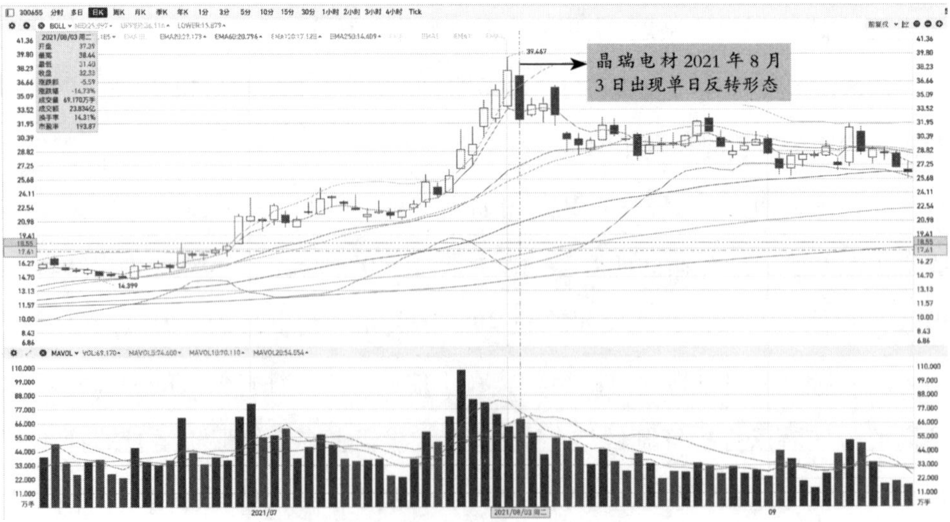

图 9–5　晶瑞电材的单日反转形态

图 9-6　金风科技的单日反转形态

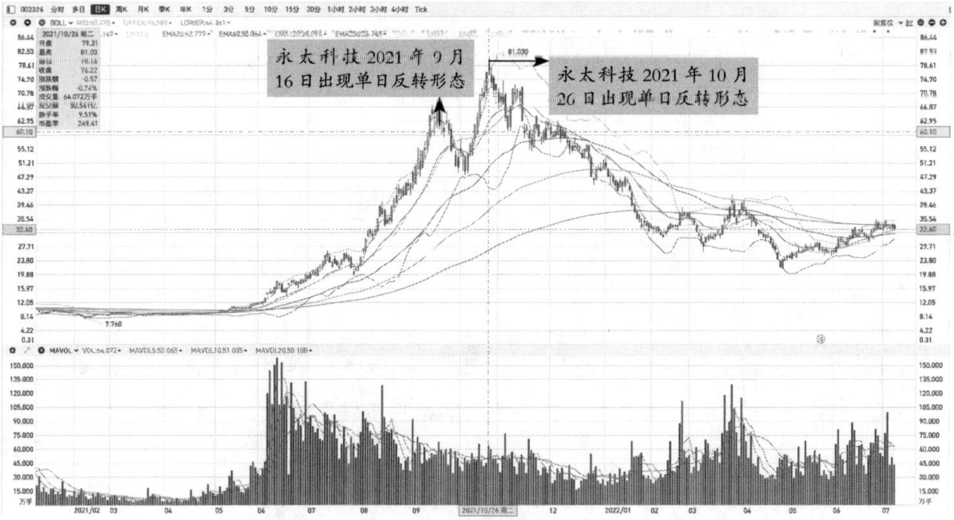

图 9-7　永太科技的两次单日反转形态

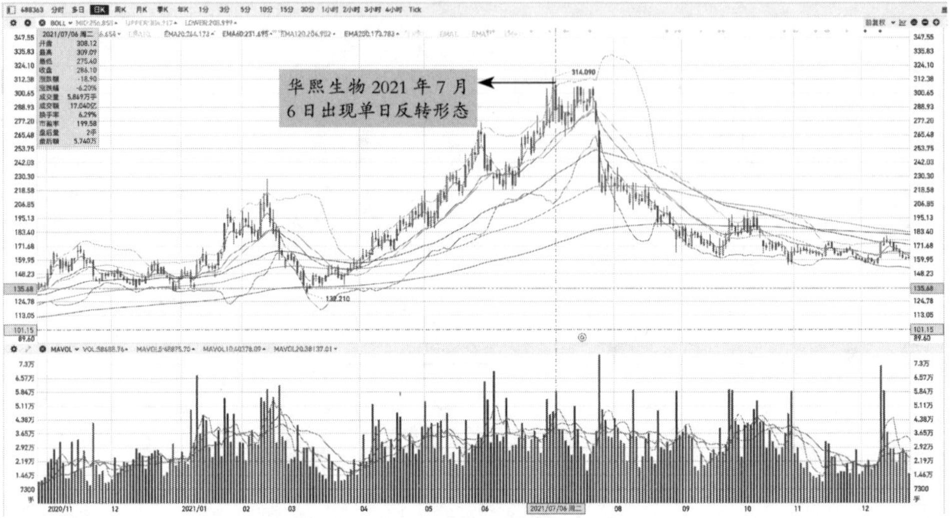

图 9–8　华熙生物的单日反转形态

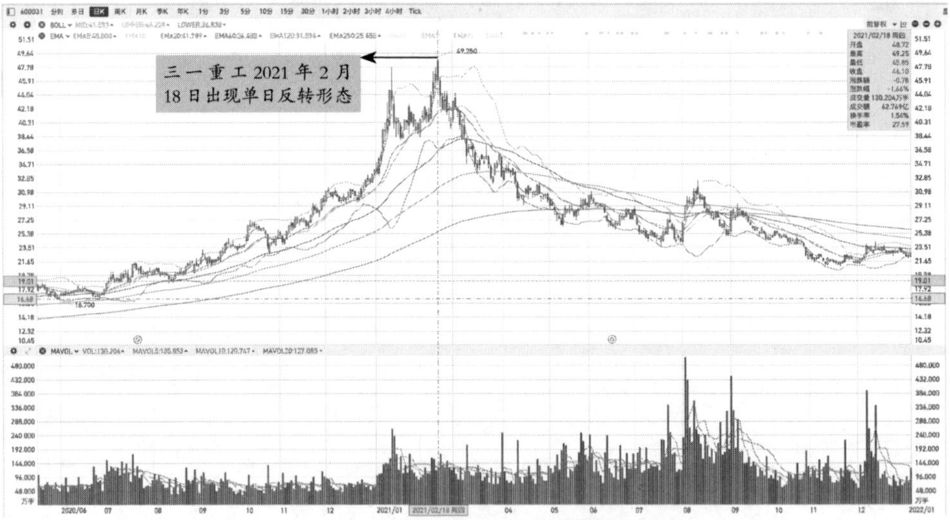

图 9–9　三一重工的单日反转形态

投资像山川河流一样古老，现在发生的事情，以前发生过，以后也必然将会发生。太阳底下从无新事。股市更是如此，因为人贪婪与恐惧的本性不会变。历史不会简单重复，但股市里的悲喜剧却一直在不断重复上演，只不过演员变了，舞台变了，时间变了，唯一不变的是，人们丝毫未从中吸取任何教训。

上一波行情的最高、最低点

上一波行情股价的最高点与最低点处，往往容易形成支撑或阻力。

前面提到，所谓支撑和阻力位纯粹与投资者的交易心理有关，是人性贪婪与恐惧交互作用的结果。股价上涨至一个高点回落之后，当股价再次上涨到上次高点时，很多上次没有在高点卖出的投资者会担心再次错过高位套现机会，此前后悔的情绪一直困扰着他们，所以很多获利的投资者会在上次的高点选择卖出，巨大的抛压自然在此时形成了阻力位。如图 9–10 所示，中直股份（600038）在 2020 年 8 月首次触及 70 元高点，然后见顶回落，其后一年多时间，3 次都是碰到 70 元前期高点价位即回落。这样，投资者就会形成巨大的心理障碍，每每接近前期高点就想逃跑，强阻力位至此形成。除非出现超强的力量，才能把这些意志不坚定的人全部清除。

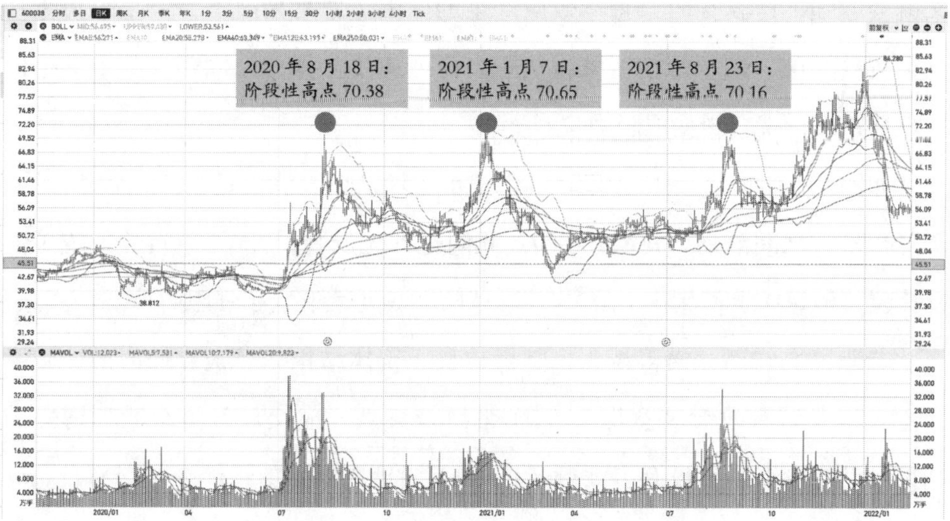

图 9–10　中直股份 3 次在前期高点回落

上一波行情股价波动的最低点价位处往往会形成支撑，原因同样如此。股价在下跌过程中，投资人往往不知何处是底，但是很多投资人因为错失在上一阶段行情的最低点进货，所以十分懊恼，因此常常以前一次行情的低点作为进场时机，同时股价跌至这一价位时，持有股票的投资人亏损往往日渐加大，也产生了浓烈的惜售心理，此时抛压自然减轻，所以很轻微的买进，就造成股价的大幅回升，这就是支撑形成的原因。

当股价在一个价格区域之内上下波动，连续几次都不能向上或向下突破，那么这个形态的上档高点就会成为阻力位，而下档的最低价位处就成为一条支撑线。经过一段时间的震荡整理，股价图就出现了一个箱体结构——上有顶部阻力位，下有底部支撑位。这个箱体上下价位被冲击的次数越多，上下的幅度越大，支撑与阻力就越具有意义。这是因为，当股价连续多次没有向上突破时，短线投资者就会认为这一价位不易突破，因而以此作为参考卖出股票，在低档价位处买进股票，进行高抛低吸，以求利润的最大化。随着更多的人发现这种现象，就会有越来越多的人加入这一行列，支撑与阻力的意义就会越强，这就是股票箱体效应产生的原因。通常情况下，一个阻力位一旦被有效突破，这个价格区域就从阻力位变成了支撑位；同理，一个支撑位一旦被跌破，就会转变成阻力位。

如图 9–11 所示，中国医药从 2021 年 7 月以来股价一直在 7.5 元到 8.5 元（复权价）之间波动，每次跌到 7.5 元附近即见反弹，7.5 元就自然形成了强支撑位，但每次上涨到 8.5 元左右即下跌，8.5 元就形成了强阻力位。

老股民有句话，横得越久，竖得越长。箱体结构一旦被有效突破，则意义重大。所谓有效突破意指：（1）带巨量突破，成交量是资金激烈博弈的结果，没有量涨跌就没有多大意义。（2）股价成功站上箱体 3 个交易日。突破箱体顶端的点就是关键点。我们再看走势图，2022 年 3 月 3 日，中国医药突然带巨量突破箱体顶端，当日成交量高达 13.85 亿元，收盘价 13.43 元（见图 9–11）。这是一个明显的启动信号，一只沉睡很久的股票满血复活了。之后不到半个月，中国医药股价成功实现翻番，这期间成交量始终保持高位，

MACD 指标急剧往上翘，红柱不断向上延伸，这是强势股的特征。

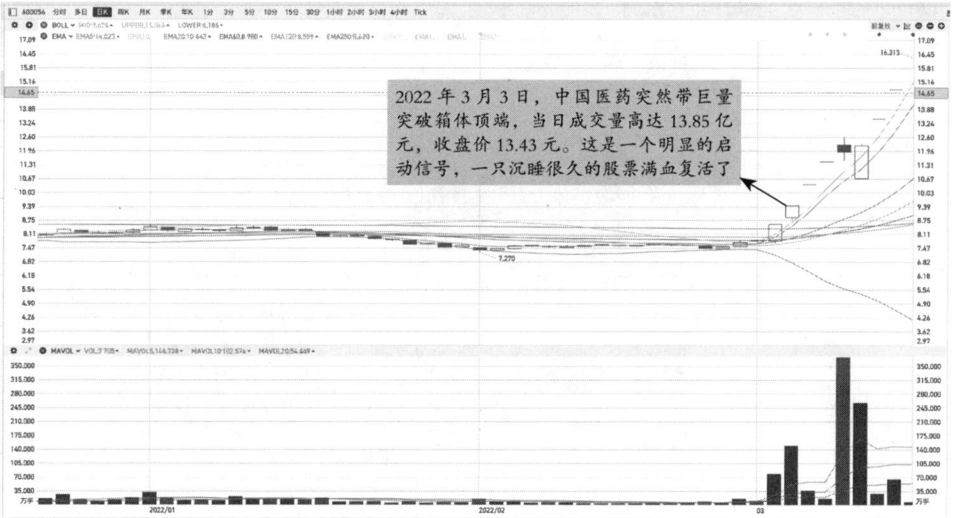

图 9–11 中国医药长时间于 7.5~8.5 元箱体震荡，之后放量突破

2020 年 1 月我操盘深康佳，也是一个非常典型的成功案例。此前深康佳长时间都非常安静，股价波动不大，呈现箱体形态，且成交量低迷。2019 年 12 月 13 日，深康佳突然出现异动，股价从 4.03 元开盘上涨到 4.18 元，上涨 3.7%（见图 9–12），更重要的是前期该股成交量一直在 3000 万元左右，当日成交量竟然高达 2.61 亿元，这引起了我的关注。我开始重点研究该股的基本面并跟踪技术面变化。其后，深康佳震荡整理，成交量不断温和放大，但股价出现人为压制滞涨现象，明显有主力悄悄洗筹、吸筹。到了 2020 年 1 月初，该股开始明显出现异动，成交量不断温和放大，股价也开始缓慢上升。1 月 15 日该股成交量急剧上升到 3.9 亿元，当天股价从 4.36 元上涨到 4.55 元，上涨 4.36%，量价齐涨，这是第一个转向关键点。一个沉睡很久的人突然苏醒了，背后肯定有些原因。作为一个趋势投资者，我对后面的原因没有太大好奇，我选择先买入观察。随后股价的变动证实了我对趋势的判断，我顺势不断加仓。1 月 23 日是连续关键点，当日股价强势突破 5 元整数关口，收在 5.06 元，换手率 8.61%，成交量高达 7.06 亿元，量价配合确认了上涨趋势。之后，该股在不到一个月时间上涨了 200%。

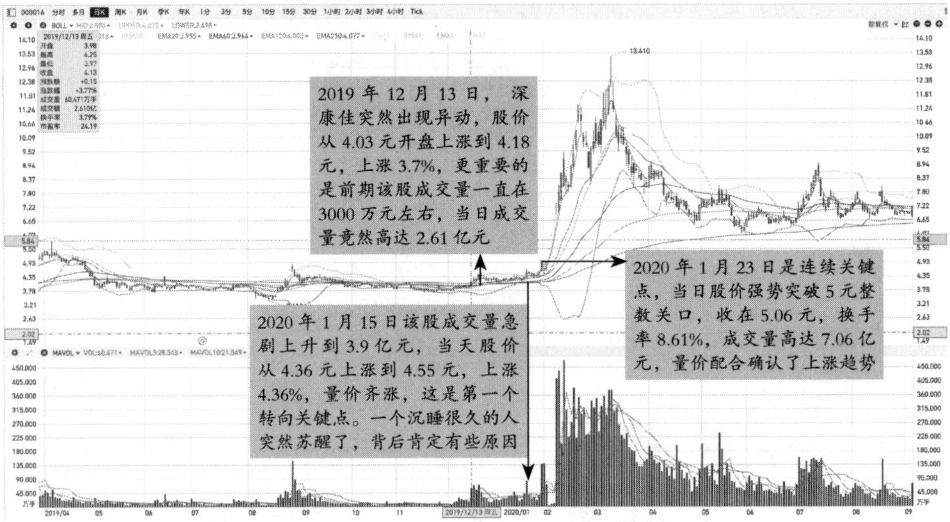

图 9–12　深康佳在长时间低迷后突然启动

此外，观摩中船科技（见图 9–13）、凤凰光学（见图 9–14）的走势图，也有类似玄机，投资者可以自己琢磨一下。

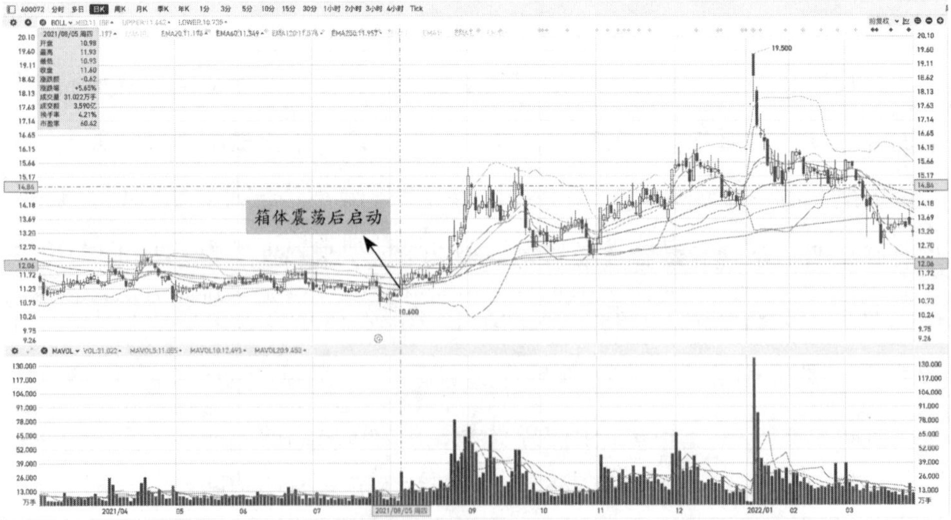

图 9–13　中船科技箱体震荡后于 2021 年 8 月 5 日启动

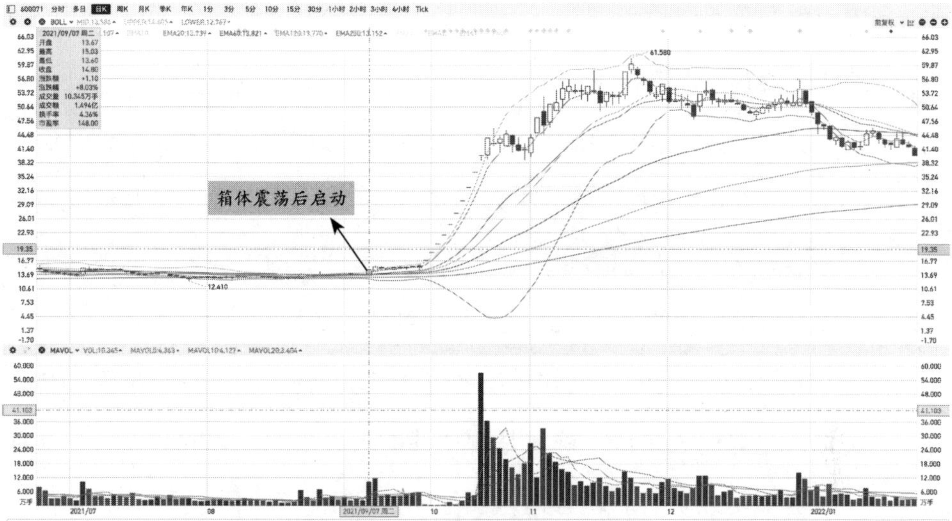

图 9-14　凤凰光学箱体震荡后于 2021 年 9 月 7 日启动

通过这几个案例，我们可以得出结论：价格密集盘整区域被巨量突破之后，通常是值得冒险的交易机会。

趋势线上不断出现的关键点

画趋势线是技术分析中最常见的一种方法。趋势线的最基本形态是，在一个上升的趋势中，连接明显的支撑区域（最低点）的直线就是趋势线；在一个下降趋势中，连接明显阻力区域（最高点）的直线，也是趋势线。趋势线一旦出现，股价上涨或下跌至趋势线附近时，往往会对股价的波动产生一定的支撑或阻力的作用，故可以作为交易依据参考。画好趋势线之后，只要价格保持在趋势线上方或下方运行，就可以判别当前市场属于上升或下降趋势。当价格回调至上升趋势线附近出现止跌起涨，说明趋势线对价格形成重要支撑作用；相反，价格反弹至趋势线附近出现受阻回落，说明趋势线对价格形成重要压力作用。这种现象告诉我们，每一个形态一旦形成，它的阻力位被突破之后，往往成为一条上升趋势线的一个下档支撑位，而不容易被跌破；每当一个形态的下档支撑被跌破，往往就有可能成为一条下跌趋势线的反弹高点（阻力位）。

趋势线一般具有以下特点：

（1）趋势线经过底部或顶部的次数越多，形成的时间越久，也就是股价在趋势线支撑位 / 阻力位被考验的次数越多、时间越长，则这条趋势线就越关键，越有参考意义。这是因为越来越多喜欢技术分析的投资人会发现这个赚钱诀窍，加入高抛低吸的行列，强化了趋势线的有效性。

（2）趋势线过于陡峭，比如角度超过 45 度，表明这是一个超强趋势，对于已经加入趋势的人来说，确实是赚快钱的大好机会，宜顺势而行，这种赚大钱的机会不是经常有。趋势运行往往矫枉过正，我们无法预测趋势何时终止。同时投资人也应该明白趋势越强也越脆弱，容易随时崩溃。保守的投资人可以逐步减仓锁定利润，一旦趋势线被有效突破就应该果断快速减仓，这主要是因为陡峭的上升趋势线是股票上涨速度较快造成的。持有该股的投资人平均成本较低，随着股价的上涨，获利越来越丰厚，越往上抛压越大，很容易产生巨大的获利回吐压力并造成股价狂跌。而一条陡峭的下跌趋势线，说明投资人持仓成本很高，大多已经亏损严重，随着股价的下跌，往往很容易因投资大众的亏损惨重而产生强烈的惜售，改变股价波动的方向。一般而言，只有经过充分换手的趋势线才是稳定的，陡峭的趋势线稳定性不足，参考意义相对低一点，适合趋势高手博弈。

（3）不论是向上还是向下突破，当日股价收盘价必须超过趋势线 3% 以上为有效突破，幅度越大越好；成交量必须明显放大，而且越大越好。充分的换手率才是股价持续上涨的保证。如果连续 3 个交易日未跌破趋势线或回升至趋势线以上时，即为有效突破。股价向下突破上升趋势线时，如果 3 个交易日不能再站上趋势线上方，成交量不用放大也可以视为有效突破。

（4）趋势线的周期越长越稳定。日线图股价波动比较大，主要受市场情绪波动影响，也容易受主力操纵。日线图上下跳跃不稳定的走势往往让投资者无所适从，心情忐忑。周线图则平滑了许多市场噪声，比较真实地反映了市场经过一段时间博弈后的趋势。月线图、季线图则反映了长期大趋势，对股价反应比较迟钝滞后，适合机构投资者做长期组合投资管理之用，对一般短线投资者来说没有太大意义。简而言之，月线、季线确认长期趋势方向；周线确认标的中短期趋势；日线抓拐点。

在投资实战中，我的习惯是：通过分时图、日线图寻找异动股，我们的目标是要尽早搭上往前驶动的列车，这样我们可以省下很多气力，以较低的成本上车。当我们确认这趟列车方向正确的时候，我们的心态会更平和、底气更足，我们就敢于下重注，趁势而上。分时图、日线图都比较敏感善变，虽然可以给我们尽早提供启示，给我们指明买卖方向，但其不稳定性也给我们带来风险。此时周线图就可以弥补以上不足，它也是我重点关注、研究的图表。周线图是较长一段时间金钱博弈的轨迹，人为操纵成本非常高，可以比较客观地反映市场的真实趋势，而且比较稳定。利用周线图选股抓主升浪，其实是有诀窍的。周线级别见新高，股价突破前期震荡区间，收大级别阳线伴随放量，是最好的介入点。为帮助读者理解，大家可以重点琢磨下面量价分析里提到的几个时间关键点。周线抓主升浪，讲究的是稳、狠、准，需要毫不犹豫快速建仓，尤其是股价如放量大涨突破，然后缩量调整，继而再次放量突破，等同确认大级别上涨趋势形成，换手率越充分，趋势延续时间必然较长，宜抓住机遇赚大钱！

举例来说，云铝股份 2020 年 4 月从 4 元左右开始启动，一直上涨到 2021 年 9 月到达高点 23 元，妥妥的一个大牛股。这期间股价经历过 4 次大的调整，调整幅度都在 30% 左右，这符合资源股波动大的特性，也有主力震仓吸筹的缘故。可惜的是，大部分我熟悉的投资者，虽然都追随我买了这只大牛股，但都没有能够抓住机会赚到应该赚的钱。有的是赚点小钱就走人，有的是在追涨杀跌的过程中亏钱离场。如果大家细看下面云铝股份的日线（见图9–15和图9–16）及周线图（见图9–17），会发现其实这波行情趋势一目了然，是非常明显且容易把握操作的上涨趋势。这期间股价纵使有所调整，上下震荡幅度看似较大，但股价每次调整都在日线图的趋势线附近即出现反弹，波谷稳步提升。如果看云铝这段时间的周线图，则上涨趋势更为明显，趋势线从未受到挑战，波峰、波谷都是稳步提升。投资者只要买入持有，顺势而为，趁势数钱即可。下面，我从量价、日线和周线图的趋势线来分析这段时间云铝的趋势研判。

（1）云铝股份此段行情的关键点分析（见图9–15）：量价分析。

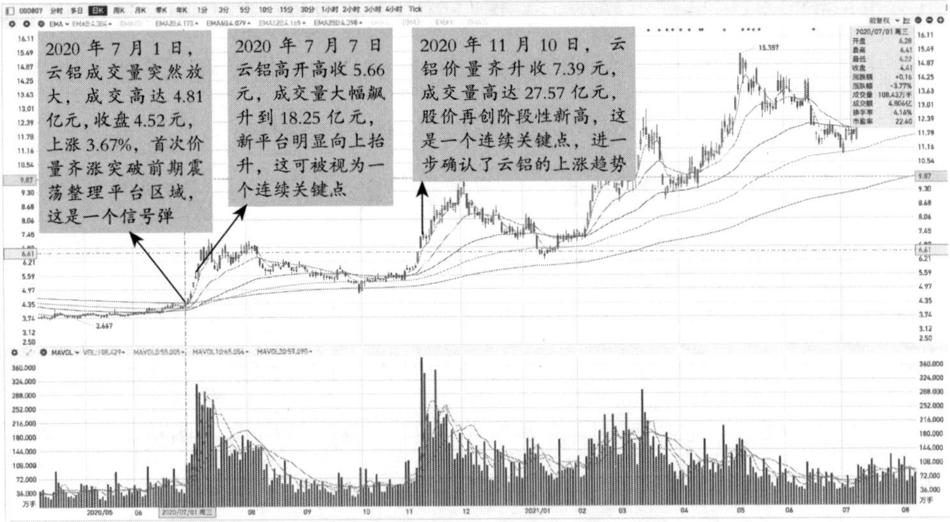

图9–15 云铝股份的关键点（量价分析）（日K线）

在日线图中，2020年7月1日，云铝成交量突然放大，成交量高达4.81亿元，收盘4.52元，上涨3.67%，首次价量齐涨突破前期震荡整理平台区域，这是一个信号弹，可视为第一个转向关键点。

2020年7月7日云铝高开高收5.66元，成交量大幅飙升到18.25亿元，新平台明显向上抬升，这可被视为一个连续关键点。

2020 年 11 月 10 日，云铝价量齐升收 7.39 元，成交量高达 27.57 亿元，股价再创阶段性新高，这是一个连续关键点，进一步确认了云铝的上涨趋势。

（2）云铝股份此段行情的关键点分析（见图 9–16）：日线图趋势线分析。

2020 年 10 月 30 日左右，股价调整到 5.5 元左右，挑战日线趋势线支撑位并立即反弹，可视为关键点支撑有效；

2021 年 1 月 27 日左右，股价调整到 7.4 元左右，挑战日线趋势线支撑位并立即反弹，可视为关键点支撑有效；

2021 年 7 月 5 日左右，股价调整到 11.9 元左右，挑战日线趋势线支撑位并立即反弹，可视为关键点支撑有效；

2021 年 8 月 9 日左右，股价调整到 13 元左右，挑战日线趋势线支撑位并立即反弹，可视为关键点支撑有效。

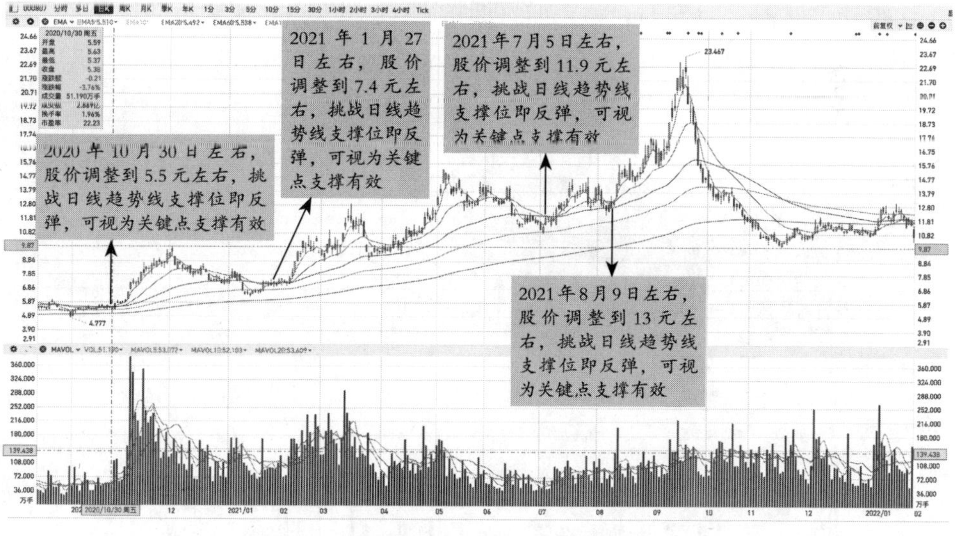

图 9–16　云铝股份的关键点（趋势线分析）（日 K 线）

（3）云铝股份此段行情的关键点分析（见图 9–17）：周线图趋势线分析。

云铝股份从 2020 年 4 月到 2021 年 9 月狂飙数倍的大牛趋势，如果看日线图尚且觉得形势不清，波动太大，我们可以把目光转向周线图，心境可能就完全不一样。云铝这段时间的周趋势线完全没有受到突破的威胁。我们不需要高深的技术、学问，就可以发现云铝股份完美的趋势线和由此呈现出来的完美上涨趋势。因此我经常强调，投资者炒股不要仅看走势，还应该看趋势。看走势胆战心惊，看趋势则心情坦荡，成竹在胸。趋势一旦形成，钱是“坐”出来的，而不是“折腾”出来的。

从周线图上的趋势线，我们也可以看到几个连续关键点，确认了上涨趋势的可靠性。

2020年9月30日左右，云铝股价回调到5元关口，成交量急剧缩量到5亿元；

2021年1月15日左右，云铝股价回调到6.4元左右，成交量同比缩量，然后急剧反弹；

2021年7月2日左右，云铝股价回调到11元关口，成交量同比缩量，然后急剧反弹。

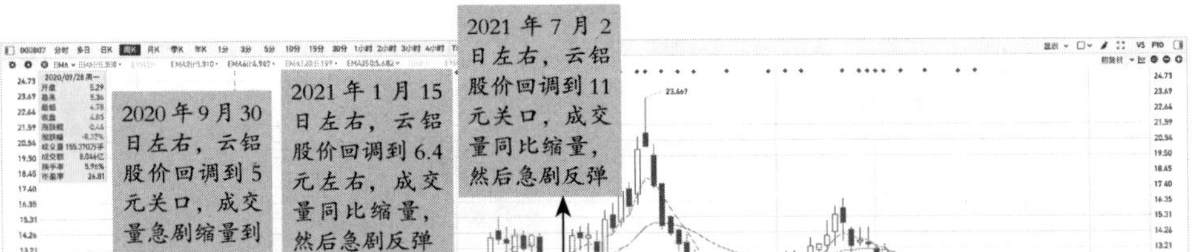

图9-17　云铝股份的关键点（趋势线分析）（周K线）

这些趋势线上的关键支撑点不断受到考验，不断确认了上涨趋势的有效延续性，投资者唯一可做的就是抱紧自己的筹码，坐享其成。趋势投资的要诀是，趋势不变我不变。

均线上不断出现的关键点

均线是最平常的分析指标之一，反映过去一段时间内股票市场的平均成本变化情况。均线和多根均线形成的均线系统常用于判断市场走势。均线在一定条件下有支撑和阻力的功用。在日线图上，常用的均线主要有 5 日均线、10 日均线、20 日均线、30 日均线、60 日均线、120 日均线、250 日均线等。在周线图上，常用的均线主要有 5 周均线、10 周均线、20 周均线、30 周均线、60 周均线等。投资者可以根据投资周期及交易风格，选用不同的均线作为投资参考依据，只要找到适合自己的均线就行了。

均线的习性与前面趋势线的习性有共通之处，阻力和支撑的转换是均线分析的重点。均线趋势向上，均线的短期指标在最上方，长期指标在最下方，多头排列在强势持续上涨行情中出现，回调时均线对 K 线起到明显的支撑作用。均线趋势向下，空头排列在弱势行情中出现，均线的短期指标在最下方，长期指标在最上方，各均线对 K 线形成层层阻力。对于短线投资者来说，利用 5 日、10 日、30 日均线的变化寻找战机是不错的选择，能够比较快速地挖掘出现趋势的股票，比如短周期均线从下往上突破长周期均线，则可能意味着一个上涨趋势的形成。

但如果投资者想抓住大趋势的话，最好多关注周线图上的均线变化。我一般关注的重点是 5 周均线、10 周均线和 30 周均线的变化。如用 5 周均线突破 10 周均线寻找转向关键点，用 10 周均线突破 30 周均线确认连续关键点。从长期趋势角度来说，30 周均线（150 日均线）就是股市长期趋势之生命线。30 周线反映了股价的中长期趋势，适用于中长线投资，操作时回避受 30 周移动平均线压制的个股，应选择 30 周均线上升趋势的个股。在上涨趋势中的回调，股价一般在 30 周均线附近止跌，因此，30 周均线是多方的生命线。股票经过长期下跌以后，市场中的做空力量充分释放，一旦 30 周线即将走平，大家就要重视。如果多方继续看好，则必守 30 周均线，30 周均线是其最后的底线；如果多方没有信心战胜空方，则必定会失守 30 周均线，其后续结果就是大盘选择中期下跌。如果大盘选择跌破 30 周均线，那么后市就会在月 K 线图上出现顶部形态，盘面转为下降趋势。

我们再把目光放在云铝股份上面的两张图，尤其是周线图上（见图 9–18），寻找关键点之所在：

（1）2020 年 7 月 3 日，该周开盘 4.4 元，收盘 4.92 元，上涨 0.52 元，成交 20.19 亿元，换手率高达 16.82%。这是一个重要转向关键点，云铝股价首次 5 周、10 周均线同时上穿 30 周均线，量价齐升强化了趋势的有效性，宣告了一个大级别的上涨趋势拉开序幕。值得注意的是，30 周线形成上升趋势后，股价有时也会发生若干大级别调整，如果调整中股价跌破 30 周线，不管股价跌幅有多大，只要不是连续 3 天跌破 30 周线，就不能算是有效跌破，即不符合技术破位特征，这是主力的诱空动作，意图清理浮筹。长线投资应该坚定持股，谨慎的投资者也可以先减仓，然后在股价重返 30 周线并企稳后再次买入。

（2）2020 年 7 月 10 日，该周开盘 5.22 元，收盘 6.3 元，上涨 20.69%，股价创出阶段性新高，成交量暴涨至 81.52 亿元，换手率高达 28.05%，振幅更是高达 35.98%。前面说过，高成交量助长了趋势的延续，高换手率预示了行情将向纵深发展。我经常强调炒股要看趋势，不要看走势，因为走势波动太大，投资人容易迷失其中。如，本周振幅高达 35.98%，单日振幅有时就超过 10%，很多人就在震荡中被“震”出局了，事后只能眼睁睁地看着一个大牛股被错过了。

（3）2020 年 11 月 13 日，该周开盘 6.26 元，收盘 7.39 元，上涨 18.05%，股价再次创出新高，成交量高达 96.6 亿元，换手率高达 51.05%，股价彻底脱离了前期的震荡区间。这一周是云铝本轮上涨趋势最重要的一个关键点，再次确认了上涨趋势的可靠性。云铝经历了 4 个月的震荡整理，其中 10 周均线短暂挑战 30 周均线立即反弹，证实了 30 周均线支撑的有效性，反映了股价长期趋势由弱转强，而且 30 周均线运行角度接近 45 度，具备大牛股特质。自此，云铝展开了一轮波澜壮阔的上涨行情，股价历经 10 个月上涨至 23.58 元高点，其间 30 周均线再未受到挑战。这是一段数钱的好时光，投资顺势而行，坐着赚钱即可。事实上，我也是从这周开始大规模建仓，因为上涨确定性是如此之强，大大降低了亏损的风险，我的平均成本在 8 元左右，当股价上涨到 20 元时我减了一半仓位，原因除了股价上涨过快之外，更重要的是 20 元关口是一个整数关键阻力位。

（4）2021 年 9 月 17 日，该周开盘 21.18 元，最高 23.58 元，收盘 20.21 元，换手率 27.05%，成交量高达 166.7 亿元，收出一根长上影的阴线，上涨趋势首次受到重大挑战，具有部分单周反转的特征，投资者宜高度警惕，可减持部分仓位。

（5）2021 年 9 月 24 日，该周开盘 19.69 元（低开，行情走弱象征），收盘 17.53 元，下跌 10.97%，换手率 15.37%，成交量 81.66 亿元。高位巨量震荡下跌出现大阴线往往是主力出逃的信号！此时宜高度警惕，继续减持！

（6）2021 年 10 月 15 日，该周 5 周均线首次跌破 10 周均线，收盘 13.6 元，初步确认了下降趋势形成，宜加速减持。

（7）2021 年 11 月 12 日，该周 10 周均线跌破 30 周均线，收盘 10.51 元，正式确认了下降趋势形成，反映了该股长期趋势由强转弱，清仓走人即可。

另外，30 周线也可以结合 5 周线操作，30 周线出现卖点时，股价跌幅已经比较大了，运用 5 周线可以及时逃顶——当股价有效跌破 5 周线支撑且 5 周线掉头向下时，先进行减仓锁定部分利润；如股价之后再跌破 30 周线支撑，且 5 周线下穿 30 周线，就清仓走人。

云铝股份是我过去两年多在 A 股盈利最多的股票，获得了近 200% 的回报，成功的关键是看对了，重仓了。赚大钱只是正确投资的结果！炒股其实很简单，也就是寻势、顺势、随势而动、乘势而上而已。

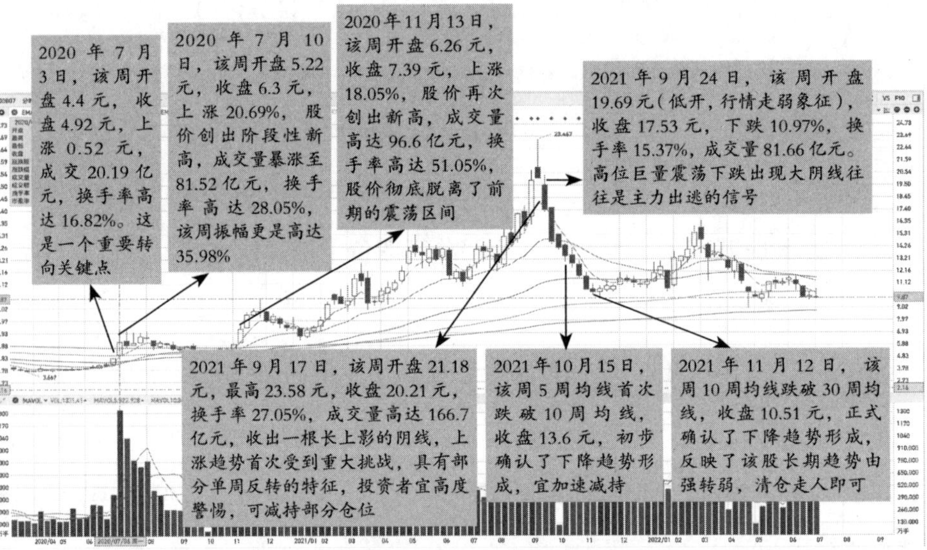

图 9–18　云铝股份的关键点（周线）

第十章

快乐投资法：实战案例篇

我在富途开设了证券账户，主要用以操作港股和美股。近年来，我偶尔会以随笔的形式，在富途牛牛圈发表自己的财经观点。我记录了一些自己的投资感悟和实战小结，想不到竟然大受读者欢迎，好几篇文章的浏览量都高达数百万之多。我节选三篇，供大家交流。收录于本书时，文章内容稍作精简。

深刻认识投资的本质让我赚到了股市第一桶金！

2021-08-15

出师未捷身先死，长使英雄泪满襟

2018 年我重回港股投资，恰遇中美贸易摩擦，市场一片风声鹤唳，悲观情绪蔓延，恒生指数（800000.HK）从 33000 多点快速下跌到 21000 多点，个股泥沙俱下，赚钱效应极差！虽然我采取保守投资原则，买入了腾讯控股

（00700.HK）、中芯国际（00981.HK）、比亚迪股份（01211.HK）、美团（03690.HK）等大白马股，但结果一样损失惨重——亏损了 700 多万港元，收益率为 –37.06%（见图 10–1）。投资失败不要紧，或早或晚你都会被股市重创，关键是你失败时如何应对。

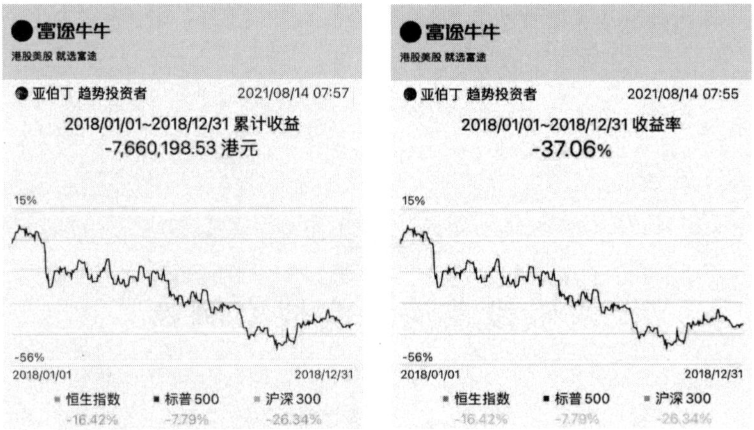

图 10–1　2018 年我的港股投资收益

反败为胜

在二级市场，投资就是要学会在迷雾中前行，在阳光下你赚不着钱！孙子曰："昔之善战者，先为不可胜，以待敌之可胜。不可胜在己，可胜在敌。故善战者，能为不可胜，不能使敌之必可胜。故曰：胜可知，而不可为。"

我从中得到的启发是：以平常心接受不可改变的事物，用勇气去改变自己可改变的一切，知道有哪些可改变，哪些不可改变。我知道自己没有能力改变股市的方向，但我有能力控制自己的投资组合，努力将亏损减至最小，将利润尽量放大。

出师不利怎么办？我当时就想，既然跟贸易和科技相关的个股都受到影响，前景不明，那么，有什么行业是深具潜力又相对不会受到美国影响呢？这时，体育股李宁（02331.HK）进入了我的视线，我深信这是一个大牛股，具备 10 倍股的潜质。

我的投资逻辑也很简单：（1）李宁作为中国第二大体育用品企业，市值只有 10 多亿美元，对标美国耐克市值 1000 多亿美元，极度低估。耐克 30 年上涨 300 多倍，证明体育用品行业潜力巨大。（2）中国体育用品市场方兴未艾，属于朝阳产业，也不受中美贸易摩擦、科技封锁的影响。（3）李宁经营业绩在持续改善，品牌认可度在提高。（4）当时李宁从 2 港元多开始震荡上行到 5~6 港元区间，我判断上涨趋势形成且趋于稳定。基本面分析和股价趋势分析发生共振，这就是大牛股！我立即在 6 港元左右重仓买入！

做人没事找事是不应该的，投资没势找势却是必须！智者因无势而落魄，愚者因借势而强大。

机之未至不可以先，机之已至不可以后。投资不在乎阁下看对还是看错，在于阁下看对时是否有赚大钱的豪情，看错时是否有亏小钱的勇气！

我当时判断李宁 3 年内上升到 30 港元是有可能的，所以李宁股价上涨到 25 港元时我就开始逐步卖出。结果，事后发现我错了，李宁股价不到 3 年上升到最高 100 多港元（见图 10-2）。这就是趋势的力量！可见，趋势的力量往往超出人们的想象。没有大格局就不可能赚大钱！真正的好股一定要捂紧！

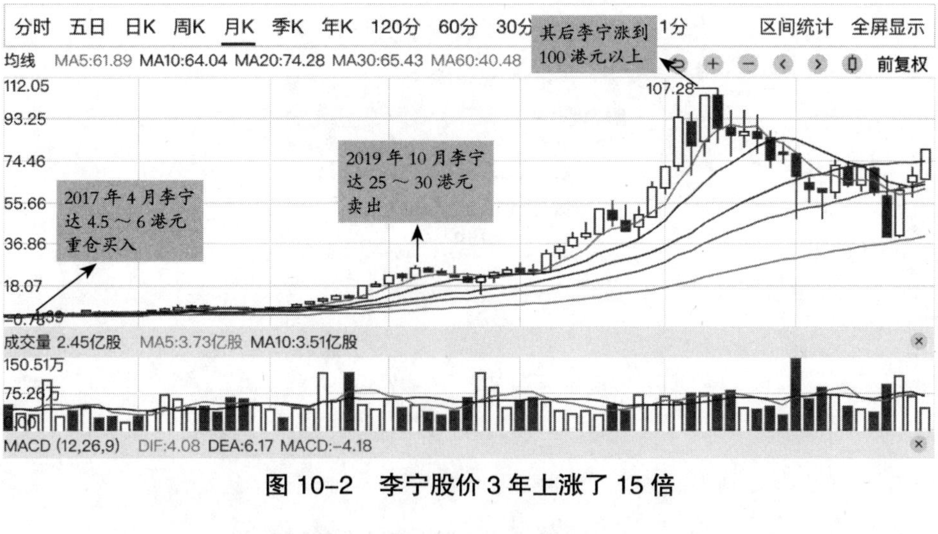

图 10-2　李宁股价 3 年上涨了 15 倍

李宁一役令我大获全胜，为自己日后业绩持续创出新高打下了坚实基础！我的投资业绩迅速从 –37.06% 扭亏为盈利 +49.19%，从巨亏到大赚 1400 多万元（见图 10–3）。我的信心与底气俱增，日后业绩更加突飞猛进！可以这么说，如果没有李宁这只股票让我在港股赚到第一桶金，我就不可能接下来在中芯国际（00981.HK）、富途控股（FUTU.US）、时代电气（03898.HK）等股票上再造更大的辉煌！这一系列成功，让我在 2018 年至 2021 年 8 月取得了 645.02% 的收益率（见图 10–4）。

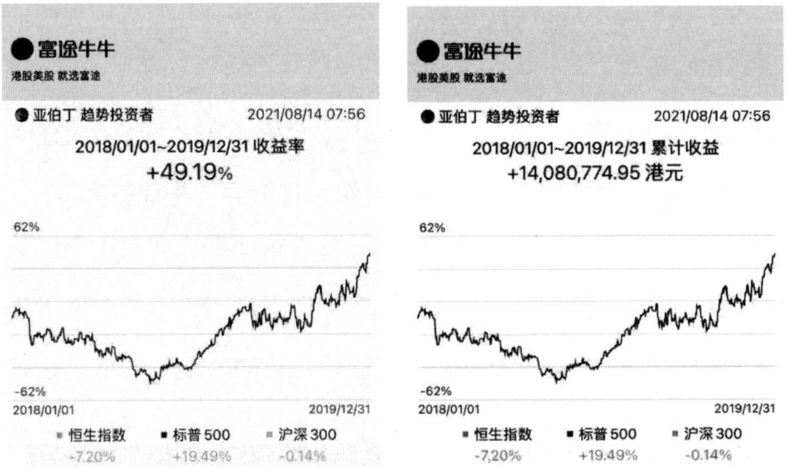

图 10–3　投资李宁的收益

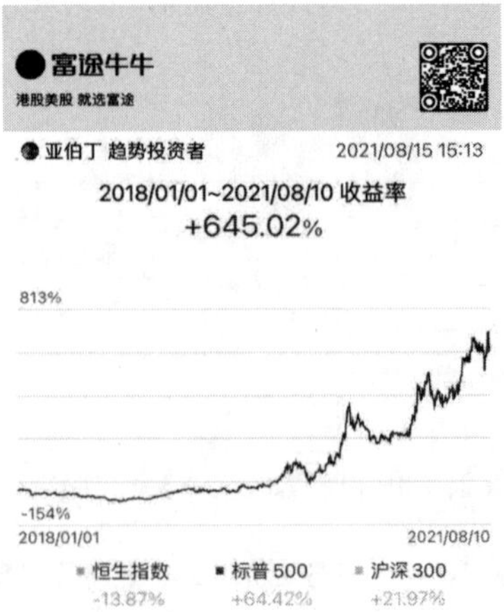

图 10–4　2018 年至 2021 年 8 月投资收益

投资是失败者的游戏

由输到赢，我最大的感悟就是，投资就是交易，交易的本质就是犯错，犯错伴随着我们的成长，投资亏损是交易的费用，是迈向成功的踏脚石！投资获利的喜悦和亏损的痛苦都是真实的，但如果你没有损失，你就没有冒风险，如果你不冒风险，你就不会成长，更不要说取得成功！所以，投资的第一堂课就是：止损。止损不会总是正确的，但可以让我们在市场里活下来。止损不是割肉，而是为了控制风险支付的保险费。就像我们给房屋买火险，但我们并不认为会有火灾一样。交易之道，守不败之地，攻可赢之敌。100 万元亏损 50%就成了 50 万元，50 万元增值到 100 万元却要盈利 100%才行。每一次的成功，只会使你迈出一小步。但每一次失败，却会使你向后倒退一大步。从帝国大厦的第一层走到顶楼，要 1 个小时，但是从楼顶纵身跳下，只要 30 秒，就可以回到楼底。止损可以防范灾难性的失败发生。

当今金融市场充满了不确定性，而人对世界的认知又有很多偏见和不足。多数交易员只对自认为可能性大的一面做了计划，也就是他们认为的盈利的一面。这是你在交易中可能犯的最大的错误——你必须对输的那一面做好准备。

投机市场的游戏就是一个管理和控制风险的游戏，而不是追求利润的游戏。盯住止损，止损是自己可以控制的；不要考虑利润，因为利润是由市场控制的！专心把事情做正确，从投资失败中不断总结经验教训，而不要只关心赚钱。将注意力集中在问题上，而不是成功上；将注意力集中在风险上，而不是利润上。把风险控制好了，利润自然会滚滚而来。

快乐投资法：股票投资致富之道

2021-07-07

我大学毕业工作后，先后在美国加州大学伯克利分校和北京大学光华管理学院进修，获得北京大学 EMBA 学位。我的实业从业经历和金融学教育背景，让我拥有了在复杂的经济环境下对景气周期的洞察力和过硬的股票操盘能力。我认为作为个人投资者，尤其是散户，最重要的是有一套适合自己的投资哲学，“自律”和不断学习。

原始资本的积累

我很幸运，比较早就完成了原始资本积累，更幸运的是通过炒股让自己的财富有了质的飞跃。

我读大学期间就对股票投资产生兴趣，并用帮人补习赚的钱尝试投资港股。大学毕业后，我先后到银行和国际贸易公司工作，然后机缘巧合到中国内地创业，先后从事过多个行业，创业投资项目几十个，可惜大部分项目都以失败告终。但受益于中国改革开放这个大背景，我还是幸运地操作成功了几个项目，并完成了原始资本积累。对此，我有如下体会：

一个人一生的财富取决于极少数的大成功，财富取决于单次事件成功的幅度，而非频率。一个人成就有多大，就看他一生中是否做过一两件轰轰烈烈的大事，屡战屡败不可耻，能够屡败屡战一役定江山才是真英雄！这个道理在股市投资上也特别适用，我认为炒股成功的关键不在于你看对还是看错，关键在于你看对趋势时有没有赚大钱的豪情，看错趋势时有没有亏小钱的勇气。这是所有投资管理的核心。

回顾我的投资生涯，我在股市里赚的钱 90% 来自少数几只股票。A 股主要是山东黄金（600547.SH）、深天马 A（000050.SZ）、大族激光（002008.SZ）、张江高科（600895.SH）、东方财富（300059.SZ），港股有李宁（02331.HK）、中芯国际（00981.HK）、时代电气（03898.HK）、非凡中国（08032.HK）、维亚生物（01873.HK）、雅生活服务（03319.HK）等，美股有富途控股（FUTU.US）。如果把这几只个股的业绩剔除，那么我的股市投资只能用一败涂地来形容。

投资其实很简单，顺势而行，随势而动，趁势而上而已。投资又很难，难在人性太复杂，喜欢把简单的事情复杂化！水静才能照清人影，心静方可看透事物。聪明的人把复杂的事情简单化，愚蠢的人常把简单的事情复杂化。借用《孙子兵法》的6个字就可以概括股票投资的精髓：善输、小错、大胜。

我认为投资本质上是一个管理和控制风险的游戏，而不是追求利润的游戏，要盯住止损，因为止损是投资者自己能够控制的，而利润是由市场控制的。

投资摸索期：活到老，学到老，学费交到老

1986年我读大学时就开始学习炒港股，当时由于积蓄有限，金额最高时也就几万元，但也炒得不亦乐乎，天天做笔记，每天输赢几百元都让我心情波动不已。直到1992年机缘巧合到内地工作，由于工作繁忙兼通信不便且没什么钱，才停止炒股。一直到2005年我又有了一点资本积累，恰逢中国A股蓬勃发展，我就开始投资A股。我早期的几个经典投资案例，对我投资哲学的形成产生了重大影响。

1. 我投资3000多元买股票为什么能够赔了5000多元？

回想自己的第一笔投资，我记得很清楚，那是在1986年，刚刚上大学那年，我懵懵懂懂以1.74元的价格买了2000股刘銮雄旗下的中华娱乐。中华娱乐在一年内连续4次大比例大折让供股，结果我被逼参与供股了两次，最后止损出局亏损了5000多元。

刘銮雄的财技让我叹为观止，他利用制度缺陷收割散户的狠劲无出其右。我刚刚买入中华娱乐，公司即宣布供股，一股供一股，每股供1.5元。供完股后，股价很快跌到1.3元，公司又宣布供股，一股供一股，每股供1元。供完股后，股价跌到0.8元时，公司再宣布一股供一股，每股供0.5元。市场有点绝望了，股价很快跌到了0.35元左右。我想不可能再供股了吧？再供股的话就要每股供一毛吗？结果刘先生所为总能超出人们的想象力，公司很快宣布5股合1股，然后每股供1元，继续供！

我虽然亏得一塌糊涂，但对刘先生的财技则佩服得无以复加。刘銮雄其后继续玩大比例大折让供股游戏，散户参与即死定，不参与立即巨亏，进退两难。如果投资者持续跟进，那么亏损率将达到99%！而我初始投入3000多元，参与了游戏的一部分，竟然亏损了5000多元！这个惨痛教训让我较早就对金融市场的残酷性有了很深的感悟。故其后我经常对人说：投资的第一课就是止损策略的应用。止损不总是正确的，止损的成本就像交保险费，经常是多余的，但可以让你长久地在市场里生存下来。保本、生存是第一要务。

价值投资是投资逻辑中的大原则。所有投资者都必须坚持价值投资，否则犹如人没有氧气无法生存。我自诩很理性，故对股票投资感兴趣后，便埋头苦读大量价值投资经典名著，有关格雷厄姆、巴菲特、芒格、费雪、彼得·林奇等投资大师的作品更是逢书必读，并做了大量笔记。但随着投资阅历的丰富，我发现价值投资也有许多不足之处。如人性急功近利的本性、社会经济科技环境的急剧变化、企业财务报表修饰甚至欺诈等，都让普通投资者进行价值投资屡屡碰壁。

2.《财富》推荐的“10年屹立不倒的10只股票”为什么也都大幅亏损？

2000年8月14日，美国权威财经杂志《财富》推荐“10年屹立不倒的10只股票”，意图构建“购买并遗忘”的长期投资组合，并预言其在随后10年里将会辉煌灿烂。从那期杂志发行到2009年底，确切地说只有基因泰克一只股票的股价上涨了。仅次于基因泰克的是甲骨文，但它的股价下跌了34%。安然股份已经毫无价值，北电网络基本上也是如此。总体而言，把这10只股票等值配置的投资组合10年已经损失了44%。而标准普尔500指数在同一时期仅下跌了24%。

这其中确实有一些值得借鉴的东西。投资者处在一个迅速变化的世界中，购买并持有的投资策略的处境已经不同往日了，这种一成不变的投资策略是一个风险性越来越大的投资策略。我甚至觉得，固执的价值投资者是最大的赌徒，一旦看错就全军覆没！价值投资者因为有坚定的信仰，故在市场已经出现明显巨大危机时，他们可以做到不动如山，甚至越跌越买，但往往最后发现公司已从量变到质变时已经太迟。中国股民公认的最佳商业银行招商银行（600036.SH）年年赚大钱，但股价也曾有从2007年到2016年历时10年不涨的痛苦经历（见图10–5）。这期间所有投研报告都是强烈推荐，没有一份卖出建议。如果你不幸刚好投资这10年，那只能得到满眼泪。人生又有几个10年？

图10–5　招商银行2007年10月创下19元的高位，直到2017年8月才再次突破

好股票三要素：好的企业、好的股价、好的投资时机。前二者是巴菲特的投资精髓，最后一个是我自己的心得体会。我认为最后一个才是最重要的要素。选股不如选时，选时不如选势。自此我着迷于投资时机方面的探索，逐渐对趋势投资研究产生极大兴趣。

有德有才之人未必有势，有势之人又未必有德有才，如此才上演了一幕幕人生悲喜剧。一个人在爬到足够高的地位前，哪怕身怀可昭日月之才，亦只能以萤虫之亮示之于人，因“势”不在己，只能伺“势”而动。古人说：

“处天下之事，不可以不因其势。辅天下之势，不可以不用其术。”故明白了“势”之所在，加上因势利导，人生无论是学习、工作或投资都必然无往而不利，因为势关成败！善弈者谋势，不善弈者谋子。

趋势投资理念所遵循的同样是买股票就是买企业的投资思路。趋势投资者先用价值投资法选取个股，避免投资陷阱；然后着重于趋势分析及宏观分析，取其长补其短。世界万物都是按照一定的规律变化的。趋势是众多规律中的一种。研究趋势是去发现一系列连续发生的事件，从中归纳出线性的发展方向。股价包含了一切市场因素。趋势投资者就像冲浪者，跟着海浪节奏进出，顺势而行。

趋势投资者在上涨趋势形成确定后以高价买入，顺势得利，在趋势改变时以更高价卖出；在自以为低价买入时，如发现下跌趋势形成，应果断以更低价卖出止损，避免全盘皆输。故趋势投资者反复强调及时止损，让利润往前跑。散户赚钱少、赔钱多的理由有很多，但其中一个主要原因就是赚钱速度太慢，而赔钱速度太快。故此，投资者看对时要有赚大钱的豪情，看错时要有及时止损的果断。顺势而行，长短均可，控制风险，量力而为。

3. 我投资生涯“最成功”和“最失败”的案例：山东黄金（600547.SH）

如图 10–6 所示，2005 年 12 月左右，我在山东黄金股价 6 元的时点买入，持有该股票 1 年多后，它的股价涨到了 70 元人民币（复权价）。虽然山东黄金上涨趋势仍然很强，但我对山东黄金的储量、管理成本、税收等费用进行了测算分析，认为 70 元已经远远超出了它的合理价值。所以，我在 2007 年 6 月决定卖出。我的资本从最初的 600 万元迅速增长至 7000 多万元。但是由于卖出后国际金价继续上涨，市场情绪亢奋达到极致，山东黄金股价不到 3 个月即快速上涨到接近 300 元（复权）。

复盘当时的投资决策时，我将其归结为太过于理性，而投资是一门艺术，太理性有时赚不到大钱。趋势运行有两大特征：惯性运行、矫枉过正。

图 10-6　山东黄金股价走势（复权后）

当时山东黄金大级别的上涨趋势已经形成，市场惯性让它强势上涨。这也是趋势运行的特征之一：矫枉过正……因为它的趋势线角度已经超过 45 度了，趋势愈强当然也愈脆弱，但我们也无法预测趋势运行的疯狂程度。就像牛顿说他可以精确计算出天体运行的轨迹，却无法预测人性的疯狂程度。当时正确的操作方法应该是顺势而行，乘势而上，就势数钱。同时，设定一个止损标准，如 10%、15%，甚至 20% 都可以。你就让它顺着涨，什么时候从最高点下跌，比如说从最高点下跌 20% 就卖掉。300 元不卖，打个八折 240 元卖，也好过你 70 元卖，对不对？

——投资小结

2007 年 12 月 10 日

虽然已经将几千万元收入囊中，但是没有将趋势投资的精髓领悟透，这让我非常懊恼。如果操作得好，那利润可就是以亿元计了，也因此，我将这次投资称为“最失败”的案例。投资行为学上称这种情况是出现了“处置效应”偏误，如过早卖出盈利股票，过迟卖出亏损股票。我深刻反思了这一次投资，在往后的投资里，在发现价值的同时，更加注重市场趋势的力量，并结合盘面去判断股票的未来走势。

4. 趋势投资的完美演绎：深天马

2014 年 5 月时，我在 A 股股市里的资金只有 3000 多万元，但由于我抓住了深天马这只大牛股，我的资本得到迅速放大。2014 年上半年深天马的股价一直处于横盘状态。我在 5 月股价 12 元时开始买入，当股价突破 13 元时我把绝大部分资金都买入深天马，贯彻了自己看对要赚大钱的投资哲学，并一度成为深天马的前十大股东。深天马的走势比我预期的还要迅猛，到 8 月时已经上涨到 36 元（见图 10–7），当股价回调跌破 30 元整数关口时，我迅速出清得到高额回报，这次可以说我把趋势投资的精髓发挥到了极致，资金规模迅速膨胀。

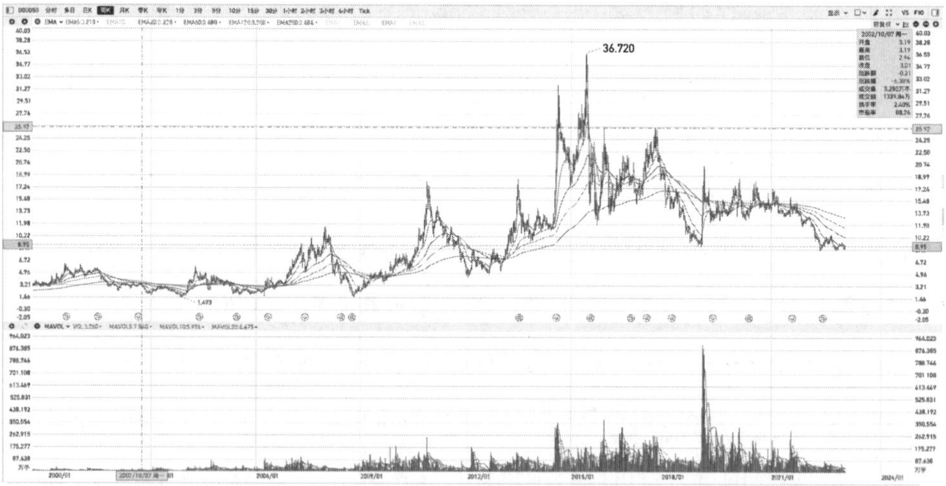

图 10–7　深天马股价走势

5. 2015 年的股市狂潮

2014 年下半年开始，中国股市出现了一轮波澜壮阔的大行情，借助融资融券和场外杠杆资金，踏入 2015 年，A 股进入了“大跃进”时代，那真是一个疯狂时期，我的组合里每天几乎都有一半的股票涨停，中国大地到处都是“股神”，所有股民都喜笑颜开。尤其是 2015 年 4 月以后，市场进入狂热亢奋状态，我自己经常每天赚几千万元，想想现实生活里一个几百人的工厂辛辛苦苦干一年也不一定能赚到几千万元，我也飘飘然了。到了 2015 年 6 月 12 日，我的股票账户金额达到了顶峰。由于持仓量大，我的名字一下子出现在很多上市公司的前十大股东名单内，如大族激光（002008.SZ）、大东方（600327.SH）、大众交通（600611.SH）、安徽建工（600502.SH）、物产中大（600704.SH）、飞亚达（000026.SZ）、深天马 A（000050.SZ）等，现在想起来恍若隔世。

面对如此炽热的行情，我的头脑还是有些清醒的。我知道市场已经绝对高估，但趋势能够运行多久却难以估计。而行情越到后期越精彩，高峰期一天的盈利今后一年也难以做到（事实上我有一半的利润就是 4—5 月赚到的），故正确的做法是尽量追随趋势，但留一丝清醒，要坚定设定止损点。故此，我设定了顺势而行，把从最高点减少 5000 万元作为止损点，后来由于市值增长太快，又把止损点设定为减少 1 亿元。遗憾的是，当市场从 6 月 12 日高点持续下跌时，我亏损 5000 万元，但没有止损，亏损 1 个亿，也没有止损。自恃仍有大把利润在手，一种期待市场反弹的侥幸心魔开始作怪了。

犹豫再三，终于拖到了 7 月 1 日市场连续出现“千股跌停”走势，逃生的通道彻底中断了！这时候钟摆理论终于发生效力了，我一年多赚取的巨额利润短短几天就化为乌有。我终于明白，股市上涨很慢，下跌却可以很快，因为恐惧的爆发力远远超过贪婪的欲望。股价上涨需要购买力来支撑，股价下跌却只要本身的重力就可以自由落体！

其实 2015 年 6 月 12 日高点到 7 月 1 日这段时间市场已经出现明显下跌迹象，趋势改变的征兆也非常多，作为一个投资者我也感觉到了，我有大半个月时间可以从容出逃，但心存侥幸的人性弱点让我一再错过时机。事实上，即便到 6 月底才卖出，我仍然有 10 倍收益，我仍然可以成为传奇。可悲可叹，这种天赐良机10年难得一见。知易行难，真可谓非知之艰，行之维艰也。

——投资小结

2015年7月19日

知易行难！过去20年的炒股生涯，我在股票市场上学到的最重要的事情是，认识到个人之于市场的渺小与无知。幸运的是，我较早认识到了这一点。

复盘这次投资经历，我深知不是自己投资水平不够，而是没有很好地遵守自己的投资原则，没有坚决执行止损计划，缺乏自律所致。面对重大挫折，我并没有被击垮，我安慰自己有这个结果是因为自己的福报尚不足以拥有如此大的财富，老天仍然需要考验我。从此，我时刻提醒自己，要对市场抱有敬畏之心，把资金安全放在第一位，不与天争，不与势抗，坚定执行止损策略。市场永远存在不确定性，投资者就是要不断提升自己，学会在迷雾中前行。

巴菲特说："只要一个投资者能避免大错，他需要做的事情就非常少。"

涅槃重生创造辉煌

在经历股海多年磨炼后，我把自己的投资策略修正为：价值分析决定投资标的，趋势分析决定投资时机，两者相辅相成，相得益彰。价值投资属于战略范畴，趋势投资属于战术范畴。只有战略正确才能抓住大趋势，但战术正确能确保战略的贯彻执行。我坚持只对有价值的股份进行趋势投资，用价值投资编织安全网，避免投资重大失误；用趋势投资增加成功概率，使利润最大化。中国股市仍然属于新兴市场，股价运行的轨迹就是以政策驱动和流动性为双引擎，以人性的贪婪和恐惧为催化剂，围绕价值中枢上下波动。

2015年是刻骨铭心的一年，从忽然富贵到几乎清零，我只剩下了最宝贵的经验财富！其后我小心翼翼地继续在A股市场投资，经过2016—2017年两年的努力，我又有了一点积累。可惜到了2018年A股赚钱效应越来越差，这个时候，我想到回港股寻找机会，于是我从 A 股抽出小量资金又开始征战港股。想不到就是这个想法让我柳暗花明又一村，获得了巨大成功，投资回报数以十倍计，其股市资金竟然超过了 A 股的（见图 10–8）。

图 10–8　2018 年 10 月 17 日—2021 年 6 月 28 日投资港股的收益率

投资取胜之道不在于看对还是看错，在于看对趋势时要有赚大钱的豪情，看错趋势时要有亏小钱的勇气！善输，小败，大胜！

我之所以在港股投资能够获得超额回报，除了自己 30 多年的投资实践和反思外，更重要的是港股市场确实是一个好股多多、估值极度偏低的市场，比较容易发现优质投资机会。但由于我 20 多年没有接触港股，刚刚开始还是交了一些学费，好在金融市场原理都是相通的，我很快就成功地找到了几个绝佳的标的，如：李宁、中芯国际、富途、时代电气、非凡中国、雅生活等。

1. 中芯国际（00981.HK）

2019 年，一只金股进入我的视线：中芯国际。我看好的原因有：（1）价值低估，PB 只有 0.8 倍。（2）公司基本面在改善，经验积累、技术突破带来质的飞跃，是中国唯一有机会挑战台积电的晶圆代工企业。（3）半导体产业迎来黄金发展期。（4）国产替代大趋势不可逆转！（5）中芯国际原来之所以被低估，在于港股定价权一直被外资机构控制，而随着中国金融市场的开放，定价权逐步向内地转移是大趋势，这点很重要，直接可以提升估值。（6）作为晶圆代工龙头企业，政策支持无上限是国家意志的体现。（7）2018 年从美国退市，目的就是回 A 股科创板上市，这又有助于提升估值。（8）中芯国际运行趋势与基本面向好的分析吻合，二者发生共振。果不其然，其后中芯国际从我买入时的 8 港元，很快上涨到 44 港元，是港股该年大牛股之一，亦是我迄今港股获利第二多的股票。

2. 时代电气（03898.HK）

如图 10–9 所示，时代电气是我 2021 年重点投资的一只金股，也是我在 2021 年最重要的一场战役，现时股价趋势运行良好，已有丰厚利润，希望回报能够超出预期。我看好该股主要有 3 个原因：（1）公司是轨道交通的龙头企业；（2）公司是功率半导体的龙头企业，潜力极大，发展迅速；（3）回科创板上市提升估值。

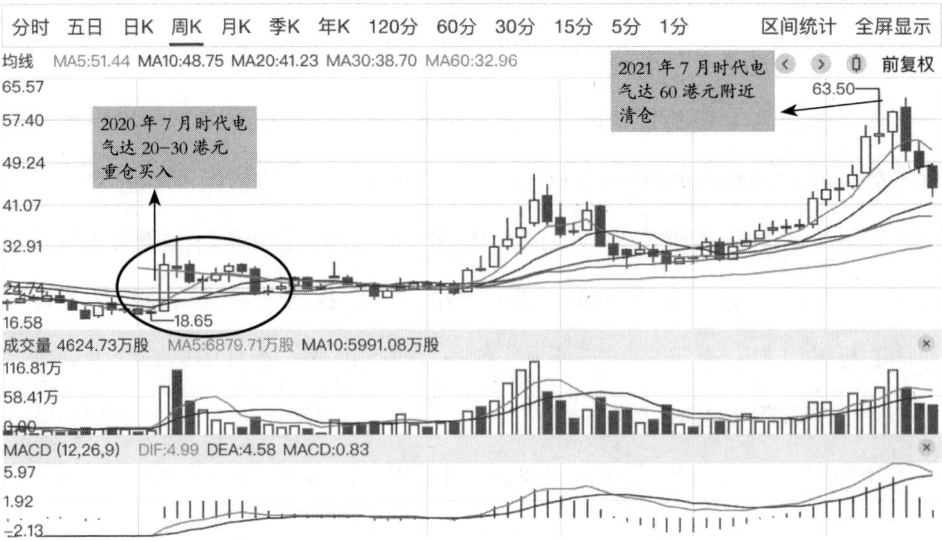

图 10–9　时代电气的投资过程与收益

从 2018 年下半年至今我回港投资不到 3 年时间，这期间香港股票市场历经中美贸易摩擦、科技领域封锁、香港修例风波、新冠肺炎疫情肆虐影响，市场大幅波动，大盘总体上涨了 14.95%。我的投资组合经受住了考验，获得了 1370.74% 的绝对收益，大获成功！我很幸运生活在知识可以创造财富的时代。

大波动孕育着大机会！市场大幅波动，不确定性因素增多，跌出来的机会也多，这正是考验个人水平的时候。投资者就是要学会在迷雾中前行，坚定信心砥砺前行。一个人经历的深度和广度决定了他看事情的高度，心中有底气，行事自从容。定见 + 定力 = 财富，人生财富的积累就是自己认知的变现过程。

趋势投资原理很简单，顺势而行，随势而动，乘势而上。趋势不变我不变。趋势上涨了，我们持有。趋势改变了，我们卖出。选股不如选时，选时不如选势。

——投资小结

2021 年 6 月 18 日

给散户投资者的话：快乐投资、快乐生活

我们这一代人特别幸运，生活在中华民族伟大复兴的美好时代。中国的资本市场刚刚拉开序幕，机会实在是太多了，我们属于最幸运的一代！从感恩出发，从谦卑做起，脚踏实地打好基础，机会一定会垂青有准备的人。人的前半生不能犹豫，人的后半生不能后悔。

用求知的心态去阅读，用怀疑的眼光去审视，用辩证的方法去思考。否则，你读得越多，反而知道得越少。

投资应该是件快乐的事，看到赚钱就会快乐，所以要把快乐留在身边。你买股票是为了赚钱，你看对了，你也赚钱了，你感到快乐，那就让利润往前跑，让快乐延续下去。你可以持股不动甚至增仓，但绝对不要太快否定自己正确的决定。同理，你买入股票，你亏钱了，你很痛苦，那就尽快斩断亏损，不要让小亏变大亏，快些远离痛苦。止损机制就如同刹车系统，碰到危险时，踩住刹车才可以让车子停下来，避免发生危险。止损不是割肉，而是为了控制风险支付的保险费，可以让你在市场长期活下来。

股票赚钱很容易，不亏钱很难！要时刻对市场抱有敬畏之心。全球股市长期肯定是牛市，但要长期在市场中存活下来，除了止损策略的运用外，更要具有下面 3 个“专注于”：

（1）专注于投资有价值的股票，留足安全边际；

（2）专注于买入一买入就赚钱的股票，寻找投资关键点，把握出手的正确时机；

（3）专注于追踪趋势，及时发现趋势，顺势而行，趁势而上，就势数钱！

21 世纪是中国的时代，更是一个财富膨胀的时代！抓住小趋势获得小发展，抓住大趋势则获得大发展。故一个人的成就大小决定于其是否能寻势、借势、乘势、造势而已。小智借钱，大智借势。审时度势，顺势而行，随势而动，乘势而上，盖因势关成败！

心中有底气，行事自从容！

2021-08-07

涅槃重生

今年股市大幅震荡、陷阱多多，投资者很容易掉进坑里。我今天总结一下自己如何遭受3次重创，然后重新振作，涅槃重生的经验教训。我的投资组合今年初至今回报率高达104.95%，近3年盈利高达1422.07%（见图10-10），再创新高！

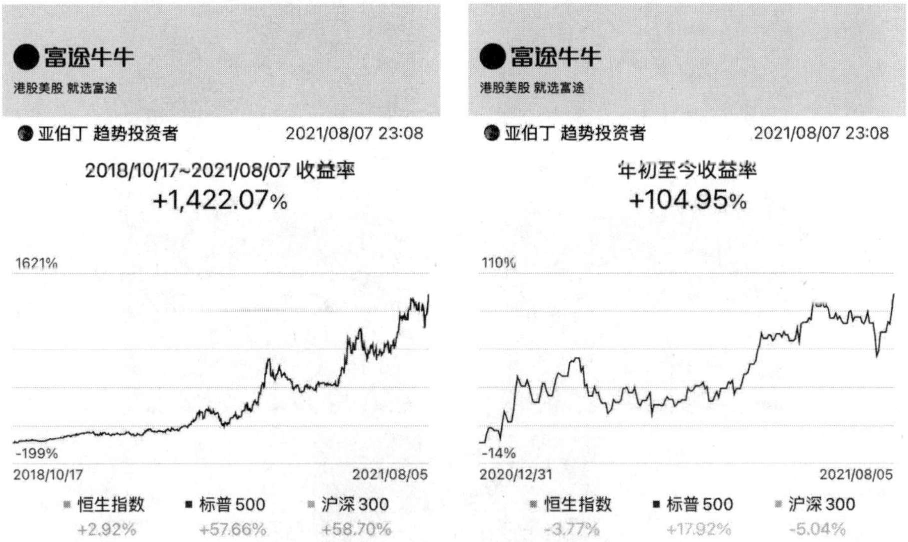

图10-10　投资收益率

三次重创

踏入今年下半年，全球股市剧烈波动，尤其是以好未来（TAL.US）、新东方（EDU.US）、高途（GOTU.US）为代表的中概教育股，以腾讯控股（00700.HK）、美团-W（03690.HK）、阿里巴巴-SW（09988.HK）为代表的大型平台型互联网企业受到政策调控的影响，出现了大幅调整，很多投资者受伤严重，市场悲观情绪蔓延，恒生指数大幅下跌！

在经历了过去两年多投资盈利突飞猛进的快乐时光后，我这两个月连遭 3 次重创！盈利一度出现了较大回撤，郁闷之情难以言表。

1. 抄底中概教育股

我坚信教育是立国之本，教育培训会受到政策影响，但不会消失，长线可以看好！故我在中概教育股下跌 70%~90% 的时候，自认为千载难逢的抄底机会来了，违背了自己不抄底的原则，大举买入了教育 3 巨头：好未来、新东方、高途，结果损失惨重（见图 10–11）！好在自己及时止损，才没有让损失进一步扩大，否则后果难以想象！

图 10–11　抄底中概教育股的巨额亏损

从事后总结来看，如果我没有及时止损，损失仍将成倍扩大！从大亏变巨亏！我的亏损率可以从 20% 急剧上升到 80%！所以，做正确的事永远都不会太晚。千万不要空中接飞刀（见图 10–12），太危险啦！

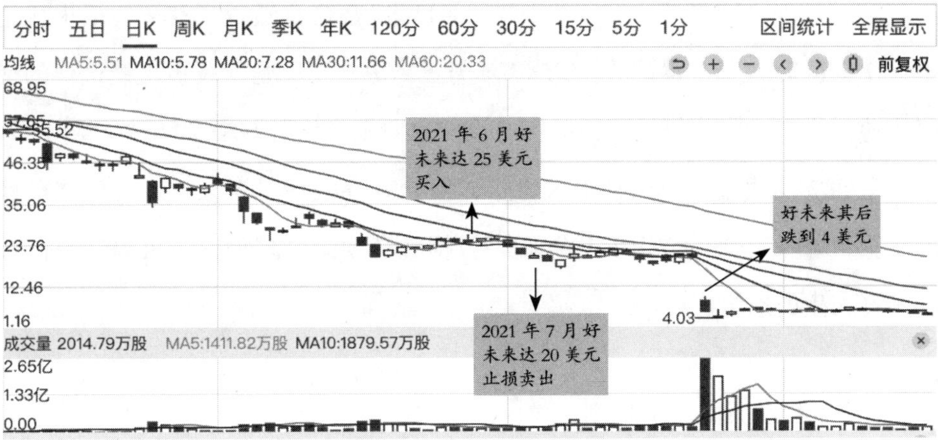

图 10–12　投资好未来的具体过程

2. 投资京东物流（02618.HK）再受重创

投资京东物流，主要是考虑到公司是一体化供应链行业的龙头，“仓储 + 智能科技 + 品牌 + 渠道”构筑了核心壁垒。然而，在错误的时点买入好公司也一样会赔大钱！

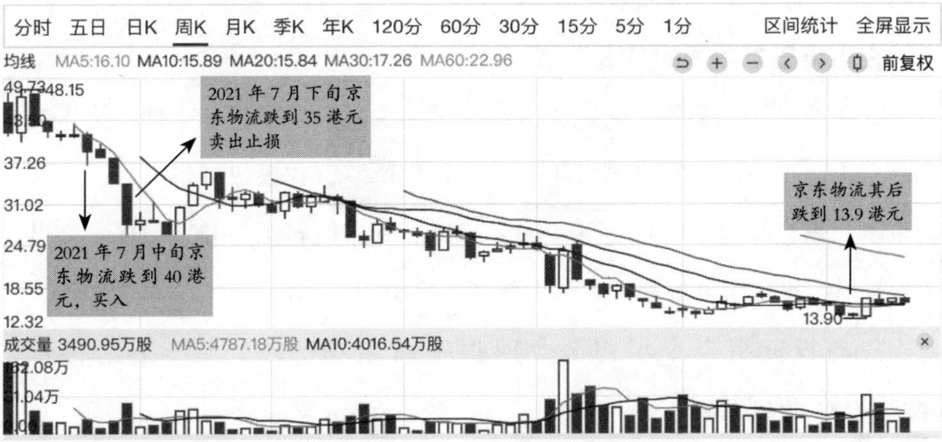

图 10–13　止损后股价继续大幅下跌

这次投资导致我亏损将近350万港元，好在我及时止损，才没有让损失进一步扩大（见图10–13），否则后果难以想象！

3. 投机魔线（MOXC.US）再遭重创

魔线是一个空气股。我不知何故一时鬼迷心窍竟然越买越多，结果交了不该交的巨额学费，累计亏损约47万美元。更重要的是，投机魔线这样的空气股违背了自己以价值投资为前提的投资大原则。伤心兼难过！

上面3场战役，虽然都损失惨重，但是好在我还是在大灾难发生之前及时止损，才没有大亏变巨亏！否则，亏损额还要急剧扩大——可以让自己亏到怀疑人生的地步。

3次重创给我的启示是：

第一，做正确的事情永远都不会太晚！

第二，趋势下行时，千万要止损！

股市永远都存在很多不确定性，投资者就是要学会在迷雾中前行。不管你是不是股市投资高手，不管你做了多少功课，你或早或晚都会在股市遭受重创！关键是你在遭受重创后还能不能重新站起来。擦干眼泪，抖擞精神，以高昂的斗志重新迎接挑战！

在市场里最重要的是活下来

我在商海浮沉多年，大风大浪经历了不少，对于挫折总能够一笑置之，小小打击等于激励！我自诩打不死的小强！所以，我很快调整心态，重新调整策略，重仓操盘了时代电气（03898.HK）和中航科工（02357.HK），迅速重振雄风，投资组合盈利再度创出新高（见图10–14）。

我的投资组合今年初至今回报率高达104.95%，近3年盈利高达1422.07%，再创新高！

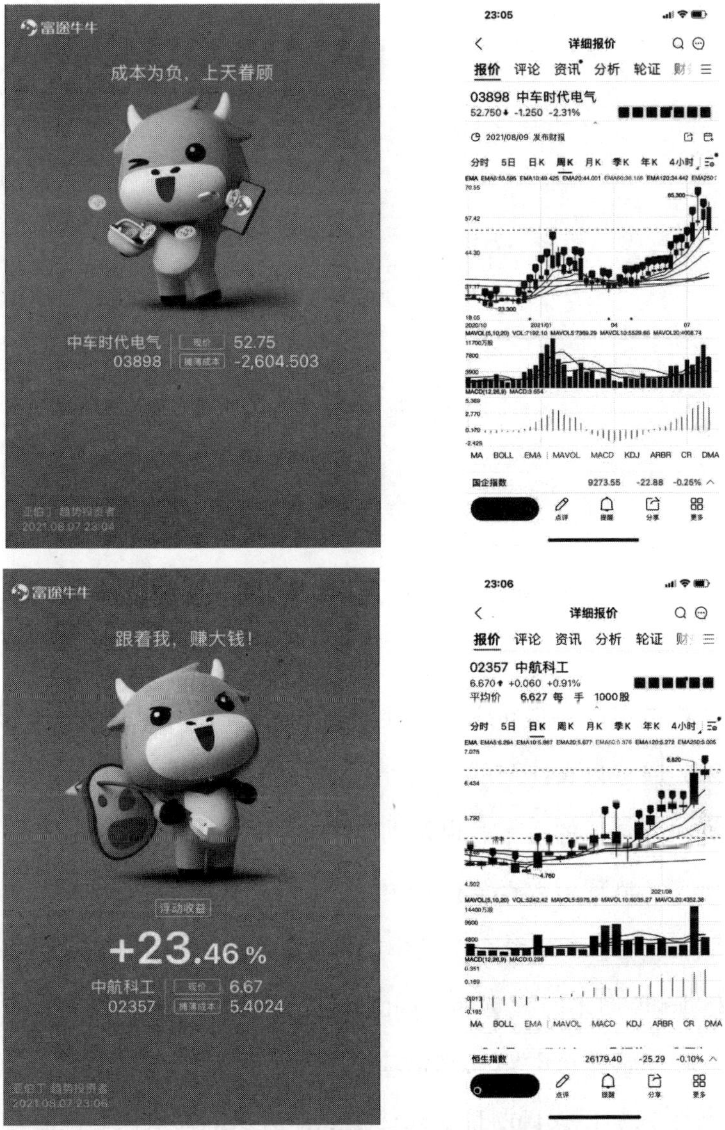

图 10–14　两次成功投资的过程和收益

谨记：你在市场中活下来是最重要的！

致 谢

股海沉浮多年，让我养成了阅读和思考的习惯。我时常将一些思考和感悟记录下来，通过自媒体与朋友们分享，不知不觉，便有了近百万字。而这些在不经意间记录下的文字，也帮助了很多素不相识的朋友，他们主动把随笔编撰成册，又整理出数百篇投资语录，甚至随身携带反复研读，这让我深受感动。他们鼓励我，将这些文字结集成书。但将这些散乱的思考系统化成书，是一项比较烦琐的工作。没有朋友们的支持和帮助，我不可能完成这项工作。

首先，我要感谢林广兆、季文冠、王挺革、刘玉珍、李勍、袁丹旭六位挚友。他们都是我生命中的贵人，也是我的人生导师。从他们身上，我学到了很多人生智慧，体会到了生命的格局。感谢他们对我的信任和支持，拨冗为本书撰写推荐。

还要感谢诸多朋友一直以来对我的认可和支持，没有他们的鼓励，我不会下定决心把书完成。他们是我完成此书的最大动力！

感谢葛泓、陈云凯、张应春、廖楠等同学对我的真心厚爱，很遗憾我无法一一列出他们的名字，与他们在一起总是让我如沐春风，受益良多。尤其陈云凯同学，对本书近 20 万字进行了仔细校对并制作了 37 张精美图表，倍加感谢。

感谢中国经济出版社燕丽丽博士，感谢她细致、耐心地为本书把关，提出了很多宝贵意见。她让我感受到什么是敬业、专业、严谨、认真。

特别要感谢我的妻子 Molly King！ 30 年前，我正值事业低谷，你那一句“我就想跟你过日子”深深地感动了我，于是我们举办了一场没有婚纱、没有结婚戒指的婚礼。一晃 30 年过去，我们已经发展为一个 5 人的小家庭，生活幸福美满。没有你毫无保留地付出，我就不可能拥有一个幸福的家庭；没有幸福的家庭作为后盾，我就不会有健康的心态；没有健康的心态，我就很难做好投资；没有你在身后默默支持鼓励，本书也难以完成。

最后，希望本书能够对读者们有所启迪和帮助，能让更多的人实实在在从股市获利，共享资本市场盛宴。投资是人生的一场长跑，希望我们能一路同行，共同应对资本市场的风云变幻，成为一生的朋友。欢迎读者们关注我在富途和雪球上的账号“亚伯丁趋势投资者”，并一起交流探讨。

我崇尚快乐投资，快乐生活！也祝愿朋友们都能拥抱快乐。